"十四五"职业教育国家规划教材

职业教育财经商贸类专业教学用书

经济法基础

（第五版）

编 著 马淑芳 王 靖

参 编 王 硕

主 审 沈鹤九 魏炳麒

U0331039

华东师范大学出版社

·上海·

图书在版编目（CIP）数据

经济法基础/马淑芳，王靖编著.—5 版.—上海：华东师范大学出版社，2019

ISBN 978-7-5675-9152-3

Ⅰ.①经…　Ⅱ.①马…②王…　Ⅲ.①经济法-中国-中等专业学校-教材　Ⅳ.①D922.29

中国版本图书馆 CIP 数据核字（2019）第 076547 号

"十四五"职业教育国家规划教材
职业教育财经商贸类专业教学用书

经济法基础（第五版）

编　　著　马淑芳　王　靖
项目编辑　何　晶
特约审读　蒋　雯
责任校对　王建芳
装帧设计　庄玉侠

出版发行　华东师范大学出版社
社　　址　上海市中山北路 3663 号　邮编 200062
网　　址　www.ecnupress.com.cn
电　　话　021-60821666　行政传真 021-62572105
客服电话　021-62865537　门市（邮购）电话 021-62869887
地　　址　上海市中山北路 3663 号华东师范大学校内先锋路口
网　　店　http://hdsdcbs.tmall.com

印 刷 者　上海龙腾印务有限公司
开　　本　787 毫米×1092 毫米　1/16
印　　张　17.75
字　　数　410 千字
版　　次　2019 年 6 月第 5 版
印　　次　2024 年 8 月第 18 次
书　　号　ISBN 978-7-5675-9152-3
定　　价　36.60 元

出 版 人　王　焰

（如发现本版图书有印订质量问题，请寄回本社客服中心调换或电话 021-62865537 联系）

出 版 说 明（第五版）

CHUBANSHUOMING

本书是"十四五"职业教育国家规划教材、教育部职业教育与成人教育司推荐教材，也是财经商贸类专业的通用教学用书。

全书编写理实一体、形式活泼、结构严谨、语言精炼流畅，不仅引用了大量国家新颁布的法规条例，还配有丰富的案例，以及小思考、知识驿站等小栏目。通过这些栏目延伸内容要点，同时搭配生动有趣的漫画插图，寓教于乐地帮助学生学法、懂法、守法、用法。

本教材自出版以来，受到了广大师生的普遍欢迎。十多年先后经历了五版，为确保教材的时代性与实用性，作者团队于 2021 年 12 月再次积极展开了内容的修订工作。

具体的栏目设计如下：

▲**学习目标**　提纲挈领，简要指出各章的学习重点和学习要求。

▲**案例导引**　以案例导入，旨在以问题为导向，激发学生的学习兴趣。

▲**案例分析**　列举典型案例，提出问题，最后给出分析提示。启发学生运用经济法知识来处理具体个案。

▲**小思考**　针对知识点提出简单的问题，加深学生对基本概念的理解。

▲**知识驿站**　拓宽知识面，加深学生对知识点的理解。

为了方便老师的教学活动，本书还配套有：

《经济法基础·习题集（第五版）》包括判断题、单项选择题、多项选择题、案例分析题、实训题、简答题等题型，便于学生全面、系统地理解和掌握教材的内容。

华东师范大学出版社

2022 年 1 月

前　言（第五版）

成熟的市场经济是法治经济，其运行机制不仅是竞争性经济，也应该是规范有序的经济。法治是国家治理体系和治理能力的重要依托。只有全面依法治国才能有效保障国家治理体系的系统性、规范性、协调性，才能有效提升国家治理能力和治理效率，才能确保经济主体行稳致远。在推进法治国家、法治政府、法治社会一体化建设的大趋势下，无论是国家对商事主体经济活动的市场准入以及交易规则的制定、实施与监管，还是经济主体的设立、变更和终止，都必须要有法可依，依法操作。因此，我们不仅要培养学生掌握扎实的专业理论及技能，还要培养学生掌握有关经济法的基本知识，并学会运用经济法律、法规来处理、解决经济活动中的法律实际问题，从而达到学法、知法、守法、用法的目的。

本教材由长期从事司法实践和经济法教学的一线"双师型"教师编写而成。针对商贸、财经类专业人才培养的特点和岗位需求，本书主要突出以下特色与亮点：

第一，体系创新，结构合理。本书从内容体系上打破了传统各学派对经济法其体系、内容上的理论划分，以商贸、财经类职业人才培养过程中的岗位需求为导向，以精练、够用、实用为目的，让学生了解、领悟我国现行的经济法律、法规及其司法实践。

第二，理实一体，注重应用。针对应用型人才的培养特点，结合学生未来岗位能力的实际问题。本教材每章都设计了案例导引，由浅入深地吸引学生的兴趣，通过典型案例分析，结合小思考、法律驿站等法律知识点开展师生互动讨论、分析，注重学生实践能力的快速提升。

第三，寓教于乐，内容新颖。针对接受职业教育的学生动手能力强，喜欢更为直观的学习内容与方式等特质，教材编写借鉴了海外职业教育教材编写的先进理念，体现经济法教学研究的新成果。教材图文并茂、寓教于乐，于师生互动中让学生达到知法、守法、用法的目的。

为了让本课程的教学紧跟时代发展，教材于 2021 年 12 月再次进行了修订。以体现新的立法及司法解释，反映经济法教学研究的新成果，力求教材的新颖性、准确性和科学性。

本书由马淑芳、王靖教授担任主编。为确保教材质量，我们组织了全国部分高校和长期担任职业教学与研究工作的教师，长期从事司法实践的人员参与本书编写。本书由王靖教授负责修改、总纂、定稿。本书在编写过程中，参考了大量的报刊书籍资料，值此之际，谨向参考资料的原作者深表谢意！由于编者水平有限，修订时间仓促，书中不足之处在所难免，敬请同行及读者不吝赐教，以便再版时修订完善。

编者

2022 年 1 月

目　录

第一章 经济法绪论

【知识目标】

1. 了解经济法的产生，理解并掌握经济法的概念及特征，了解经济法的调整对象。

2. 了解经济法与民法、行政法的区别及定位。

3. 理解并掌握经济法律关系的概念、特征、构成要素。

【能力目标】

1. 分清社会关系与法律关系的区别，并引导学生对实例进行讨论。

2. 学会分析经济生活中经济法律关系的主体、客体和内容。

案例导引

制度的力量

18世纪末,英国政府决定把犯了罪的英国人统统发配到澳洲去,以上船的犯人数支付船主费用。一些承包了大规模运送犯人工作的私人船主为了牟取暴利,在上船时尽可能地多装人,而对于这些人能否远涉重洋活着到达澳洲就不管不问了。有些船主为了降低费用,甚至故意断水断食,结果导致运往澳洲的犯人在船上的死亡率高达12%。为此,英国政府想了很多办法,但不管是派政府官员监督、提高犯人生活标准,还是派医生上船为犯人治病,都没能把死亡率降下来;相反地,甚至有些监督官员和医生因为不与黑心船主同流合污而被杀害。政府支出了高昂的费用,却无法改变犯人死亡率居高不下的现象。

后来,一位英国议员建议政府以到澳洲上岸的人数为标准计算报酬,即不论在英国上船装多少人,都以到澳洲上岸时的人数来支付报酬。这个办法一经实行,问题立刻迎刃而解。船主主动请医生跟船,在船上准备药品,改善犯人生活,尽可能地让每一个上船的人都健康地到达澳洲。自此,船上的死亡率一下子降到了1%以下。

请大家讨论上述案例说明了什么问题。

第一节　经济法概述

一、经济法的概念与特征

（一）经济法的概念与调整对象

经济法是国家为了保证经济协调发展而制定的有关干预和调整国民经济管理关系和市场运行关系的法律规范的总称。

经济法的调整对象可以概括为以下几点：

1. 国家规范经济组织过程中发生的经济关系

规范组织的法律，是为了防止垄断组织的出现，从组织上保证市场经济顺利发展。这方面的法律有公司法、外商投资企业法、合伙企业法、个人投资法等。

2. 国家干预市场经济运行过程中发生的经济关系

国家对市场经济运行进行干预是经济法的重要调整方式。这方面的法律有证券法、票据法、破产法、金融法、保险法、房地产法、环境法、自然资源法等。

3. 国家管理、规范经济秩序过程中发生的经济关系

日本学者丹宗昭信认为：经济法是国家规制市场支配的法，现代经济法的核心是垄断禁止法。这方面的法律有反垄断法、反不正当竞争法、消费者权益保障法和产品质量法。

4. 国家在经济调控中发生的经济关系

此种经济关系的特点是国家对市场经济运行实行宏观调控，使经济各部门运行协调，使整个国家经济运行平稳。这方面的法律有财政法、税法、计划法、产业政策法、价格法、会计法、审计法等。

（二）经济法的特征

经济法与其他部门法相比，具有以下法律特征：

1. 体现国家的干预性

经济法的产生是国家干预经济的必然结果，它把调整的重点始终放在引导各类经济主体依法进行经济活动，保证经济关系的正确确立和有序进行上，以形成本国经济可持续发展的经济环境和经济秩序。

2. 社会责任的本位法

经济法与民法、行政法相比较，在调整社会整体与社会个体的关系上，各有自己的主导思想。经济法是"社会责任本位法"，它以社会利益为基点，无论是国家机关，还是社会组织或个人，都必须对社会负责，在此基础上处理和协调相互之间的关系。

3. 干预手段的多样性

经济法对社会经济的干预涉及的问题非常广泛，采用的法律手段也比较多。经济法可以采用民事的、行政的，甚至是刑事的法律手段来综合地调整经济关系。经济法的多样性特点，是由经济法所调整的经济关系的错综复杂性所决定的。

4. 社会经济的变动性

经济法是随着社会经济的发展和变化而变化的。社会经济发展是比较快的，社会经济

和市场发展变化后,必然要求经济法作出相应的调节和改变。

二、经济法律关系

（一）经济法律关系的概念

经济法律关系是指在国家干预社会经济活动过程中产生的社会经济关系通过经济法的调整而产生的权利和义务关系。

经济法律关系与经济关系是两个密切联系但又有所区别的概念。经济关系是在一定生产方式基础上产生的所有生产、交换、分配和消费诸种关系的总称。经济关系是人类社会最基本的社会关系,是人类社会存在和发展的基础。当经济关系成为经济法的调整范围而为经济法所调整时,就形成了经济法律关系。

> **小思考 1-1**
>
> 法律与道德的联系与区别是什么?

（二）经济法律关系的构成要素

法律关系都由主体、客体、内容三要素构成。经济法律关系也是由经济法律关系的主体、客体和内容三要素构成的,三要素相互联系,缺少其中任何一个要素,都不能构成经济法律关系。

1. 经济法律关系的主体

经济法律关系的主体是指参与经济法律关系并依法享有权利和承担义务的人。在我国,经济法律关系的主体主要包括两类:一类是国家经济管理主体。这类主体是相对特定的,指担负国家经济管理职能的机关。另一类是国家经济的被管理主体。

经济法律关系的主体具体包括:

（1）国家管理机关。国家管理机关是行使国家职能的各种机关的通称,包括国家权力机关、国家行政机关和国家司法机关等。作为国家经济法律关系主体的国家机关主要是指国家行政机关中的经济管理机关。国家机关在经济法律关系中主要是行使经济管理职能。例如,国家税务机关向纳税人征收税收。

（2）自然人、法人、非法人组织。自然人是基于出生而取得民事主体资格的人,包括本国公民、外国公民和无国籍人。

> **法律驿站 1-1**
>
> #### 公民行为能力人有哪几类
>
> 我国《民法典》根据一个人是否具有正常的认识及判断能力以及丧失这种能力的程度,把自然人分为完全民事行为能力人、无民事行为能力人和限制民事行为能力人。
>
> ——完全民事行为能力人
>
> 是指在法律上能独立实施完全有效的法律行为的人。《中华人民共和国民法典》规定:18周岁以上的自然人为成年人,成年人为完全民事行为能力人,可以独立实施

民事法律行为。16周岁以上的未成年人，以自己的劳动收入为主要生活来源的，视为完全民事行为能力人。

——无民事行为能力人

《中华人民共和国民法典》规定，不满8周岁的未成年人以及不能辨认自己行为的精神病人为无民事行为能力人，由他的法定代理人代理民事活动。同时规定，无行为能力人的监护人是他的法定代理人。

——限制民事行为能力人

《中华人民共和国民法典》规定：8周岁以上的未成年人是限制民事行为能力人，可以进行与他的年龄、智力相适应的民事活动。该法还规定：不能完全辨认自己行为的精神病人是限制民事行为能力人，可以进行与他的精神状况相适应的民事活动；其他民事活动由他的法定代理人代理，或者征得他的法定代理人同意。

法人是具有民事权利能力和民事行为能力，依法独立享有民事权利和承担民事义务的组织。法人应当依法成立，应当有自己的名称、组织机构、住所、财产或者经费。法人成立的具体条件和程序，依照法律、行政法规的规定。

非法人组织是指不具有法人资格但可以自己的名义进行民事活动的组织，亦称"非法人团体"。

法律驿站 1-2

你知道法律对法人是如何分类的吗

按我国《民法典》的规定，可以将法人分为营利法人、非营利法人和特别法人。

——营利法人

以取得利益分配给股东等出资人为目的成立的法人，为营利法人。包括有限责任公司、股份有限公司和其他企业法人等。

——非营利法人

是指为公益目的或者其他非营利目的成立，不向出资人、设立人或者会员分配所取得利润的法人。包括事业单位、社会团体、基金会、社会服务机构等。

——特别法人

《民法典》规定的机关法人、农村集体经济组织法人、城镇农村的合作经济组织法人、基层群众性自治组织法人，为特别法人。

（3）企业内部组织。企业内部组织是指企业、公司和其他组织的内部单位。企业内部组织要成为经济法律关系的主体，必须具备一定的前提条件，并非所有的企业内部组织都可以成为经济法律关系的主体。只有其获得一定的相对独立的活动职能，并能独立承担责任，才能成为经济法律关系的主体，如实行内部承包经营责任制、内部实行独立经济核算等。

上述经济主体在参加经济活动过程中，依法同国家机关、企业、事业单位、公司和社会团体发生经济权利和义务关系时，就成为经济法律关系的主体。

小明今年 11 岁,他非常喜欢一款新型玩具,妈妈却坚决不给买。小明一气之下,偷偷拿了妈妈一只翡翠玉镯(价值 15 000 元人民币)卖给了学校附近的小卖部老板王某,得到 800 元钱。小明很快买了玩具。

请思考:小明出卖翡翠玉镯的行为有没有法律效力?小明的父母能否要求王某返还翡翠玉镯?

2. 经济法律关系的客体

经济法律关系的客体是指经济法律关系主体的权利和义务所共同指向的具体对象。客体是确定权利义务关系性质的依据。如果没有客体,经济权利义务就失去了所依附的目标,就无法引起法律关系主体双方经济权利和义务关系的发生。目前,经济法律关系的客体有以下三类:

(1)物。物是指可以为人所控制和支配,具有价值和使用价值的物质。物包括自然存在物和人类劳动生产的产品,以及货币和有价证券等。物是经济法律关系中存在最广泛的客体。

(2)经济行为。经济行为是指经济法律关系主体为达到一定的经济目的,实现其权利和义务所进行的经济活动。经济行为主要包括经济管理行为、提供劳务行为和完成工作行为等。作为经济法律关系的经济行为仅指为实现权利和义务而实行的行为。

(3)智力成果。智力成果是指人们从事智力劳动所创造的成果,又称"知识产品"。它是文学艺术和科学作品、发明、实用新型、外观设计、商标以及创造性劳动成果的统称。智力成果本身不直接表现为物质财富,但可以转化为物质财富。

3. 经济法律关系的内容

经济法律关系的内容即经济法律关系主体所享有的经济权利和应承担的经济义务。经济权利是经济法律关系主体被经济法律所确认的许可和资格,主要包括所有权、经济职权、经营管理权、法人财产权、知识产权等,具体如下:

(1)所有权。所有权是指所有人依法对自己所有的财产享有的占有、使用、收益和处分的权利。所有权具有排他性、绝对性,一物只能附一所有权。所有权有四项权能,即占有权、使用权、收益权和处分权。其中,占有权是指对财产的实际控制权利;使用权是指按照财产的性能与用途加以利用的权利;收益权是指获取财产所产生的利益的权利;处分权是指决定财产事实上和法律上命运的权利。这四项权利可以在一定条件下与所有人分离,这种分离是所有人行使所有权的一种方式。

(2)经济职权。经济职权是指国家机关及工作人员在行使经济管理职能时依法所享有的权利。经济职权是具有隶属性质的权利,具有一定的行政权力性质。在国家机关及工作人员依法行使经济职权时,其他经济主体均应服从。

（3）经营管理权。经营管理权是指企业对所有人授予其经营管理时所享有的占有、使用和依法处分的权利，以及由此而产生的对企业管理的权利。

（4）法人财产权。法人财产权是指企业法人对企业所有者投资所设企业的全部财产在经营中所享有的占有、使用、收益和处分的权利。

（5）知识产权。知识产权是指智力成果的创造人依法所享有的权利和生产经营活动中标记所有人依法享有的权利的总称。

经济义务是经济法律所规定的，经济法律关系主体所应承担的一种责任。为了保证国家、社会和经济法律关系主体的利益，我国法律、法规为经济法律关系主体设定了多方面的义务，如：遵守法律、法规的义务；严格履行合同的义务；依法纳税的义务；保证产品质量的义务；不得侵犯消费者权益的义务等。

案例分析 1-1

小李看到电影院发布的宣传海报上称本周五晚七点放映好莱坞最新影片，正好自己也一直想看这部电影，于是周五晚上小李早早来到电影院，买票等候观看。一直等到七点十分，电影还未放映。到七点二十分，影院经理告诉大家今晚不能放映该影片了，改放一部香港影片。小李一怒之下将影院告上法庭。

请问：小李和电影院之间是否存在法律关系？请说明理由。

（三）经济法律事实

经济法律事实是指能够引起经济法律关系设立、变更和消灭的客观情况。经济法律事实可以依照其发生与当事人意志有无关系，分为行为和事件。

1. 行为

行为是指根据当事人的意志而作出的能够引起法律关系产生、变更和消灭的人们的行为。行为可分为合法行为和违法行为两种。

合法行为是指符合法律规范的行为，包括经济管理行为、经济法律行为和经济司法行为。

违法行为是指违反法律规定的行为或者是法律所禁止的行为。违法行为是行为人承担法律责任的依据。

2. 事件

事件是指不以当事人的主观意志为转移的客观事实。事件包括自然现象和社会现象引起的事实。所谓自然现象，是指自然灾害，如：地震、洪水等。社会现象虽然由人的行为所引起，但不以当事人的意志为转移，如因战争导致的合同违约等。

案例分析 1-2

吴某和张某是大学同学。2021 年"国庆"放假期间，吴某回家过节，而张某留校打工。吴某便将自己的电脑交张某保管，张某爽快答应，条件是张某保管期间可以使用。后因张某有一天早上外出忘记锁门，结果电脑在宿舍被偷，虽报案却一直未果。吴某提出让张某赔偿，张某称："我们之间无任何法律关系，只因是同学兼朋友，我才答应替你保管，况且电脑是在学校宿舍里丢失的，你应该找学校赔偿。"

请问：（1）张、吴之间是否存在经济法律关系？假如有，其主体、客体和内容是什么？

（2）电脑丢失的责任应由谁来承担？

第二节　经济法律责任

一、经济法律责任的概念和特征

（一）经济法律责任的概念

经济法律责任是指由经济法规定，在经济法主体违反法定经济义务时必须承担的法律后果。它是国家用以保护现实的经济法律关系的重要方法，也是体现经济法的强制力，使之得以一体通行的重要保障。

（二）经济法律责任的特征

经济法律责任既有一般法律责任的共性，又有自身的特殊性。具体包括以下几个方面：

（1）经济法律责任是一种法律义务，但并非所有的法律义务都是法律责任。因为法律义务既有积极的，又有消极的；既有肯定的，又有否定的。法律责任只是一种消极的、否定的法律义务，而不能同时包含积极的、肯定的法律义务。

（2）经济法律责任是一种法定的强制性义务，具有法定性、强制性。经济法律责任同其他法律责任一样，从本质上讲，都是一种法定的强制性义务。它是法律明文规定的义务，具有法定性；同时，它是由国家强制行为人接受的，又具有强制性、不可替代性。此外，行为人也是不能放弃履行这种强制性义务的。

（3）经济法律责任是因经济主体的违法行为所引起的因果性、后续性义务，具有因果性。经济法律责任不是凭空产生的消极义务，而是与经济法主体的先前行为存在因果关系。它既是后续义务，又是因果义务，没有经济法主体的违法行为，就不可能产生经济法律责任。因此，经济法律责任的消极性和否定性是由其经济违法行为的消极性和否定性所决定的。

（4）经济法律责任具有双重处罚性。例如，我国法律对法人的违法行为，实行双重处罚制，既要对法人进行经济、行政制裁，也可对法人代表或直接责任人予以行政处分、罚款，构成犯罪的，依法追究其刑事责任。

（5）经济法律责任追究机构的多元性。民事责任和刑事责任只能由国家司法机关来追究，具有单一性的特点。有权追究经济法律责任的机关有国家经济管理和经济监督机关、国家司法机关及仲裁机构，它们都有权按照法律、法规，在其职权范围内，对违法主体予以相应的法律制裁。

一位朋友在德国留学期间,在一家图书馆,钱包被扒手窃走,包里有20欧元。他不准备报警,可是图书馆的保安却报了警。不到5分钟,一位女警察赶到现场,问情况做笔录。女警察说:"图书馆的自动安全系统已经录下了小偷的容貌,警察局今天就可以将小偷的照片张贴到全区各个警察局。如果仍找不到小偷,我们会把录像带送电视台反复播放,直到破案为止。"朋友对女警察说:"算了,只有20欧元,不必兴师动众,即使抓到小偷,所花费的代价也太大了。"女警察严厉地说:"不!我们是警察,不是商人。只有商人才讲值与不值,而法律的尊严不能用金钱衡量。小偷触犯了法律,就必须受到法律的惩罚。"第二天,小偷就落网了。

请思考:警察这样做的意义是什么?

二、经济法律责任的形式

承担经济法律责任的形式,是指经济法主体违反经济法所承担法律责任的主要方式,包括民事责任、行政责任和刑事责任。

（一）民事责任

1. 民事责任的概念和种类

民事责任是指经济法主体违反经济法律、法规,依法应承担的民事法律后果。

最基本的民事责任有两种:

（1）违约责任,即责任人违反约定的义务,依法应承担的民事责任。

（2）侵权责任,是指行为人不法侵害社会公共财产或者他人的财产、人身权利而依法应承担的民事责任。

2. 承担民事责任的原则

承担民事责任的原则是指法律所确定的行为人承担责任的根据和标准,主要有以下三种。

（1）过错责任原则。这是以行为人主观上的过错作为承担民事责任的根据,是我国经济法确认的,在追究违法主体的经济法律责任时普遍适用的一项原则。过错责任原则,是指认定行为人在主观上存在故意或者过失时,追究法律责任的原则。行为人在故意或者过失违反法律时,应当承担法律责任。

（2）无过错责任原则。这是承担法律责任的特殊原则。所谓特殊,是指它是比过错责任原则更加严格的一项原则,故又称"严格责任原则",是指在法律直接规定的情况下,无论行为人主观上有无过错,都要对损害事实承担责任的原则。此项责任不以过错为构成要件,只要有法律规定,经济法主体就要对损害承担赔偿责任。

(3) 公平责任原则。这是指当事人双方对损害结果的发生均无过错,且无法适用无过错责任原则的情况下,由法院依据公平观念,确定双方合理分担损失的原则。这一原则是公平法律价值的具体体现,是前两种原则无法适用的情况下,为避免双方权益显失公平而确立的一项补充性原则。

3. 一般侵权民事责任的构成要件

(1) 行为具有违法性。行为人实施的行为是一种违反民事法律规范的行为,既可以表现为行为人实施了法律禁止的行为,也可以表现为行为人不履行义务的违法行为。行为的违法性是构成一般侵权民事责任的必要条件。

(2) 行为人主观上有过错。过错是指行为人在实施违法行为时,主观上所持的故意或过失的心理状态。故意是指行为人能够预见到自己的行为会产生一定的危害后果,但仍实施该行为并希望或放任危害结果的发生。过失是指行为人应该预见自己的行为会发生危害结果,但由于疏忽大意而没有预见或者虽然预见却轻信可以避免,致使危害结果发生。这两种过错都应该承担民事责任。

(3) 有损害事实存在。一般情况下,只有出现了损害的后果才需要承担民事责任。如果只有违法行为但没有损害结果,就不构成民事责任。损害事实既包括公私财产的损害,也包括人身权利的损害。损害事实是构成民事责任的基本条件。

(4) 违法行为与损害事实之间存在因果关系。损害事实是由于侵权行为而引起的,两者之间存在着客观的、内在的、必然的联系,即特定的损害事实是行为人的侵权行为必然引起的结果。只有当两者之间存在因果关系时,行为人才应承担相应的民事责任。

4. 民事责任的免责事由

民事责任的免责事由是指依照法律规定,免于承担民事责任的情形,主要包括四种:

(1) 不可抗力。这是指不能预见、不能避免并不能克服的客观情况,如:地震、台风等;也可以是社会现象,如:战争、动乱等。

(2) 正当防卫。这是指自然人为了使公共利益、本人或者他人的人身权利和其他权利免受正在进行的不法侵害而采取的必要的防卫行为。

(3) 紧急避险。这是指自然人为使公共利益、本人或他人的人身和其他合法权利免受正在发生的危险的侵袭而被迫采取牺牲他人较小利益的紧急措施。

(4) 受害人的过错。这是指受害人对损害结果的发生存在过错,如果加害人并无过错,损害结果完全是受害人的行为引起的,免除加害人的责任。

5. 承担民事责任的方式

承担民事责任的方式主要有:支付违约金;修理、重作、更换;停止侵害;排除妨碍;消除危险;返还财产;恢复原状;赔偿损失;消除影响,恢复名誉;赔礼道歉。

(二) 行政责任

行政责任是指对违反经济法律、法规的单位和个人依法追究的行政处罚和处分。追究行政责任,由国家行政机关或国家授权的有关单位依法执行。

根据《中华人民共和国行政处罚法》第8条的规定,行政处罚的种类包括:警告;罚款;没收违法所得、没收非法财物;责令停产停业;暂扣或者吊销许可证,暂扣或者吊销执照;行政拘留;法律、行政法规规定的其他行政处罚。此外,国家机关、企事业单位还可根据法律、法规,按照行政隶属关系对违法者实施行政处分。行政处分的种类有警告、记过、记大过、降职、撤职、留用察看、开除等。

(三)刑事责任

刑事责任是指国家司法机关对严重违反刑法,构成犯罪的直接责任人依法追究其责任,即给予刑事处罚。根据《中华人民共和国刑法》的规定,刑罚分为主刑和附加刑。主刑的种类包括:管制;拘役;有期徒刑;无期徒刑;死刑。附加刑的种类包括:罚金;剥夺政治权利;没收财产。主刑只能独立适用;附加刑既可以独立适用,也可以作为主刑的附加刑适用。对犯了罪的外国人,可以独立适用或者附加适用驱逐出境。公司、企业、事业单位、机关、团体实施危害社会的行为,法律规定为单位犯罪的,应当负刑事责任。单位犯罪的,对单位判处罚金,并对直接负责的主管人员和其他直接责任人员判处刑罚。

经济法律责任具有不可分割性,追究经济法律责任必须统一进行。在具体追究经济法律责任时,民事责任、行政责任和刑事责任既可以单独适用,又可以合并适用。经济法主体违反经济法律、法规,需要予以处罚时,一定要视其情节轻重,区别对待。

案例导引分析

这个故事中所反映出来的就是制度和法律的力量。靠人性的自觉、靠说服教育、靠他人的监督都解决不了的问题,靠完善的法律制度却解决了。同样的人,不同的制度,可以产生不同的文化和氛围,以及差距巨大的结果。这就是制度的力量。这说明没有制度、没有法律,会使好人变坏,坏人更坏。如果用法律制度将结果和个人责任与利益联系到一起,就能解决很多社会问题。这就是法律制度的重要性。

★★★★★ 课后测试 ★★★★★

一、判断题

(　　)1. 凡是在我国经济活动中发生的法律问题,都是经济法的范畴。

(　　)2. 法律事实可以分为法律事件和法律行为两大类。

(　　)3. 经济法律关系的客体包括物、经济行为、智力成果和劳动成果。

(　　)4. 法人财产权是指企业法人对企业所有权投资所设企业的全部财产在经营中所享有的占有、使用、收益和处分的权利。

(　　)5. 法人和公民的民事权利能力和民事行为能力是一样的。

二、单项选择题

(　　)1. 下列选项中,不属于经济法律关系客体的是_____。

    A. 物   B. 行为

    C. 禁止流通物   D. 智力成果

(　　)2. 经济法律关系是指由经济法律规范规定而形成的_____关系。

    A. 物质利益   B. 责权利

    C. 权利义务   D. 特定经济

（　　）3. 下列选项中，属于事件性质的法律事实是_____。
       A. 设立公司　　　B. 无因管理　　　C. 偷税　　　D. 水灾

（　　）4. 凡是能引起经济法律关系发生、变更和消灭的客观行为在经济法中称为_____。
       A. 法律规定　　　B. 法律行为　　　C. 法律变动　　　D. 法律事实

（　　）5. 下列各项中，不属于我国经济法律关系客体的是_____。
       A. 物　　　B. 行为　　　C. 土地所有权　　　D. 智力成果

三、多项选择题

（　　）1. 下列各项中，属于经济法律关系主体的有_____。
       A. 国家管理机关　B. 社会团体　　　C. 公司内部组织　D. 个体工商户
       E. 自然人

（　　）2. 下列各项中，属于经济法律关系的客体的有_____。
       A. 经济管理行为　B. 自然灾害　　　C. 智力成果　　　D. 战争

（　　）3. 经济法律责任的形式包括_____。
       A. 民事责任　　　B. 行政责任　　　C. 刑事责任　　　D. 举证责任

（　　）4. 一般侵权民事责任的构成要件有_____。
       A. 行为具有违法性
       B. 行为人主观上有过错
       C. 损害事实存在
       D. 违法行为与损害事实之间存在因果关系

（　　）5. 民事责任的免责事由主要有_____。
       A. 不可抗力　　　B. 正当防卫　　　C. 紧急避险　　　D. 受害人的过错

四、实训题

实训一

由教师组织学生亲自参加（或间接参加）一项经济法律活动，并分析指出经济法律关系的主体、客体、内容是什么。

实训二

赵某和黄某是某大学三年级的同班同学，一天，两人因一件小事发生冲突，赵某挑衅黄某，要求去学校外面"单挑"。黄某毫不犹豫地答应，同时两人还签订了"生死状"，双方"单挑"时任何一方受伤都不能追究对方的责任。随后，赵某和黄某就按约定的时间到校外偏僻的地方打斗起来，结果黄某脾脏被打裂，回到宿舍后疼痛难忍，被老师和同学及时送到医院抢救才保住了性命。

请讨论：

1. 如何评价赵某和黄某两人签订的"生死状"？

2. 赵某应承担什么法律责任？

五、思考题

1. 什么是经济法？经济法的调整对象有哪些？

2. 什么是经济法律关系? 它由哪些要素构成? 其主体资格的范围包括哪些?

3. 什么是经济法律责任? 其法律责任的形式有几种?

4. 经济法律关系产生、变更和终止的条件是什么? 什么是法律事实? 它可作哪些分类?

第二章 公司法律制度

【知识目标】

1. 了解、理解公司的概念、特征及类型。

2. 掌握有限责任公司、股份有限公司的设立条件和组织机构、议事规则等法律基本规定。

3. 了解有限责任公司和股份有限公司的不同点和相同点。

4. 掌握公司的财务会计法律规定以及违反公司法律规定的相关法律责任。

【能力目标】

1. 能够运用公司法的法律知识分析和解决有限责任公司和股份有限公司的基本法律实务问题。

2. 能够运用所学的法律知识和方法分析解决实际案例，并在老师的引导下列举实例展开讨论。

3. 能依法经营，并能用法律保护自身公司的合法权益。

案例导引

甲、乙、丙三人共同组建有限责任公司。公司成立后,甲将其20%股权中的5%转让给第三人——丁,丁通过受让股权成为公司股东。甲、乙均按期足额缴纳出资,但发现由丙出资购入的机器设备的实际价值明显低于公司章程所确定的数额。

试问:本案中相应的法律责任如何承担?

第一节　公司法概述

一、公司的概念和特征

公司是指依照公司法的规定设立,并以营利为目的的企业法人。公司是企业的一种组织形式,它具有企业所共有的属性。

公司的主要特征是:

(1) 公司是依照公司法设立的经济组织。公司要依照公司法设立,符合公司法规定的设立条件。公司法对公司的股东人数、公司组织机构的地位、性质、职权等都做了明确规定。公司的外部关系和内部关系都必须严格依照公司法等有关法律规定进行运作。

(2) 公司是以营利为目的的经济组织。以营利为目的,是指公司从事的是经营活动,而经营活动的目的是获取利润,并将其分配给公司的股东。

(3) 公司是具有法人资格的经济组织。按照公司法规定条件设立的公司,自成立之日起具有法人资格。公司具有民事权利能力和民事行为能力,依法独立享有民事权利和承担民事义务。

(4) 公司是由法定数额的股东共同或单独出资形成的经济组织。公司股东以其出资额形成对公司的股权,在法律上体现为一种股份式的联合。公司股东以其出资额或者所持股份为限,对公司承担有限责任;公司以其全部财产对公司债务承担责任。

案例分析 2-1

面对讨债难的社会现象,大学刚毕业的小胡和几个退伍待业的朋友商量准备成立一家"讨债公司",专门为债权人追讨债务。于是他们按照公司设立的要求和程序,准备向某工商行政管理机关申请注册登记。

请大家查阅相关规定进行分析:讨债公司能否成立? 为什么?

二、公司的分类

按照不同的划分标准,公司可分为不同种类。一般来讲,公司主要有以下分类:

(1) 依据股东对公司债务承担的责任形式为划分标准,可分为无限公司、有限责任公司、两合公司和股份有限公司。①无限公司,是指全体股东就公司债务负连带无限责任的公司。②有限责任公司,是指全体股东对于公司的债务,仅以各自的出资额为限承担责任的公司。③两合公司,是指一部分股东对公司债务负无限责任,另一部分股东负有限责任的公司。④股份有限公司,是指公司资本划分为若干金额相等的股份,全体股东仅以自己认购的股份为限对公司债务承担责任的公司。我国法律只规定两种公司形式,即有限责任公司和股份有限公司。

经济法基础

（2）依据一个公司对另一个公司的控制与依附关系为划分标准,可分为母公司与子公司。①母公司是指通过持有其他公司一定比例以上的股份或者通过协议的方式,能够实际上控制其他公司营业活动的公司。②子公司是指虽然在法律上具有法人资格,但其经营活动受母公司实际控制的公司。但在法律上母公司与子公司仍应互相独立,各自具有独立法人资格。

小思考 2-1

请大家上网搜一搜,了解法人、法人代表、法定代表人的区别。

（3）依据公司内部管辖系统,可将公司分为总公司和分公司。①总公司是指依法设立并管辖分公司的总机构。②分公司是指总公司管辖之下的法人分支机构。分公司不具备独立的法人资格,不具有独立的财产,其权利和义务由总公司承担。但分公司可以在总公司授权的范围内以自己的名义进行业务活动。

案例分析 2-2

某皮革有限公司下设两个分公司,即北京分公司和广州分公司。20××年6月,广州分公司经理刘某持分公司营业执照和合同文本与某百货公司签订了一份买卖合同,约定由广州分公司提供特质皮箱1 000个,每个800元,总金额80万元,并同时规定了商品质量、履行期限、违约金等主要条款。合同订立后,该百货公司即按约定支付给广州分公司定金8万元。一个星期后,广州分公司按合同约定的期限交货。但经百货公司检验,皮箱质量明显不符合合同约定,于是百货公司当即提出质量异议,并要求双倍返还定金和支付违约金。而广州分公司却坚持要百货公司按合同如期付款。于是,百货公司向法院提起诉讼。广州分公司参加诉讼,并要求皮革有限公司(总公司)参加诉讼。但总公司认为广州分公司常年在广州经营,平时的经济效益都留在分公司,只上缴约定的承包金额,故总公司不应承担民事责任。

请思考:(1)子公司和分公司在法律上有何区别?

（2）皮革有限公司是否应承担责任?

（4）以公司的国籍为划分标准,可将公司分为本国公司与外国公司。在我国,本国公司是指依照我国公司法在我国境内登记设立的公司。外国公司是指依据外国法律在我国境外登记设立的公司。

小思考 2-2

母公司和子公司、总公司和分公司有什么不同?

三、公司法的概念与调整范围

（一）公司法的概念

公司法是调整公司在其设立、经营、变更、终止过程中所发生的经济关系的法律规范的总称。《中华人民共和国公司法》(以下简称《公司法》)于 1993 年 12 月 29 日第八届全国人大常委会第五次会议通过。根据 1999 年 12 月 25 日第九届全国人民代表大会常务委员会第十三次会议《关于修改〈中华人民共和国公司法〉的决定》第一次修正,2004 年 8 月 28 日第十届全国人民代表大会常务委员会第十一次会议《关于修改〈中华人民共和国公司法〉的决定》第二次修正,2005 年 10 月 27 日第十届全国人民代表大会常务委员会第十八次会议再次修订,2013 年 12 月 28 日第十二届全国人民代表大会常务委员会第六次会议又一次进行了修订,《公司法》对确定公司这一市场主体的法律地位,规范公司的组织和行为,保护公司、股东和债权人的合法权益,维护社会经济秩序,促进社会主义市场经济的发展有着重要的意义。

(二)公司法的调整范围

《公司法》第 2 条规定:"本法所称的公司是指依照本法在中国境内设立的有限责任公司和股份有限公司。"因此,我国《公司法》的调整范围只包括有限责任公司和股份有限公司,对其他公司没有做出规定。

第二节 有限责任公司

一、有限责任公司的概念和特征

(一)有限责任公司的概念

有限责任公司是指依照《公司法》在中国境内设立的,由 **50 个以下的股东共同出资**,并以其认缴的出资额对公司承担有限责任,公司以其全部资产对公司债务承担责任的企业法人。

案例分析 2-3

王某是一个经营服装百货的个体户,两年前他欠了一家服装厂 20 多万元货款,无力偿还,债主向法院起诉。法院判决王某败诉,并将王某商店里的财产、他的轿车以及部分生活用品变卖后用来偿还债务。两年来,王某做了充分的市场调研,东山再起,商店的效益与日俱增。但某公司从他这里批发了一批服饰,欠下王某 30 万元货款迟迟不还,王某几次讨债未果,遂向法院提起诉讼,法院判决王某胜诉。但是该公司因经营不善,严重亏损,根本无力偿还债务。王某要求法院将该公司法定代表人的私房变卖后抵偿,法院不予支持。王某想不通,为什么他欠下的债要用家产来抵偿,别人欠债就不必用家产来抵偿?

请结合本案事实想一想:法院不予支持是否正确?

(二)有限责任公司的特征

1. 公司资本的不等额性

有限责任公司的全部资本不必划分为等额股份,股东按协议确定出资比例,按出资比例享有权利、承担义务和风险。股东的股权表现形式是公司签发的出资证明书。

2. 股东人数的相对稳定性

有限责任公司股东人数的最高限额均由法律严格规定,使得股东人数相对稳定,而不像股份有限公司股东人数是无上限的。股东人数的相对稳定性决定了股东间的关系较为密切,股东出资的转让也受到严格限制。

3. 股权转让的限制性

《公司法》第72条规定:股东向股东以外的人转让股权,应当经其他股东过半数同意。股东应就其股权转让事项书面通知其他股东征求同意,其他股东自接到书面通知之日起满30日未答复的,视为同意转让。其他股东半数以上不同意转让的,不同意的股东应当购买该转让的股权;不购买的,视为同意转让。经股东同意转让的股权,在同等条件下,其他股东有优先购买权。

案例分析 2-4

小张在白云有限责任公司成立时投资了80万成为该公司的股东。某日,老家房子因年久失修加之一场暴雨,房子变成危房。为修房子,小张向公司请求将自己投资的80万提出来用于造房。

请问:小张的请求合理吗?为什么?

4. 设立程序的简便性

由于有限责任公司不发行股票,不向社会公开募集资本,这决定了它的设立方式只有发起设立,即由股东共同制定章程,规定全体股东认缴的出资额,最后由指定的代表或委托的代理人向公司登记机关申请设立登记,公司即告成立。

二、有限责任公司的设立

(一) 有限责任公司的设立条件

1. 股东符合法定人数

根据我国《公司法》的规定,设立有限责任公司的法定人数由50个以下股东出资设立。

2. 有符合公司章程规定的全体股东认缴的出资额

有限责任公司的注册资本为在公司登记机关登记的全体股东认缴的出资额。法律、行政法规以及国务院决定对有限责任公司注册资本实缴、注册资本最低限额另有规定的,从其规定。

小思考 2-3

实缴出资额和认缴出资额有什么不同?

3. 股东共同制定的公司章程

公司章程是公司设立及活动的基本规则,是公司依法确立公司的内外部法律关系及股东权利义务的基本法律文件。设立公司必须依法制定公司章程。公司章程对公司、股东、董事、监事、高级管理人员具有约束力。

公司章程应当载明下列事项:①公司名称和住所;②公司经营范围;③公司注册资本;④股东的姓名或者名称;⑤股东的出资方式、出资额和出资时间;⑥公司的机构及其产生办法、职权、议事规则;⑦公司法定代表人;⑧股东会会议认为需要规定的其他事项。

股东应当在公司章程上签名、盖章。

4. 有公司名称,建立符合有限责任公司要求的组织机构

公司的名称是公司的标志。依法设立的有限责任公司,必须在公司名称中标明"有限责任公司"或者"有限公司"字样。同时,有限责任公司还必须建立与法律规定相一致的组织机构,即设立股东会、董事会或执行董事、监事会或监事。

法律驿站 2-1

公司名称中的禁用词

公司名称中禁止使用的内容和文字有:

①有损国家、社会公共利益的;

②可能对公众造成欺骗或误解的;

③外国国家名称、国家组织名称;

④政党、党政军机关、群众组织、社会团体的名称及部队番号;

⑤汉语拼音字母(外文名称中使用的除外)、数字;

⑥其他法律、行政法规规定禁止的。

5. 有公司住所

公司要有固定的住所。公司的住所是公司主要办事机构所在地。一方面是进行正常生产经营活动的需要;另一方面也便于国家有关部门对其生产经营活动进行必要的监督管理。

小思考 2-4

小张、小王和小李准备成立一家有限责任公司,但为公司名称三人意见出现了分歧。小张为公司取名为"上海ＦＭ电器有限责任公司",小王取名为"上海818电器有限责任公司",小李取名为"上海飞马电器有限责任公司"。

你认为他们当中谁为公司取的名称能获准注册?为什么?

三、有限责任公司的设立程序

(一)制定公司章程

有限责任公司的公司章程由公司全体股东共同订立,并经全体股东同意后,所有股东应当在公司章程上签名、盖章。公司章程对公司、股东、董事、监事、高级管理人员具有约束力。

国有独资公司章程由国有资产监督管理机构制定,或者由董事会制定并报国有资产监督管理机构批准。

（二）有符合公司章程规定的全体股东认缴的出资额

股东可以用货币出资,也可以用实物、知识产权、土地使用权等可以用货币估价并可以依法转让的非货币财产作价出资;但是,法律、行政法规规定不得作为出资的财产除外。

对作为出资的非货币财产应当评估作价,核实财产,不得高估或者低估作价。法律、行政法规对评估作价有规定的,从其规定。

股东应当按期足额缴纳公司章程中规定的各自所认缴的出资额。股东以货币出资的,应当将货币出资足额存入有限责任公司在银行开设的账户;以非货币财产出资的,应当依法办理其财产权的转移手续。

股东不按照前款规定缴纳出资的,除应当向公司足额缴纳外,还应当向已按期足额缴纳出资的股东承担违约责任。

案例分析 2-5

A、B、C 三人经协商,准备成立一家有限责任公司甲,主要从事家具的生产,其中：A 为公司提供厂房和设备,经评估作价 25 万元;B 从银行借款 20 万元现金作为出资;C 原为一家私营企业的家具厂老板,具有吃苦耐劳的精神,提出以劳务出资,作价年薪 6 万元。A、B、C 签订协议后,向工商局申请注册。

试问：（1）本案包括哪几种出资形式？

（2）A、B、C 的出资是否符合法律规定？

（三）设立登记

由全体股东指定的代表或者共同委托的代理人向公司登记机关报送公司登记申请书、公司章程等文件,申请设立登记。

公司登记机关对符合公司法规定条件的,予以登记,发给公司营业执照。公司营业执照的签发日期为有限责任公司的成立日期。公司成立后,股东不得抽逃出资。

（四）签发出资证明书

有限责任公司登记注册后,应当向股东签发出资证明书。出资证明书是证明股东出资份额的书面凭证。出资证明书应当载明下列事项：①公司名称;②公司登记日期;③公司注册资本;④股东的姓名或者名称、缴纳的出资额和出资日期;⑤出资证明书的编号和核发日期。出资证明书由公司盖章。

股东有权查阅、复制公司章程、股东会会议记录、董事会会议决议、监事会会议决议和财务会计报告。股东可以要求查阅公司会计账簿。股东要求查阅公司会计账簿的,应当向公司提出书面请求,说明目的。公司有合理根据认为股东查阅会计账簿有不正当目的,可能损害公司合法利益的,可以拒绝提供查阅,并应当自股东提出书面请求之日起 15 日内书面答复股东并说明理由。公司拒绝提供查阅的,股东可以请求人民法院要求公司提供查阅。

公司法定代表人依照公司章程的规定,由董事长、执行董事或者经理担任,并依法登记。公司法定代表人变更,应当办理变更登记。

四、有限责任公司的组织机构

（一）有限责任公司的股东会

1. **股东会的性质和职权**

有限责任公司的股东会由全体股东组成。根据《公司法》的规定，有限责任公司股东会是公司的权力机构，是公司的最高决策机关，对公司的重大问题进行决策。有限责任公司的股东会行使下列职权：

（1）决定公司的经营方针和投资计划；

（2）选举和更换非由职工代表担任的董事、监事，决定有关董事、监事的报酬事项；

（3）审议批准董事会的报告；

（4）审议批准监事会或者监事的报告；

（5）审议批准公司的年度财务预算方案、决算方案；

（6）审议批准公司的利润分配方案和弥补亏损方案；

（7）对公司增加或者减少注册资本作出决议；

（8）对发行公司债券作出决议；

（9）对公司合并、分立、解散、清算或者变更公司形式作出决议；

（10）修改公司章程；

（11）公司章程规定的其他职权。

对前款所列事项，股东以书面形式一致表示同意的，可以不召开股东会会议，直接作出决定，并由全体股东在决定文件上签名、盖章。

另股东会或者股东大会要求董事、监事、高级管理人员列席会议的，董事、监事、高级管理人员应当列席并接受股东的质询。董事、高级管理人员违反法律、行政法规或者公司章程的规定，损害股东利益的，股东可以向人民法院提起诉讼。

2. **股东会的议事规则**

首次股东会会议由出资最多的股东召集和主持。有限责任公司设立董事会或执行董事后，股东会会议分为定期会议和临时会议。

定期会议应当依照公司章程的规定按时召开。代表 1/10 以上表决权的股东，1/3 以上的董事，监事会或者不设监事会的公司的监事提议召开临时会议的，应当召开临时会议。召开股东会会议，应当于会议召开 15 日前通知全体股东；但是，公司章程另有规定或者全体股东另有约定的除外。

有限责任公司设立董事会的，股东会会议由董事会召集，董事长主持；董事长不能履行职务或者不履行职务的，由副董事长主持；副董事长不能履行职务或者不履行职务的，由半数以上董事共同推举一名董事主持；有限责任公司不设董事会的，股东会会议由执行董事召集和主持。

董事会或者执行董事不能履行或者不履行召集股东会会议职责的，由监事会或者不设监事会的公司的监事召集和主持；监事会或者监事不召集的，代表 1/10 以上表决权的股东可以自行召集和主持。

股东会会议由股东按照出资比例行使表决权；但是，公司章程另有规定的除外。股东会会议作出修改公司章程、增加或者减少注册资本的决议，以及公司合并、分立、解散或者变更

经济法基础

公司形式的决议,必须经代表 2/3 以上表决权的股东通过。

股东会应当对所议事项的决定作成会议记录,出席会议的股东应当在会议记录上签名。

案例分析 2-6

甲、乙、丙、丁四人拟共同出资设立蓝衣科技有限责任公司。其中,甲出资 10 万元,乙出资 20 万元,丙出资 20 万元,丁出资 50 万元。在设立公司的过程中,四人提出了下列看法:甲认为,"因公司股东人数较少,为降低运行成本,可以不设股东会";乙认为,"公司应设股东会,如设股东会的话,自己有权提议召开临时股东会会议";丙认为,"公司的首次股东会会议应由自己召集和主持";丁认为,"股东会就是一个摆设,即使设股东会也不用开会,一切决策由董事长看着办"。

试问:他们四人的说法正确吗?为什么?

(二)有限责任公司的董事会

1. 董事会的设立及职权

董事会是由董事组成的、对内掌管公司事务、对外代表公司的经营决策和业务执行机构,公司设董事会,由股东(大)会选举。有限责任公司设董事会,其成员为 3 人至 13 人;但是,设有执行董事的除外。

董事会设董事长一人,可以设副董事长,董事长、副董事长的产生办法由公司章程规定,一般由董事会选举产生。董事任期三年,任期届满,可连选连任,董事在任期届满前,股东会不得无故解除其职务。

两个以上的国有企业或者两个以上的其他国有投资主体投资设立的有限责任公司,其董事会成员中应当有公司职工代表;其他有限责任公司董事会成员中可以有公司职工代表。董事会中的职工代表由公司职工通过职工代表大会、职工大会或者其他形式民主选举产生。

董事会对股东会负责,行使下列职权:

(1)召集股东会会议,并向股东会报告工作;

(2)执行股东会的决议;

(3)决定公司的经营计划和投资方案;

(4)制订公司的年度财务预算方案、决算方案;

(5)制订公司的利润分配方案和弥补亏损方案;

(6)制订公司增加或者减少注册资本以及发行公司债券的方案;

(7)制订公司合并、分立、解散或者变更公司形式的方案;

(8)决定公司内部管理机构的设置;

(9)决定聘任或者解聘公司经理及其报酬事项,并根据经理的提名决定聘任或者解聘公司副经理、财务负责人及其报酬事项;

(10)制定公司的基本管理制度;

(11)公司章程规定的其他职权。

2. 董事会会议

董事会会议由董事长召集和主持;董事长不能履行职务或者不履行职务的,由副董事长召集和主持;副董事长不能履行职务或者不履行职务的,由半数以上董事共同推举一名董事召集和主持。

董事会决议的表决,实行一人一票,董事会应当对所议事项的决定作成会议记录,出席会议的董事应当在会议记录上签名。

股东人数较少或者规模较小的有限责任公司,可以设一名执行董事,不设董事会。执行董事可以兼任公司经理。执行董事的职权由公司章程规定。

(三)经理的设立及职权

有限责任公司可以设经理,由董事会决定聘任或者解聘。经理对董事会负责,行使下列职权:

(1) 拟订公司的基本管理制度;

(2) 制定公司的具体规章;

(3) 提请聘任或者解聘公司副经理、财务负责人;

(4) 决定聘任或者解聘除应由董事会决定聘任或者解聘以外的负责管理人员;

(5) 董事会授予的其他职权。

公司章程对经理职权另有规定的,从其规定。经理应当列席董事会会议。

案例分析 2-7

程荣有限责任公司是一家物流公司,注册资本为 100 万元。为了扩大经营、提高公司决策效率,经董事会决定,即日起实施如下方案:①公司章程经董事会全体成员同意可以修改;②决定公司业务多元化,进军公司之前未涉足的房地产领域;③为了彰显公司实力、谋求公司上市,决定变更公司形式为股份有限责任公司;④制订增加公司注册资本为 1 000 万元的方案,供股东会决议。

试问:程荣有限责任公司董事会决定的上述方案是否合法?为什么?

小思考 2-5

请大家查阅相关资料,想一想:

(1) 公司股东会与公司董事会之间是什么关系?

(2) 公司董事会与公司经理之间是什么关系?

(3) 公司监事会与公司股东会、董事会之间是什么关系?

(四)有限责任公司的监事会或者监事

1. 监事会的设立与组成

监事会是在股东会领导下,与董事会并列设置,对董事和总经理行政管理系统行使监督的内部组织。

有限责任公司设监事会,其成员不得少于 3 人。股东人数较少或者规模较小的有限责任公司,可以设一至两名监事,不设监事会。

监事会应当包括股东代表和适当比例的公司职工代表,其中职工代表的比例不得低于 1/3,具体比例由公司章程规定。监事会中的职工代表由公司职工通过职工代表大会、职工大会或者其他形式民主选举产生。

监事会设主席一人,由全体监事过半数选举产生。监事会主席召集和主持监事会会议;

监事会主席不能履行职务或者不履行职务的,由半数以上监事共同推举一名监事召集和主持监事会会议。董事、高级管理人员不得兼任监事。监事的任期每届为 3 年。监事任期届满,连选可以连任。

监事任期届满未及时改选,或者监事在任期内辞职导致监事会成员低于法定人数的,在改选出的监事就任前,原监事仍应当依照法律、行政法规和公司章程的规定,履行监事职务。

2. 监事会或监事的职权

监事会、不设监事会的公司的监事行使下列职权:

检查公司财务;对董事、高级管理人员执行公司职务的行为进行监督,对违反法律、行政法规、公司章程或者股东会决议的董事、高级管理人员提出罢免的建议;当董事、高级管理人员的行为损害公司的利益时,要求董事、高级管理人员予以纠正;提议召开临时股东会会议,在董事会不履行本法规定的召集和主持股东会会议职责时召集和主持股东会会议;向股东会会议提出提案;依照本法第 152 条的规定,对董事、高级管理人员提起诉讼;公司章程规定的其他职权。

监事可以列席董事会会议,并对董事会决议事项提出质询或者建议。监事会每年度至少召开一次会议,监事可以提议召开临时监事会会议。监事会决议应当经半数以上监事通过。监事会应当对所议事项的决定作成会议记录,出席会议的监事应当在会议记录上签名。

监事会、不设监事会的公司的监事行使职权所必需的费用,由公司承担。

董事、高级管理人员应当如实向监事会或者不设监事会的有限责任公司的监事提供有关情况和资料,不得妨碍监事会或者监事行使职权。监事会或者不设监事会的有限责任公司的监事可以依法向人民法院提起诉讼。

案例分析 2-8

某有限责任公司于 2017 年成立,公司设股东会、董事会和监事会。在 2017 年组建监事会时,公司聘请了该市某企业管理部门的李局长担任公司的监事。此外,由公司董事长和副董事长兼任公司另三名监事。该监事会设立后,从未按照《公司法》的规定行使监事会职权。该公司股东吴某认为应当重组公司监事会,并多次向董事会提出要求,但是董事会没有采用其建议。于是吴某向法院起诉,要求解散公司原监事会,并重新建立监事会。

请问:《公司法》对监事的任职资格有哪些限制?吴某的起诉是否合法?

案例分析 2-9

张某向 A 信用社借款本息共计 17.46 万元,2017 年 6 月经诉讼后仍拖欠不还。10 月 25 日,根据债权人的举报,法院查封并扣划了张某向拟建中的某纺织有限公司的股东出资 20 万元中的 17.46 万元。另查明,张某与另外两名自然人分别拥有该公司股权的 1/3,按照出资协议,10 月 23 日,张某将上述款项存入筹建公司的指定账户;公司于 11 月 3 日经工商登记成立。法院执行扣划这笔款项后,该公司认为所扣款属公司所有而非张某个人的财产,并以案外人的身份提出执行异议。

请问:该公司的异议是否合理?法院能否强制执行?为什么?

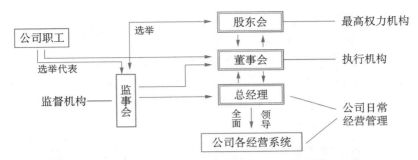

图 2-1　有限责任公司组织机构职权及相互关系

甲、乙企业与另外 9 家企业拟联合设立"白龙有限责任公司",公司章程的部分内容为:股东会召开临时会议须经代表 1/2 以上表决权的股东提议,公司注册资本为 1 亿元,其中甲以工业产权出资,协议作价金额 1200 万元;乙出资 1400 万元,是出资最多的股东。公司经市场监管部门指出错误并纠正后于 20×× 年 3 月依法登记成立,后公司决定由甲召集和主持首次股东会会议,并设立董事会。同年 5 月,白龙公司董事会发现,甲作为出资的工业产权的实际价额显著低于公司章程中所定的金额,董事会提出由甲补足差额,如果甲不能补足差额,则由其他股东按出资比例分担该差额。不久,董事会又提出增资方案并提交股东会表决,有 7 家股东赞成投资,占表决权总数的 58.3%;有 4 家股东不赞成增资,占表决权总数的 41.7%。股东会通过了增资决议。白龙公司又因业务发展需要依法成立了西南分公司,由于西南分公司违反合同,对方要求白龙公司承担违约责任。

请问:

(1) 白龙公司设立过程中订立的公司章程中关于召开临时股东会议的规定有哪些不合法之处?为什么?

(2) 白龙公司的首次股东会议由甲召集和主持是否合法?为什么?

(3) 白龙公司董事会作出关于甲出资不足的解决方案内容是否合法?为什么?

(4) 白龙公司股东会做出的增资决议是否合法?为什么?

(5) 白龙公司是否应替西南分公司承担违约责任?为什么?

五、公司董事、监事、高级管理人员的资格和义务

有下列情形之一的,不得担任公司的董事、监事、高级管理人员:

(1) 无民事行为能力或者限制民事行为能力;

(2) 因贪污、贿赂、侵占财产、挪用财产或者破坏社会主义市场经济秩序,被判处刑罚,执行期满未逾 5 年,或者因犯罪被剥夺政治权利,执行期满未逾 5 年;

(3) 担任破产清算的公司、企业的董事或者厂长、经理,对该公司、企业的破产负有个人责任的,自该公司、企业破产清算完结之日起未逾 3 年;

(4) 担任因违法被吊销营业执照、责令关闭的公司、企业的法定代表人,并负有个人责任

的,自该公司、企业被吊销营业执照之日起未逾 3 年;

（5）个人所负数额较大的债务到期未清偿。

公司违反上述规定选举、委派董事、监事或者聘任高级管理人员的,该选举、委派或者聘任无效。董事、监事、高级管理人员在任职期间出现本条第一款所列情形的,公司应当解除其职务。董事、监事、高级管理人员应当遵守法律、行政法规和公司章程,对公司负有忠实义务和勤勉义务。

案例分析 2-11

李斌于 2013 年 2 月因打架斗殴被判刑入狱,2016 年 2 月刑满出狱,2016 年 9 月被万杰公司聘为总经理;王强 2008 年 5 月因贪污判处有期徒刑 5 年,剥夺政治权利 3 年,于 2016 年 9 月被万杰公司聘为董事;赵军 2016 年因买房向银行贷款 80 万,贷款期限为 5 年,同年被万杰公司聘为财务总监。

请问：该公司聘请的人选是否符合《公司法》规定？为什么？

六、董事、高级管理人员禁止行为

董事、高级管理人员不得有下列行为:

（1）挪用公司资金;

（2）将公司资金以其个人名义或者以其他个人名义开立账户存储;

（3）违反公司章程的规定,未经股东会、股东大会或者董事会同意,将公司资金借贷给他人或者以公司财产为他人提供担保;

（4）违反公司章程的规定或者未经股东会、股东大会同意,与本公司订立合同或者进行交易;

（5）未经股东会或者股东大会同意,利用职务便利为自己或者他人谋取属于公司的商业机会,自营或者为他人经营与所任职公司同类的业务;

（6）接受他人与公司交易的佣金归为己有;

（7）擅自披露公司秘密;

（8）违反对公司忠实义务的其他行为。

董事、高级管理人员违反前款规定所得的收入应当归公司所有。

董事、监事、高级管理人员执行公司职务时违反法律、行政法规或者公司章程的规定,给公司造成损失的,应当承担赔偿责任。

案例分析 2-12

甲和乙是某市骏马电器有限公司的董事。20××年 8 月,甲、乙二人又和丙合伙办了一家电器厂,生产"美达"牌电器,与骏马电器有限公司的技术基本相同。同年 10 月,骏马电器公司发现了甲、乙另办电器厂的行为,经董事会研究决定罢免甲、乙的董事职务,并要求甲、乙将其经营电器厂所得收入 30 万元交回公司。甲、乙不同意,辩称："我们两厂生产的电器品牌不同,互不相干,我们额外劳动所得不应交回公司。"于是,经董事会研究后决定,以公司名义向法院起诉。

　　请问：（1）甲、乙的主张有无法律依据？

　　　　　（2）董事会罢免甲、乙董事职务的行为是否恰当？

　　　　　（3）董事会能否决定以公司名义起诉？

案例分析 2-13

　　甄某于 2012 年 5 月担任有限责任公司的董事长。2013 年 3 月，另一公司的经理田某找甄某借一笔资金以解燃眉之急。正好公司刚收回一笔 50 万元的货款，甄某即转给了田某，田某拿出 5 万元给甄某，甄某未敢收，遂存入公司的小金库中。该小金库是甄某伙同部分董事及监事贾某私自开立的，用于他们的各项业余开支。同年 7 月，甄某利用手中的职权帮助其弟弟的公司做成一笔木材生意，获利 10 万元，甄某存入私人账户。这一年 9 月，甄某利用董事长的权力与贾某签订了一项合同，规定公司支付贾某 2 万元的中介费，作为贾某为公司联系到一批木材生意的报酬。而实际上，公司购入该批木材的价格明显高于市场价，致使公司受损 20 万元，贾某与甄某各自捞了一笔回扣。此事并未经过董事会的讨论。2014 年 3 月，股东会觉察到甄某与贾某的渎职行为，责令其停职反省；同时，组织人员进行调查，待查清事实后依照法律和公司章程进行处理。

　　请问：（1）甄某的董事长一职至迟应于何时任期届满？为什么？

　　　　　（2）假设甄某 2010 年 6 月担任某国营工厂厂长时，因从事违法经营致该厂营业执照被吊销。那么甄某任职董事长一事是否符合法律规定？为什么？

　　　　　（3）本案中甄某从事了哪些违法活动？

　　　　　（4）公司对于董事、监事的违法活动可否自行处理？

　　　　　（5）甄某、贾某是否应对公司承担赔偿责任？

案例分析 2-14

　　吴某和冯某创办一个有限责任公司，吴某为执行董事，兼任监事，冯某为财务负责人。该公司聘请在市工商局工作的杜某担任总经理。此时杜某买回一批服装正欲出售，上任后未经同意私下和某百货公司签订了一份合同，用公司的名义买下了他自己买来的服装，总价款达 125 万元，占用了公司大量的流动资金。后该批服装由于数量过多、款式陈旧而积压，致使公司半年的投资计划流产，大量的购货合同难以履行。公司执行董事向法院提起诉讼，要求杜某赔偿损失。杜某认为，他是公司的总经理，有权同任何人签订合同，决定经营方式，公司起诉他是没有道理的。

　　根据以上案情，回答下列问题：

　　（1）公司只设一名执行董事而不设董事会是否符合规定？为什么？

（2）公司聘请杜某为公司的总经理有无不妥之处？为什么？

（3）杜某是否应对公司造成的损失承担赔偿责任？为什么？

第三节　国有独资公司和一人有限公司

一、国有独资公司

（一）国有独资公司的概念

国有独资公司是指国家单独出资、由国务院或者地方人民政府授权本级人民政府国有资产监督管理机构履行出资人职责的有限责任公司。国有独资公司章程由国有资产监督管理机构制定，或者由董事会制订报国有资产监督管理机构批准。

（二）国有独资公司的组织机构

1. 国有独资公司股东会

国有独资公司不设股东会，由国有资产监督管理机构行使股东会职权。国有资产监督管理机构可以授权公司董事会行使股东会的部分职权，决定公司的重大事项，但公司的合并、分立、解散、增加或者减少注册资本和发行公司债券，必须由国有资产监督管理机构决定；其中，重要的国有独资公司合并、分立、解散、申请破产的，应当由国有资产监督管理机构审核后，报本级人民政府批准。

2. 国有独资公司董事会

国有独资公司设董事会，依照《公司法》的规定行使职权。董事每届任期不得超过3年。董事会成员由国有资产监督管理机构委派，董事会成员中应当有公司职工代表，董事会成员中的职工代表由公司职工代表大会选举产生。

董事会设董事长一人，可以设副董事长。董事长、副董事长由国有资产监督管理机构从董事会成员中指定。国有独资公司设经理，由董事会聘任或者解聘。经理依照《公司法》第49条规定行使职权。经国有资产监督管理机构同意，董事会成员可以兼任经理。

国有独资公司的董事长、副董事长、董事、高级管理人员，未经国有资产监督管理机构同意，不得在其他有限责任公司、股份有限公司或者其他经济组织兼职。

3. 国有独资公司监事会

国有独资公司监事会成员不得少于5人，其中职工代表的比例不得低于1/3，具体比例由公司章程规定。监事会成员由国有资产监督管理机构委派；但是，监事会成员中的职工代表由公司职工代表大会选举产生。监事会主席由国有资产监督管理机构从监事会成员中指定。

国有独资公司的监事行使下列职权：

（1）检查公司财务状况；

（2）对董事、高级管理人员执行公司职务的行为进行监督，对违反法律、行政法规、公司章程或者股东会决议的董事、高级管理人员提出罢免的建议；

（3）当董事、高级管理人员的行为损害公司的利益时，要求董事、高级管理人员予以纠正；

（4）国务院规定的其他职权。

案例分析 2-15

某国有企业于 2016 年经有关部门决定改建为国有独资公司，名为前进实业有限责任公司。该公司无股东会，由董事行使股东会的部分职权。董事会成员有 5 人，全部是国家授权部门任命的干部。应另一有限责任公司的邀请，董事长江某还兼任其负责人。自 2017 年起，该公司进行了一系列活动：①董事会决定将公司注册资本由 1 亿元增加到 2 亿元；②经董事会研究决定，与另一公司合并。

你认为上述情况中哪些不符合《公司法》规定？请说明理由。

法律驿站 2-2

国有独资公司和国有企业的区别

1. 设立根据不同

国有独资公司依照《公司法》设立，并受《公司法》调整；而一般的国有企业则是依照《全民所有制工业企业法》设立，并受《全民所有制工业企业法》的调整。

2. 财产权性质不同

国家通过其代表——国有资产监督管理机构，作为国有独资公司的股东，对公司财产依法享有和行使股权，国有独资公司对公司财产享有法人财产所有权。而一般的国有企业中，国家作为企业的所有人对企业财产享有所有权，企业作为法人单位对企业财产享有的是经营管理权。

3. 管理体制不同

国有独资公司设立董事会，其成员由国有资产监督管理机构委派，其董事长、副董事长由国有资产监督管理机构从董事会成员中指定。法定代表人可由董事长、执行董事或经理担任。而一般的国有企业则实行厂长（经理）负责制，厂长或经理是企业的法定代表人。二者在内部管理机制等方面存在许多区别。

二、一人有限责任公司

（一）一人有限责任公司的概念

一人有限责任公司是指只有一个自然人股东或者一个法人股东的有限责任公司。

依据我国《公司法》的规定，一个自然人只能投资设立一个一人有限责任公司。该一人有限责任公司不能投资设立新的一人有限责任公司。

（二）一人有限责任公司的特别规定

一人有限责任公司的设立和组织机构，适用有限责任公司规定；有限责任公司没有规定的，适用《公司法》第二章有关规定。

经济法基础

一人有限责任公司应当在公司登记中注明自然人独资或者法人独资,并在公司营业执照中载明。一人有限责任公司不设股东会。股东作出决定时,应当采用书面形式,并由股东签名后置备于公司。

一人有限责任公司应当在每一会计年度终了时编制财务会计报告,并经会计师事务所审计;一人有限责任公司的股东不能证明公司财产独立于股东自己的财产的,应当对公司债务承担连带责任。

案例分析 2-16

张某投资设立一人有限公司,取名甲公司。甲公司经营 5 年后,因管理不善,负债累累,关于甲公司的债务承担,有人说张某应与甲公司承担连带责任。

你怎么看? 请用学过的知识回答。

案例分析 2-17

刘某设立了一个一人有限公司,就有些问题向朋友张某咨询,张某告诉刘某如下事项:

(1) 如果你这个公司经营得好,你还可以再投资设立一个一人有限公司,这样你的风险责任就小点。

(2) 最好不要在登记的时候说是自然人独资的,交易时人家可能不信任你,所以,你就把那一项空着。

(3) 一人有限公司是你个人的,所以里面的东西你想怎么用就怎么用,而且承担有限责任。

你认为张某的说法正确吗? 为什么?

第四节 股份有限公司

一、股份有限公司的概念和特征

(一) 股份有限公司的概念

股份有限公司是指由一定人数的股东组成,公司资本划分为若干金额相等的股份,股东仅以自己认购的股份为限对公司债务承担责任,公司以全部资产对公司债务承担责任的公司。

(二) 股份有限公司的特征

1. 股东责任的有限性

股份有限公司的股东仅以自己持有的股份为限对公司债务承担责任。公司的债务完全以公司独立的资产清偿。

2. 股东人数的广泛性

股份有限公司股东的人数只有下限没有上限,且公司可以公开向社会募集资本,股份可以自由转让,这就决定了股份有限公司股东人数的广泛性和不确定性。

3. 股份的等额性

股份有限公司的全部资本划分为若干股份,每股金额相等。公司的股份体现为股票形式,股票可以向社会公开发行,持有公司股票即为公司股东。

4. 股份转让的自由性

这与有限责任公司不同,股份有限公司的股票在法定的条件下可以由股东自由转让。

5. 股份有限公司的设立程序的复杂性

与有限责任公司相比,股份有限公司的设立程序较为复杂。

法律驿站 2-3

股份有限公司

股份有限公司起源于 17 世纪初期的荷兰和英国,著名的荷兰东印度公司和英国的东印度公司就是世界上最早出现的一批股份有限公司。股份制亦称"股份经济",是指以入股方式把分散的、属于不同人所有的生产要素集中起来,统一使用,合理经营,自负盈亏,按股分红的一种经济组织形式,也是企业财产所有制的一种形式。

二、股份有限公司的设立

(一)股份有限公司的设立条件

1. 发起人符合法定人数

设立股份有限公司,应当有 2 人以上 200 人以下为发起人,其中须有半数以上的发起人在中国境内有住所。

2. 有符合公司章程规定的全体发起人认购的股本总额或者募集的实收股本总额

股份有限公司采取发起设立方式设立的,注册资本为在公司登记机关登记的全体发起人认购的股本总额。

股份有限公司采取募集方式设立的,注册资本为在公司登记机关登记的实收股本总额。

法律、行政法规对股份有限公司注册资本的最低限额有较高规定的,从其规定。

3. 股份发行、筹办事项符合法律规定

股份有限公司的资本划分为股份,每一股的金额相等。公司的股份采取股票的形式。股票是公司签发的证明股东所持股份的凭证。

股份的发行实行公平、公正的原则,同种类的每一股份应当具有同等权利。同次发行的同种类股票,每股的发行条件和价格应当相同;任何单位或者个人所认购的股份,每股应当支付相同价额。

4. 发起人制订公司章程,采用募集方式设立的股份有限公司须经创立大会通过

公司章程是公司最重要的法律文件,发起人应当根据《公司法》及相关规定的要求,起草、制订章程草案。采用募集方式设立的股份有限公司,章程草案须提交创立大会表决通

过。发起人向社会公开募集股份的,须向中国证监会报送公司章程草案。

小思考 2-6

发起设立与募集设立有什么不同?

5. 有公司名称,建立符合股份有限公司要求的组织机构

拟设立的股份有限公司应当依照工商登记管理规定的要求确定公司名称。公司名称应当由行政区划、字号、行业、组织形式依次组成,法律、法规另有规定的除外。公司只能使用一个名称。经公司登记机关核准登记的公司名称受法律保护。股份有限公司应当建立股东大会、董事会、经理和监事会等公司的组织机构。

法律驿站 2-4

公司名称应当标明哪些内容

公司名称中必须冠以公司所在地的地名,若欲冠以"中国""中华""国际"字样的公司,则必须经国家工商行政管理局核准;公司名称的核心内容即字号,应有两个以上的汉字或少数民族文字组成;公司名称须包含公司的主营业务或行业性质;公司名称还须标明公司的法律性质,如实标记"有限责任公司""股份有限公司"的字样。

6. 有公司住所

公司要有固定的住所,公司的住所是公司主要办事机构所在地。这一方面是进行正常生产经营活动的需要;另一方面也便于国家有关部门对其生产经营活动进行必要的监督管理。公司住所变更的,须到公司登记机关办理变更登记。

法律驿站 2-5

股票和股份一样吗

股票和股份有不同的含义。股份是股份有限公司资本最基本的构成单位。股份有以下特征:股份所代表的金额相等;股份表示股东享有的权益范围;股份通过股票这种证券形式表现出来。而股票是指股份有限公司股份证券化的形式,是股份有限公司签发的证明股东所持股份的凭证。

(二) 股份有限公司的设立程序

1. 发起人制定公司章程

发起人在确立了设立公司的共同意思,并订立了发起人协议后,开始进行公司的筹建工作。首先由全体发起人制定公司章程。

股份有限公司章程应当载明下列事项:①公司名称和住所;②公司经营范围;③公司设立方式;④公司股份总数、每股金额和注册资本;⑤发起人的姓名或者名称、认购的股份数、出资方式和出资时间;⑥董事会的组成、职权和议事规则;⑦公司法定代表人;⑧监事会的组成、职权和议事规则;⑨公司利润分配办法;⑩公司的解散事由与清算办法;⑪公司的通知和公告办法;⑫股东大会会议认为需要规定的其他事项。

2. 设立审批

董事会应于创立大会结束后 30 日内,向公司登记机关报送下列文件,申请设立登记:①公司登记申请书;②创立大会的会议记录;③公司章程;④法定代表人、董事、监事的任职文件及其身份证明;⑤发起人的法人资格证明或者自然人身份证明;⑥公司住所证明。

以募集方式设立股份有限公司公开发行股票的,还应当向公司登记机关报送国务院证券监督管理机构的核准文件。

3. 出资和募股

股份有限公司的设立,可以采取发起设立或者募集设立的方式。发起设立是指由发起人认购公司应发行的全部股份而设立公司。募集设立是指由发起人认购公司应发行股份的一部分,其余部分向社会公开募集而设立公司。以募集设立方式设立股份有限公司的,发起人认购的股份不得少于公司股份总数的 35%;但是,法律、行政法规另有规定的,从其规定。

股东可以用货币出资,也可以用实物、知识产权、土地使用权等可以用货币估价并可以依法转让的非货币财产作价出资;但是,法律、行政法规规定不得作为出资的财产除外。对作为出资的非货币财产应当评估作价、核实财产,不得高估或者低估作价。法律、行政法规对评估作价有规定的,从其规定。

以发起设立方式设立股份有限公司的,发起人应当书面认足公司章程规定其认购的股份;以非货币财产出资的,应当依法办理其财产权的转移手续。发起人不依照前款规定缴纳出资的,应当按照发起人协议承担违约责任。

发起人认足公司章程规定的出资后,应当选举董事会和监事会,由董事会向公司登记机关报送公司章程以及法律、行政法规规定的其他文件,申请设立登记。

以发起方式设立的,发起人应在认足公司章程规定发行的股份后,缴纳全部股款或者依法办理其抵作股款的财产权的转移手续。

以募集方式设立股份有限公司的,发起人认购的股份不得少于公司股份总数的 35%,其余股份经国务院证券管理部门批准后向社会公开募集。发起人向社会公开募集股份时,必须向国务院证券管理部门递交募股申请,并报送下列主要文件:①批准设立公司的文件;②公司章程;③经营估算书;④发起人姓名或者名称,发起人认购的股份数、出资种类及验资证明;⑤招股说明;⑥代收股款银行的名称及地址;⑦承销机构名称及有关的协议。未经国务院证券管理部门批准,发起人不得向社会公开募集股份。国务院证券管理部门对已作出的批准如发现不符合《公司法》规定的,应撤销;尚未募集股份的,停止募集;已经募集的,认股人可以按照所缴股款并加算银行同期存款利息,要求发起人返还。

发起人向社会公开募集股份,必须公告招股说明书,并制作认股书,还应当由依法设立的证券经营机构承销,并签订承销协议。发起人、认股人缴纳股款或者交付抵作股款的出资后,除未按期募足股份、发起人未按期召开创立大会或者创立大会决议不设立公司的情形外,不得抽回其股本。发行股份的股款缴足后,必须经法定的验资机构验资并出具证明。

4. 建立公司组织机构

发起人认足公司章程规定的出资后,应当选举董事会和监事会,由董事会向公司登记机关报送公司章程以及法律、行政法规规定的其他文件,申请设立登记。

采取募集方式设立的,发行股份的股款缴足后,发起人应当在 30 日内主持召开公司创立大会。创立大会由发起人、认股人组成。发起人应当在创立大会召开 15 日前将会议日期通知各认股人或者予以公告。创立大会应有代表股份总数 1/2 以上的认股人出席,方可举行。创立大会行使下列职权:①审议发起人关于公司筹办情况的报告;②通过公司章程;③选举董事会成员;④选举监事会成员;⑤对公司的设立费用进行审核;⑥对发起人用于抵作股款的财产的作价进行审核;⑦发生不可抗力或者经营条件发生重大变化直接影响公司设立的,可以作出不设立公司的决议。创立大会对上述事项作出决议,必须经出席会议的认股人所持表决权的半数以上通过。

公司登记机关自接到股份有限公司设立登记申请之日起 30 日内作出是否予以登记的决定。对符合《公司法》规定条件的,予以登记,发给公司营业执照。公司营业执照签发日期为公司成立日期。

案例分析 2-18

2014 年 6 月,A 市四家企业拟发起成立一家从事高新技术开发的欣欣股份有限公司,资本总额为 800 万元,四家发起企业认购 250 万元(每股 1 元),其余部分向社会公开募股。2014 年 10 月,发起人中的三家企业以现金认购了 70 万元的股份,另一家企业则以其非专利技术入股,作价 180 万元。2015 年 1 月,社会认股人缴纳股款 400 万元,发起人以欣欣股份有限公司的名义申请银行抵押贷款 150 万元,从而募足了股款。2015 年 2 月,在 A 市证券监督管理机构的主持下,欣欣股份有限公司的创立大会召开,作出建立股份有限公司的决定。

请运用所学的《公司法》,分析欣欣股份有限公司的成立是否合法。

三、公司发起人应当承担的责任

股份有限公司的发起人应当承担下列责任:

(1)公司不能成立时,对设立行为所产生的债务和费用负连带责任;

(2)公司不能成立时,对认股人已缴纳的股款,负返还股款并加算银行同期存款利息的连带责任;

(3)在公司设立过程中,由于发起人的过失致使公司利益受到损害的,应当对公司承担赔偿责任。

股份有限公司与有限责任公司的不同之处如表 2-1 所示。

表 2-1　有限责任公司与股份有限公司比较简表

公司类别 项目	有限责任公司	股份有限公司
信用基础	人合与资合兼具	典型的资合公司
股东数额	无下限有上限	只有下限无上限
募股集资	封闭:不向社会招股	开放:公开募集资本
股份是否等额	股份不分等额,按协议比例出资	将全部资本划成等额股份
股份转让	股份转让受限制	股份自由转让
组织结构及设立要求	组织结构和设立要求简单	组织结构和设立要求严格

四、股份有限公司的组织机构

（一）股份有限公司的股东大会

1. 股东大会的性质和职权

股东大会是公司的权力机构,由股份有限公司全体股东组成。依照《公司法》规定,股东大会行使下列职权:①决定公司的经营方针和投资计划;②选举和更换非由职工代表担任的董事、监事,决定有关董事、监事的报酬事项;③审议批准董事会的报告;④审议批准监事会或者监事的报告;⑤审议批准公司的年度财务预算方案、决算方案;⑥审议批准公司的利润分配方案和弥补亏损方案;⑦对公司增加或者减少注册资本作出决议;⑧对发行公司债券作出决议;⑨对公司合并、分立、解散、清算或者变更公司形式作出决议;⑩修改公司章程;⑪公司章程规定的其他职权。

对前款所列事项,股东以书面形式一致表示同意的,可以不召开股东会会议,直接作出决定,并由全体股东在决定文件上签名、盖章。

2. 股东大会的召开

股东大会应当每年召开一次年会。有下列情形之一的,应当在 2 个月内召开临时股东大会:①董事人数不足《公司法》规定人数或者公司章程所定人数的 2/3 时;②公司未弥补的亏损达实收股本总额 1/3 时;③单独或者合计持有公司 10% 以上股份的股东请求时;④董事会认为必要时;⑤监事会提议召开时;⑥公司章程规定的其他情形。

股东大会会议由董事会召集,董事长主持;董事长不能履行职务或者不履行职务的,由副董事长主持;副董事长不能履行职务或者不履行职务的,由半数以上董事共同推举一名董事主持。

董事会不能履行或者不履行召集股东大会会议职责的,监事会应当及时召集和主持;监事会不召集和主持的,连续 90 日以上单独或者合计持有公司 10% 以上股份的股东可以自行召集和主持。

3. 股东大会议事规则

股东出席股东大会会议,所持每一股份有一表决权。但是,公司持有的本公司股份没有表决权。

股东大会作出决议,必须经出席会议的股东所持表决权过半数通过。但是,股东大会作出修改公司章程、增加或者减少注册资本的决议,以及公司合并、分立、解散或者变更公司形式的决议,必须经出席会议的股东所持表决权的 2/3 以上通过。

股东有权查阅公司章程、股东名册、公司债券存根、股东大会会议记录、董事会会议决议、监事会会议决议、财务会计报告,对公司的经营提出建议或者质询。

小思考2-7

一家有限公司的董事会人数为 9 人。有一天,这 9 人之中的 6 人同时辞去董事职务。

请问:这家公司要不要召开临时股东会?

经济法基础

（二）股份有限公司的董事会和经理

1. 董事会

股份有限公司设董事会，其成员为 5 人至 19 人。董事会成员中可以有公司职工代表。董事会中的职工代表由公司职工通过职工代表大会、职工大会或者其他形式民主选举产生。董事任期由公司章程规定，但每届任期不得超过 3 年。董事任期届满，通过连选可以连任。董事会对股东会负责，行使下列职权：

（1）召集股东会会议，并向股东会报告工作；

（2）执行股东会的决议；

（3）决定公司的经营计划和投资方案；

（4）制订公司的年度财务预算方案、决算方案；

（5）制订公司的利润分配方案和弥补亏损方案；

（6）制订公司增加或者减少注册资本以及发行公司债券的方案；

（7）制订公司合并、分立、解散或者变更公司形式的方案；

（8）决定公司内部管理机构的设置；

（9）决定聘任或者解聘公司经理及其报酬事项，并根据经理的提名决定聘任或者解聘公司副经理、财务负责人及其报酬事项；

（10）制定公司的基本管理制度；

（11）公司章程规定的其他职权。

董事会设董事长一人，可以设副董事长。董事长和副董事长由董事会以全体董事的过半数选举产生。董事长召集和主持董事会会议，检查董事会决议的实施情况。副董事长协助董事长工作，董事长不能履行职务或者不履行职务的，由副董事长履行职务；副董事长不能履行职务或者不履行职务的，由半数以上董事共同推举一名董事履行职务。

董事会每年度至少召开 2 次会议，每次会议应当于会议召开 10 日前通知全体董事和监事。代表 1/10 以上表决权的股东、1/3 以上董事或者监事会可以提议召开董事会临时会议。董事长应当自接到提议后 10 日内召集和主持董事会会议。董事会召开临时会议，可以另定召集董事会的通知方式和通知时限。

董事会会议应有过半数的董事出席方可举行。董事会作出决议，必须经全体董事的过半数通过。董事会决议的表决，实行一人一票。董事会会议应由董事本人出席；董事因故不能出席的，可以书面委托其他董事代为出席，委托书中应载明授权范围。

董事会应当对会议所议事项的决定作成会议记录，出席会议的董事应当在会议记录上签名。董事应当对董事会的决议承担责任。董事会的决议违反法律、行政法规或者公司章程、股东大会决议，致使公司遭受严重损失的，参与决议的董事对公司负赔偿责任。但经证明在表决时曾表明异议并记载于会议记录的，该董事可以免除责任。

案例分析 2-19

某股份有限公司（本题下称"股份公司"）是一家于 2016 年 8 月在上海证券交易所上市的上市公司。该公司董事会于 2017 年 3 月 28 日召开会议，该次会议召开的情况以及讨论的有关问题如下：

（1）股份公司董事会由 7 名董事组成。出席该次会议的董事有董事 A、董事 B、董事 C、董事D;董事E因出国考察不能出席会议;董事F因参加人民代表大会不能出席会议,电话委托董事A代为出席并表决;董事G因病不能出席会议,委托董事会秘书H代为出席并表决。

(2)根据总经理的提名,出席本次董事会会议的董事讨论并一致同意,聘任张某为公司财务负责人,并决定给予张某年薪10万元;董事会会议讨论通过公司内部机构设置的方案表决时,除董事B反对外,其他人均表示同意。

(3)该次董事会会议记录由出席董事会会议的全体董事和列席会议的监事签名后存档。

请大家思考并回答:

(1)根据本题要点(1)所提示的内容,出席该次董事会会议的董事人数是否符合规定?董事F和董事G委托他人出席该次董事会会议是否有效?请分别说明理由。

(2)根据本题要点(2)所提示的内容,董事会通过的两项决议是否符合规定?请分别说明理由。

(3)根据本题要点(3)所提示的内容,董事会会议记录是否符合《公司法》的规定?请说明理由。

---

2. 经理

股份有限公司设经理,由董事会决定聘任或者解聘。

经理对董事会负责,行使下列职权:①主持公司的生产经营管理工作,组织实施董事会决议;②组织实施公司年度经营计划和投资方案;③拟订公司内部管理机构设置方案;④拟订公司的基本管理制度;⑤制定公司的具体规章;⑥提请聘任或者解聘公司副经理、财务负责人;⑦决定聘任或者解聘除应由董事会决定聘任或者解聘以外的负责管理人员;⑧董事会授予的其他职权。

公司章程对经理职权另有规定的,从其规定。公司董事会可以决定由董事会成员兼任经理。

（三）监事会

1. 监事会的组成

股份有限公司设监事会,其成员不得少于3人。监事会应当包括股东代表和适当比例的公司职工代表,其中职工代表的比例不得低于1/3,具体比例由公司章程规定。监事会中的职工代表由公司职工通过职工代表大会、职工大会或者其他形式民主选举产生。监事会设主席一人,可以设副主席。监事会主席和副主席由全体监事过半数选举产生。监事会主席召集和主持监事会会议;监事会主席不能履行职务或者不履行职务的,由监事会副主席召集和主持监事会会议;监事会副主席不能履行职务或者不履行职务的,由半数以上监事共同推举一名监事召集和主持监事会会议。

董事、高级管理人员不得兼任监事。监事的任期每届为3年。监事任期届满,通过连选可以连任。

小思考2-8

某股份有限公司共选出6名监事组成监事会,其中有3名监事是公司股东,一名是公司职工代表,还有一名是公司董事,另一名是公司财务总监,均由股东大会选举产生。

你能看出其监事会组建中存在的问题吗?

2. 监事会的职权

监事会、不设监事会的公司的监事行使下列职权：

（1）检查公司财务；

（2）对董事、高级管理人员执行公司职务的行为进行监督，对违反法律、行政法规、公司章程或者股东会决议的董事、高级管理人员提出罢免的建议；

（3）当董事、高级管理人员的行为损害公司的利益时，要求董事、高级管理人员予以纠正；

（4）提议召开临时股东会会议，在董事会不履行《公司法》规定的召集和主持股东会会议职责时召集和主持股东会会议；

（5）向股东会会议提出提案；

（6）依照《公司法》第152条的规定，对董事、高级管理人员提起诉讼；

（7）公司章程规定的其他职权。

监事可以列席董事会会议，并对董事会决议事项提出质询或者建议。

监事会、不设监事会的公司的监事发现公司经营情况异常，可以进行调查；必要时，可以聘请会计师事务所等协助其工作，费用由公司承担。监事会行使职权所必需的费用，由公司承担。

3. 监事会会议

监事会每6个月至少召开一次会议。监事可以提议召开临时监事会会议。监事会的议事方式和表决程序，除《公司法》有规定的外，由公司章程规定。

监事会决议应当经半数以上监事通过。监事会应当对所议事项的决定作成会议记录，出席会议的监事应当在会议记录上签名。

小思考2-9

如一个股份有限公司的董事会有13名董事，请问：

（1）有几名董事出席才可以开会？有几名董事一致同意做出的决议才有效？

（2）如果有2名董事因故不能出席，是否可以电话委托他们的秘书代为出席？

第五节 公司财务、会计

一、财务会计报告

公司应当依照法律、行政法规和国务院财政主管部门的规定建立本公司的财务、会计制度。公司应当在每一会计年度终了时编制财务会计报告，并依法经会计师事务所审计。财务会计报告应当依照法律、行政法规和国务院财政部门的规定制作。

有限责任公司应当按照公司章程规定的期限将财务会计报告送交各股东。股份有限公司的财务会计报告应当在召开股东大会年会的20日以前置备于本公司，供股东查阅。以募集设立方式成立的股份有限公司必须公告其财务会计报告。

二、利润分配

利润是公司在一定时期(一年)内生产经营的财务成果,包括营业利润、投资净收益以及营业外收支净额。

（一）利润分配的顺序

(1) 弥补以前年度亏损,但不得超过税法规定的弥补年限。

(2) 缴纳所得税。

(3) 法定公积金不足以弥补以前年度公司亏损的,弥补亏损。

(4) 依法提取法定公积金和法定公益金。公司应提取税后利润的 10％列入公司的法定公积金,并提取利润的 5％—10％列入公司法定公益金。公司法定公积金累计额为公司注册资本的 50％以上的,可不再提取。

(5) 根据股东会决议提取任意公积金。

(6) 向股东分配利润。有限责任公司依股东出资比例进行分配,股份有限公司依股东持有的股份比例进行分配。

（二）公积金和公益金的用途

公积金用于弥补公司的亏损,扩大公司生产经营或者转为增加公司资本。股份有限公司经股东大会决议将公积金转为资本时,按股东原有股份比例派送新股或者增加每股面值。但法定公积金转为资本时,所留存的该项公积金不得少于注册资本的 25％。任意公积金转增公司资本,不受限制。

公益金是公司从税后利润中提取的用于集体福利的资金。公司依法提取的法定公益金应当按照国家有关规定用于本公司的集体福利,如修建医疗保健设施、生活服务设施、职工宿舍等。

三、会计资料和账簿

公司应当向聘用的会计师事务所提供真实、完整的会计凭证、会计账簿、财务会计报告及其他会计资料,不得拒绝、隐匿、谎报。

公司除法定的会计账簿外,不得另立会计账簿。对公司资产,不得以任何个人名义开立账户存储。

> **小思考2-10**
>
> 某股份有限公司在公布的半年度财务报告中有许多地方是虚假数据,严重误导了投资者,致使大量投资者经济损失惨重,个别投资人经受不住打击甚至自杀。
>
> 根据法律的规定,该公司哪些人应对其违法行为承担法律责任?

经济法基础

第六节 公司合并、分立、解散和清算

一、公司的合并、分立

（一）公司合并

公司合并是指两个或者两个以上的公司依照法定程序变更为一个公司的法律行为。公司合并可以采取吸收合并和新设合并两种形式。一个公司吸收其他公司为吸收合并，被吸收的公司解散。两个以上公司合并设立一个新的公司为新设合并，合并各方解散。

公司合并时，合并各方的债权、债务应当由合并后存续的公司或者新设的公司承继。

（二）公司分立

公司分立是指一个公司依照法定程序分为两个或两个以上公司的法律行为。公司分立前的债务按所达成的协议由分立后的公司承担。公司分立前的债务由分立后的公司承担连带责任。但是，公司在分立前与债权人就债务清偿达成的书面协议另有约定的除外。

案例分析 2-20

某公司打算和另一家公司合并，5 名股东只有 2 名同意，其他 3 名股东均表示反对，而这 3 名股东的股份只占公司股份总额的 30%。最终合并决议还是在股东大会上通过了，于是，不同意合并的 3 名股东决定退股，但遭到其他 2 名股东的反对，反对理由是股东一旦出资就不能退股。

请问：反对退股的理由是否成立？为什么？

二、公司的解散、清算

（一）公司的解散

根据《公司法》的规定，公司因下列原因解散：①公司章程规定的营业期限届满或者公司章程规定的其他解散事由出现；②股东会或者股东大会决议解散；③因公司合并或者分立需要解散；④依法被吊销营业执照、责令关闭或者被撤销；⑤公司经营管理发生严重困难，继续存续会使股东利益受到重大损失，通过其他途径不能解决的，持有公司全部股东表决权 10% 以上的股东，可以请求人民法院解散公司。

（二）公司的清算

1. 清算组的成立

公司因规定而解散的，应当在解散事由出现之日起 15 日内成立清算组，开始清算。有限责任公司的清算组由股东组成，股份有限公司的清算组由董事或者股东大会确定的人员组成。逾期不成立清算组进行清算的，债权人可以申请人民法院指定有关人员组成清算组进行清算。人民法院应当受理该申请，并及时组织清算组进行清算。

2. 清算组的职权

清算组在清算期间行使下列职权：①清理公司财产，分别编制资产负债表和财产清单；

②通知、公告债权人；③处理与清算有关的公司未了结的业务；④清缴所欠税款以及清算过程中产生的税款；⑤清理债权、债务；⑥处理公司清偿债务后的剩余财产；⑦代表公司参与民事诉讼活动。

清算组在清理公司财产、编制资产负债表和财产清单后，应当制定清算方案，并报股东会、股东大会或者人民法院确认。

3. 清算程序

公司财产在分别支付清算费用、职工的工资、社会保险费用和法定补偿金，缴纳所欠税款，清偿公司债务后的剩余财产，有限责任公司按照股东的出资比例分配，股份有限公司按照股东持有的股份比例分配。清算期间，公司存续，但不得开展与清算无关的经营活动。公司财产在未依照前款规定清偿前，不得分配给股东。

4. 资不抵债与破产

清算组在清理公司财产、编制资产负债表和财产清单后，发现公司财产不足以清偿债务的，应当依法向人民法院申请宣告破产。公司经人民法院裁定宣告破产后，清算组应当将清算事务移交给人民法院。

第七节　违反公司法的法律责任

一、虚报注册资本和虚假出资的法律责任

违反《公司法》规定，虚报注册资本、提交虚假材料或者采取其他欺诈手段隐瞒重要事实取得公司登记的，由公司登记机关责令改正，对虚报注册资本的公司，处以虚报注册资本金额5％以上15％以下的罚款；对提交虚假材料或者采取其他欺诈手段隐瞒重要事实的公司，处以5万元以上50万元以下的罚款；情节严重的，撤销公司登记或者吊销营业执照。

公司的发起人、股东虚假出资，未交付或者未按期交付作为出资的货币或者非货币财产的，由公司登记机关责令改正，处以虚假出资金额5％以上15％以下的罚款。

案例分析 2-21

2015年7月，胡群、刘笑和马军三人共同出资成立了彩虹服装有限责任公司，其出资方式分别是：胡群以货币出资45万元；刘笑以土地使用权出资，作价30万元；马军提供机器设备，作价20万元，并且向银行贷款25万元。2016年，胡群私自从公司银行账户上提走了10万元。2017年6月，彩虹服装有限责任公司因资不抵债向法院申请宣告破产，法院在审理此案时发现刘某出资的土地使用权，其价值仅为20万元。

请大家分析讨论以下问题：

对于刘笑虚假出资行为和胡群抽逃出资行为，依据法律他们应承担什么责任？

二、提供虚假财务会计报告的法律责任

公司在依法向有关主管部门提供的财务会计报告等材料上作虚假记载或者隐瞒重要事实的,由有关主管部门对直接负责的主管人员和其他直接责任人员处以 3 万元以上 30 万元以下的罚款。另外,根据《会计法》的规定,公司董事长、公司总经理、公司会计机构负责人、公司总会计师等对该违法行为应当承担法律责任。

三、承担资产评估、验资或者验证的机构提供虚假材料的法律责任

承担资产评估、验资或者验证的机构提供虚假材料的,由公司登记机关没收违法所得,处以违法所得 1 倍以上 5 倍以下的罚款,并可以由有关主管部门依法责令该机构停业、吊销直接责任人员的资格证书,吊销营业执照。

承担资产评估、验资或者验证的机构因过失提供有重大遗漏的报告的,由公司登记机关责令改正,情节较重的,处以所得收入 1 倍以上 5 倍以下的罚款,并可以由有关主管部门依法责令该机构停业、吊销直接责任人员的资格证书,吊销营业执照。

承担资产评估、验资或者验证的机构因其出具的评估结果、验资或者验证证明不实,给公司债权人造成损失的,除能够证明自己没有过错的外,在其评估或者证明不实的金额范围内承担赔偿责任。

四、公司在合并、分立、减少注册资本或者进行清算中违法行为的法律责任

公司在合并、分立、减少注册资本或者进行清算时,不依照《公司法》规定通知或者公告债权人的,由公司登记机关责令改正,对公司处以 1 万元以上 10 万元以下的罚款。

案例分析 2-22

某市甲公司与乙公司一直存在汽车购销、代销合同关系。到 2017 年 3 月,甲公司欠乙公司改装款项 40 万元。同年 7 月,甲公司股东会决议公司分立为 A、B、C 三个公司,没有通知债权人,也未依法发布公告。分立后,三个新公司协议约定原公司 40 万元的债务由 B 公司承担。乙公司前往索债时被告知公司已解散,债务由 B 公司承继,遂寻至 B 公司。但 B 公司以财务困难、无力清偿为由拒绝了乙公司的偿债要求。无奈之下,乙公司将 A、B、C 三个公司告上法庭。但 A、C 两公司认为,公司分立时已就债务分割作出决议,原甲公司的债务应由 B 公司承担,与己无关,于是拒绝出庭。

请问:(1)本案公司分立的过程是否符合法定程序?

(2)甲公司的债务应由谁来承担?

五、清算组清算中违法行为的法律责任

清算组不依照本法规定向公司登记机关报送清算报告,或者报送清算报告隐瞒重要事

实或者有重大遗漏的,由公司登记机关责令改正。

公司在进行清算时,隐匿财产,对资产负债表或者财产清单作虚假记载,或者在未清偿债务前分配公司财产的,由公司登记机关责令改正,对公司处以隐匿财产或者未清偿债务前分配公司财产金额5%以上10%以下的罚款;对直接负责的主管人员和其他直接责任人员处以1万元以上10万元以下的罚款。

清算组成员利用职权徇私舞弊、谋取非法收入或者侵占公司财产的,由公司登记机关责令退还公司财产,没收违法所得,并可以处以违法所得1倍以上5倍以下的罚款。

案例导引分析

由丙补交其差额,甲和乙对其承担连带责任。《公司法》第31条规定:"有限责任公司成立后,发现作为设立公司出资的非货币财产的实际价额显著低于公司章程所定价额的,应当由交付该出资的股东补足其差额;公司设立时的其他股东承担连带责任。"可见,非货币财产出资不实的责任为:出资不实股东应当补交差额,公司设立时的其他股东对其承担连带责任。本题中,出资不实的股东是丙,公司设立时的其他股东为甲和乙,因此应当由丙补交其差额,甲、乙对其承担连带责任。

★★★★★ 课后测试 ★★★★★

一、判断题

( ) 1. 公司章程仅对公司和股东具有约束力,董事、监事、高级管理人员不受其约束。

( ) 2. 有限责任公司和股份有限公司的法定代表人均可以由公司的经理担任。

( ) 3. 股东可以用货币出资,也可以用实物、知识产权、土地使用权等可以用货币估价并可以依法转让的非货币财产作价出资。

( ) 4. 发起人、认股人缴纳股款或者交付抵作股款的出资后,经董事会同意可以抽股。

( ) 5. 股东大会对公司合并、分立、解散公司或修改公司章程作出决议,必须经出席会议的股东所持表决权的2/3以上通过。

二、单项选择题

( ) 1. 2016年6月,甲、乙、丙共同出资设立了A有限责任公司。2017年2月,丙与丁达成协议,将其在A公司的股权全部转让给丁,甲、乙均不同意。下列解决方案中,不符合《公司法》规定的是_____。

    A. 由甲或乙购买丙的股权

    B. 由甲和乙共同购买丙的股权

    C. 如果甲、乙均不愿购买,丙无权将股权转让给丁

    D. 如果甲、乙均不愿购买,丙有权将股权转让给丁

( ) 2. 甲、乙、丙于2015年3月出资设立东海有限责任公司。2016年4月,该公司又吸收丁入股。2017年10月,该公司因经营不善造成严重亏损,拖欠巨额债务,被依法宣告破产。人民法院在清算中查明:甲在公司设立时作为出资的房产,其实际价额明显低于公司章程所定价额;甲的个人财产不足以抵偿其应出资额与实际出资

额的差额。按照我国《公司法》的规定,对甲不足出资的行为,正确的处理方法是_____。

A. 甲以个人财产补交其差额,不足部分由乙、丙、丁补足

B. 甲以个人财产补交其差额,不足部分由乙、丙补足

C. 甲以个人财产补交其差额,不足部分待有财产时再补足

D. 甲、乙、丙、丁均不承担补交该差额的责任

( )3. 有限责任公司的分立、合并或者解散及变更公司的形式,必须经_____程序作出决议。

A. 股东会的一致同意

B. 股东会的过半数同意

C. 代表2/3以上表决权的股东通过

D. 代表2/3以上股权的股东通过

( )4. 某奶业股份有限公司2017年的股东大会会议由董事会召集,于北京京西宾馆召开,但是董事长赵某因个人惹上官司正在处理法院诉讼,焦头烂额,无法出席主持;副董事长武某因为股东大会的某项决议事项可能撤换其职务,故意不上班,不履行职务。请问针对这些情况如何处理?

A. 由半数以上董事共同推举一名董事主持

B. 监事会应当及时主持

C. 连续90日以上单独或合计持有公司10%以上股份的股东可以自行召集和主持

D. 可以诉请法院强制副董事长履行职务

( )5. 公司董事、高级管理人员的下列行为,法律不禁止的是_____。

A. 挪用公司资金

B. 将公司资金以其个人名义或者其他个人名义开立账户存储

C. 按照公司章程的规定,或者经股东会、股东大会或者董事会同意,将公司资金借贷给他人或者以公司财产为他人提供担保

D. 擅自披露公司秘密

三、多项选择题

( )1. 依照《公司法》的规定,以下_____应受公司章程的约束。

A. 公司的股东   B. 公司的监事

C. 公司的全体员工   D. 公司本身

( )2. 下列选项中,在2014年1月不得担任公司董事、监事、经理的有_____。

A. 甲因贿赂罪,2005年2月被判4年徒刑附加剥夺政治权利2年

B. 乙擅长经营管理,现为工商局局长

C. 丙于2009年10月到某企业任厂长,该企业因2009年9月的违法行为被工商机关吊销营业执照

D. 丁因妻子炒股失败已借款15万元,但是以个人房屋提供了抵押担保

( )3. 某股份有限公司计划招聘一名新董事参与本公司经营活动,以下四人成为候选人,其中_____不具有《公司法》规定的不得担任高管人员任职资格的禁止条件。

A. 赵某,经营能力一流,口才尤佳,但因酷爱行为艺术曾在夜半裸奔遭人非议

B. 钱某,曾担任一家长期经营不善的洗浴中心董事,到任后仅一个上午该公司即告破产

C. 孙某,曾因故意伤害罪被判刑 10 年,现已释放 3 年,一直靠在街头卖烤白薯为生

D. 李某,现任某市医院妇科大夫

(   )4. 下列_____可以担任公司的董事。

A. 某甲,35 岁,大学文化,市文化局副科长,精力充沛,愿意在公司兼职

B. 某乙,46 岁,为人忠诚,经历坎坷,顽强刚毅,曾不惜贷款 10 万元为其身在农村患尿毒症的妻子治病,现已还清债务

C. 某丙,50 岁,高小文化,头脑灵活但不善与人合作,1988 年曾因倒卖粮票被判刑 3 年

D. 某丁,55 岁,原某研究所高级工程师,上个月被法院经审理判决有受贿罪,判处有期徒刑 2 年,缓刑 2 年。某丁不服,申诉称其所受钱财是劳动所得

(   )5. 某公司董事张某家有小汽车一辆,因其家中发生变故致经济紧张,张某急需出售小汽车以解燃眉之急,近期内其所任职公司正好急需一辆汽车,张某便想把该车卖给公司。依照《公司法》的规定,对张某的这种销售行为应当如何处理?

A. 只要价格合理,该交易有效

B. 经董事会同意后可以进行

C. 经股东会同意后可以进行

D. 如公司章程上有允许的规定亦可进行

四、实训题

实训一

某有限责任公司董事会决议拟增加注册资本,公司监事会全部 7 名成员坚决反对,但董事会坚持决议。于是,监事会中的 3 名监事联名通知全体股东召开临时股东会议。除 2 名股东因故未参加股东会以外,其余股东全部参加。股东最终以 2/3 人数通过了公司增加注册资本的董事会决议。监事会认为会议的表决未达到法定人数,因而决议无效。董事会认为,监事会越权召开股东会,会后又对会议决议横加指责,纯属无理之举。

根据以上案情,回答下列问题:

1. 公司董事会是否有权作出增加注册资本的决议?

2. 临时股东会的召集程序是否合法?

3. 临时股东会通过的决议是否有效?

实训二

某股份有限公司召开董事会议,会议决定:

(1) 变更公司章程,在其经营范围中增加"房地产业"一项。

(2) 决定向房地产行业投资 5 亿元。9 名董事会成员中有 6 名同意,并在会议记录上签字;3 名持反对意见。

请问:

1. 若该股份公司有9名董事,参加会议的董事有几名方可举行? 董事会作出决定须经几名董事同意才能通过?

2. 变更公司章程的决定合法吗? 为什么?

3. 若该股份公司在房地产行业投资中遇到国家对房地产业的宏观调整,致使公司受到严重损失,董事会的成员是否应承担责任?

实训三

某市有甲、乙、丙三家国有企业,经市政府有关部门批准,共同出资组建某有限责任公司。该公司以生产经营为主,甲企业以货币出资,乙企业以厂房、设备等出资,丙企业以商标权和专利权出资。各方约定,公司董事会由7人组成。

请问:

1. 该有限责任公司应在哪级市场监管部门办理设立登记手续?

2. 各发起人的出资额应该如何确认、缴纳?

3. 公司董事会应由哪些方面人员组成?

实训四

某股份有限公司于2015年3月10日成立,股本总额为人民币3 000万元。其中2 200万元是向社会公开募集的。2016年1月8日,该公司为进行技术改造项目又增发了股份1 000万元。2017年,为增加实力,又与另一家股份有限公司合并。两公司于3月10日做出合并决议,4月1日通知债权人,5月6日开始在报纸上刊登公告2次,8月1日正式合并,并进行了工商登记。

请问:该公司上述活动中有无与《公司法》规定不相符的?

实训五

甲、乙、丙、丁四个自然人签订协议,投资建立以生产性为主的有限责任公司,注册资本为40万元人民币。甲、乙、丙三个人均以货币出资,投资额分别为10万元、10万元、5万元;丁以专利技术投资,该专利技术已向国家专利局申报,但尚未拿到专利证书,该专利协议作价20万元。同时,协议还规定:①公司章程由丁独立起草,无须公司股东会审议通过;②公司不设董事会,只设执行董事,甲为执行董事,并担任法定代表人及公司总经理;③由甲提议,乙担任公司财务负责人,并兼任公司监事;④公司成立后不足的资金通过发行公司债券筹集,并计划发行公司债券20万元;⑤修改公司章程或与其他公司合并时,需经全体公司股东过半数通过;⑥公司前三年无论盈利与否,均不提取盈余公积金。

请问:依据我国《公司法》规定,请分析上述实例中有何不妥之处?

五、思考题

1. 公司的概念及特征是什么?

2. 我国有限公司设立的条件是什么?

3. 股份有限公司设立的条件是什么?

4. 董事、高级管理人员法律上有哪些禁止的行为?

第三章　企业法律制度

【知识目标】

1. 了解、理解合伙企业的概念、特征及类型。

2. 掌握普通合伙企业和有限合伙企业的设立、内部关系、外部关系等法律基本规定。

3. 了解普通合伙企业和有限合伙企业的不同点；掌握入伙与退伙、解散与清算的相关法律规定。

4. 理解掌握外商投资企业的设立条件、组织形式、出资方式、经营管理等内容，理解其各自的特征，能够运用相关的知识解决实践中的具体问题。

【能力目标】

1. 能够运用《中华人民共和国合伙企业法》的法律知识分析和解决普通合伙企业和有限合伙企业的基本法律实务问题。

2. 能够运用所学的法律知识和方法分析解决实际问题，并在老师的引导下列举实例予以讨论。

案例导引

　　甲、乙、丙、丁四人共同投资设立 A 合伙企业。合伙协议的部分内容如下：由甲、乙执行合伙企业事务，丙、丁不得过问企业事务；利润和损失由甲、乙、丙、丁平均分配和分担。在执行合伙企业事务过程中，为提高管理水平，甲自行决定聘请王某担任合伙企业经营管理人员。因合伙企业发展良好，乙打算让其朋友郑某入伙。在征得甲的同意后，乙即安排郑某参与合伙事务。

　　请根据上述情况和合伙企业法律制度的相关规定，回答下列问题：

　　（1）合伙协议中关于合伙企业事务执行的约定是否符合法律规定？简要说明理由。

　　（2）甲聘请王某担任经营管理人员是否符合法律规定？简要说明理由。

　　（3）郑某是否已经成为 A 合伙企业的合伙人？简要说明理由。

第一节 合伙企业法

一、合伙企业的概念与类型

（一）合伙企业的概念与特征

《中华人民共和国合伙企业法》（以下简称《合伙企业法》）已由中华人民共和国第十届全国人民代表大会常务委员会第二十三次会议于 2006 年 8 月 27 日修订通过，自 2007 年 6 月 1 日起施行。

合伙企业是指自然人、法人和其他组织依照《合伙企业法》在中国境内设立的普通合伙企业和有限合伙企业。其特征主要有：

（1）由两个以上的投资人共同投资兴办。合伙企业的投资人可以是具有完全民事行为能力的自然人，也可以是法人或者其他组织，但必须为 2 人或者 2 人以上，有限合伙企业由 2 人以上 50 人以下合伙人设立，这使合伙企业与个人独资企业区别开来。

（2）合伙协议是合伙企业的成立基础。合伙企业与公司企业不同，其成立基础是合伙协议，而公司企业的成立基础是公司章程。合伙人以书面合伙协议确定各方出资、利润分享和亏损分担。对于合伙人之间的权利义务，合伙协议有约定的，依照其约定。

（3）合伙企业属于人合企业。合伙企业的设立基于合伙人之间的信赖关系。因此，合伙企业中的合伙人共同参与企业的经营管理，对合伙事务的执行有同等的权利。但有限合伙企业的有限合伙人不执行合伙事务，不对外代表有限合伙企业。合伙企业吸收新的合伙人必须得到全体合伙人的同意。

（4）普通合伙人对合伙企业债务负无限连带责任；有限合伙人对合伙企业债务承担有限责任。

法律驿站 3-1

"无限连带责任"：何谓"无限"，何谓"连带"

无限责任是指合伙人应以向合伙企业出资的财产之外的其他个人全部财产来偿还，如果合伙人是以其家庭财产对合伙企业出资的，应以其家庭的全部财产来偿还。

连带责任是指每一个合伙人都有义务清偿合伙企业的全部债务。连带责任是加重责任。

（二）合伙企业的分类

1. 普通合伙企业

普通合伙企业是指由普通合伙人组成，合伙人对合伙企业债务承担无限连带责任的企业。在普通合伙企业中，《合伙企业法》还规定了一种特殊的普通合伙企业，又称"有限责任合伙"。

2. 有限合伙企业

有限合伙企业是指由普通合伙人和有限合伙人组成，普通合伙人对合伙企业债务承担连带无限责任,有限合伙人以其认缴的出资额对合伙企业债务承担有限责任的合伙企业。

相对于普通合伙企业,有限合伙企业允许投资者以承担有限责任的方式参加合伙,成为有限合伙人,有利于刺激投资者的积极性;并且,可以使资本与智力实现有效的结合,即拥有财力的人作为有限合伙人,拥有专业知识和技能的人作为普通合伙人,使资源得到整合,对市场经济的发展起到积极的促进作用。

二、普通合伙企业

(一)普通合伙企业的设立

1. 普通合伙企业的设立条件

根据《合伙企业法》第14条规定,普通合伙企业的设立条件是:①有两个以上合伙人。合伙人为自然人的,应具有完全民事行为能力。合伙人可以是法人或其他组织,但国有独资公司、国有企业、上市公司以及公益性的事业单位、社会团体不得成为普通合伙人。②有书面合伙协议。合伙协议应载明的事项包括:合伙企业的名称和主要经营场所;合伙目的和经营范围;合伙人的姓名或名称、住所;合伙人的出资方式、数额和缴付期限;利润分配、亏损分担方式;合伙事务的执行;入伙与退伙;争议的解决办法;合伙企业的解散与清算;违约责任。合伙协议经全体合伙人签名、盖章后生效。③有合伙人认缴或实际缴付的出资。合伙人未依约履行出资义务的,应依法对其他合伙人承担违约责任。④有合伙企业的名称和生产经营场所,其名称应当标明"普通合伙"字样。⑤法律、行政法规规定的其他条件。

案例分析 3-1

甲、乙、丙合伙成立一普通合伙企业,但其在企业名称使用中并未标明"普通合伙企业"标志。甲指出应当改正企业的行为,否则会给企业带来不利影响。而乙、丙均认为只有有限合伙企业应当标明"有限合伙企业"字样,没标明的就是普通合伙企业。于是甲也不再坚持要求改正了,该合伙企业就一直未标明其为普通合伙企业。

请问:普通合伙企业应当标明"普通合伙"字样吗?为什么?

2. 普通合伙企业的设立程序

根据《合伙企业法》第9条的规定,申请设立合伙企业,应当向企业登记机关提交登记申请书、合伙协议书、合伙人身份证明等文件。登记机关予以登记后,发给营业执照。营业执照的颁发日期为合伙企业的成立日期。

案例分析 3-2

甲、乙、丙、丁打算设立一家普通合伙企业,向老李咨询得知以下内容:一是合伙人不得以劳务作为出资;二是若合伙人以其房屋使用权作为出资,则不必办理房屋产权过户登记;三是该合伙企业名称中不得以任何一个合伙人的名字作为商号或字号;四是合伙协议经全体合伙人签名、盖章并经登记后生效。

你认为老李说得对吗?为什么?

（二）合伙人的出资与合伙企业的财产

1. 合伙人的出资

合伙人应当按照合伙协议缴纳出资。对于出资形式,除了货币、实物、土地使用权、知识产权和其他财产权利外,与公司企业不同,普通合伙人还可以个人劳务出资,评估办法由全体合伙人协商确定,并在合伙协议中载明。

小思考 3-1

劳务出资是指什么？劳务出资可以有哪些出资形式？

案例分析 3-3

甲、乙、丙共同创办了一家普通合伙企业,对于企业的利润分配,在合伙协议中未作约定,且事后合伙人协商不成,最后提出如下方案:一是应当由全体合伙人平均分配;二是应当由全体合伙人按实缴出资比例分配;三是应当由全体合伙人按合伙协议约定的出资比例分配;四是应当按合伙人的贡献大小决定如何分配。

请问:协商不成时应该采用哪个方案？

2. 合伙企业的财产

合伙企业的财产是指合伙人的出资和由出资形成的财产、以合伙名义取得的收益和负债、合伙经营的积累等。合伙企业的财产在性质上一般认定为合伙人共有。

在合伙企业存续期间,合伙人对合伙企业财产所有权的行使应受合伙协议和法律、法规的限制。合伙人对合伙企业财产进行共同管理,不得擅自使用、处分合伙企业财产;合伙企业解散前,合伙人不得请求分割合伙企业的财产;合伙人以其财产共有份额出质的,应当经其他合伙人一致同意,否则出质行为无效,或者作为退伙处理;合伙人在合伙企业清算前私自转移或处分合伙财产的,合伙企业不得以此对抗善意第三人。

法律驿站 3-2

你知道实物出资的两种法律后果吗

一是转移所有权,二是不转移所有权(而只提供使用权或者使用权加收益权)。二者的区别在于:第一,对于转移所有权的财产,合伙企业有权处分,而对于不转移所有权的财产,合伙企业只有使用、收益的权利而没有处分权。第二,转移所有权的财产意外毁损灭失的风险由合伙企业承担,未转移所有权的财产以外毁损灭失的风险由物之所有人承担。例如,合伙人仅以房屋使用权出资的,该房屋因意外火灾事故焚毁时,合伙企业不对出资人负赔偿责任。

在合伙企业存续期间,合伙人可以依法转让其财产份额。在合伙人之间转让的,应通知其他合伙人;向合伙人以外的人转让的,应经其他合伙人一致同意,其他合伙人在同等条件下有优先购买权,但合伙协议另有约定的除外。

善意第三人

善意第三人是指在交易过程中,不知也不应知道交易对方存在权利瑕疵,基于对对方的合理信任,而与对方发生法律行为的人。为保护交易安全,法律确认善意第三人与交易对方所发生法律行为的效力。

（三）普通合伙企业的内部关系

1. 合伙事务的执行

根据《合伙企业法》第26条的规定,合伙人对执行合伙事务享有同等的权利。合伙企业既可以由全体合伙人共同执行合伙事务,也可由合伙协议约定或全体合伙人决定,委托一个或数个合伙人对外代表合伙企业,执行合伙事务。不执行合伙事务的合伙人对合伙事务的执行有监督权。委托执行合伙事务的合伙人不按照合伙协议或者全体合伙人的决定执行合伙事务的,其他合伙人可以撤销该委托。合伙企业对合伙人权利的限制,不得对抗善意第三人。合伙事务执行人应当定期向其他合伙人报告合伙事务执行情况以及合伙企业的经营财务状况,其执行合伙事务的收益归合伙企业,所产生的费用和亏损由合伙企业承担。

案例分析 3-4

甲、乙、丙三人合伙企业,其合伙协议中约定,合伙企业由甲全权负责管理,其他人不得过问,也不承担任何合伙亏损。

请问:此案例中有哪些是违法的?

2. 合伙事务的决定

根据《合伙企业法》第30条的规定,合伙人对合伙企业有关事项作出决议,按照合伙协议约定的表决办法办理。合伙协议未做约定的,合伙人一人一票并经全体合伙人过半数的表决通过。但下列协议,除合伙协议另有约定,应经全体合伙人一致同意:①改变合伙企业的名称;②改变合伙企业的经营范围、主要经营场所;③处分合伙企业的不动产;④转让或处分合伙企业的知识产权或其他财产权利;⑤以合伙企业名义为他人提供担保;⑥聘任合伙人以外的人担任合伙企业的经营管理人员。

小思考 3-2

由数个合伙人执行合伙事务有哪些好处和坏处? 原因是什么?

3. 合伙人的竞业禁止义务

根据《合伙企业法》第32条的规定,合伙人不得自营或者与他人合作经营与本合伙企业相竞争的业务。除合伙协议另有约定或经全体合伙人一致同意外,合伙人不得同本合伙企业进行交易。

4. 合伙企业损益的分配与承担

合伙企业的利润分配、亏损分担,按照合伙协议的约定处理。合伙协议没有约定或约定不明确的,由合伙人协商确定;不能协商的,由合伙人按实际出资比例分配、分担;无法明确出资比例的,由合伙人平均分配、分担。但合伙协议不得约定将全部利润分配给部分合伙人或由部分合伙人承担全部亏损。

案例分析 3-5

张三、李四和王五成立了合伙企业。张三越权代表合伙企业与某贸易公司签订了买卖合同,李四和王五主张合同无效。

请问:李四和王五的要求符合法律规定吗?

5. 入伙

按照《合伙企业法》第 43 条的规定,除合伙协议另有约定外,吸收合伙人应经全体合伙人一致同意,并依法订立书面入伙协议。除入伙协议另有约定,新合伙人与原合伙人享有同等权利,承担同等责任。但新合伙人对入伙前的合伙企业债务承担无限连带责任。

按照《合伙企业法》第 50 条的规定,合伙人在合伙企业中的出资或财产份额,可由其继承人继承。继承人依照合伙协议的约定或经全体合伙人一致同意,从继承开始之日起取得合伙人资格。但有下列情形的,合伙企业应向合伙人的继承人退还继承合伙人的财产份额:①继承人不愿成为合伙人;②法律规定或者合伙协议约定合伙人必须具备相关资格,该继承人没有该资格的;③合伙协议规定不能成为合伙人的其他情形。继承人为无民事行为能力人或限制民事行为能力人时,经全体合伙人同意,可以依法成为有限合伙人,普通合伙企业依法转为有限合伙企业。全体合伙人一致同意的,合伙企业应将被继承合伙人的财产分割后退还给继承人。

6. 退伙

退伙是指在合伙关系存续期间,部分合伙人退出合伙企业,解除其合伙身份。退伙分为三种情况:自愿退伙、当然退伙和除名退伙。

自愿退伙是指基于合伙人自身的意愿而发生的退伙。合伙协议未约定合伙期限的,合伙人在不给合伙企业造成不利影响的情况下,可以退伙,但应提前 30 日通知其他合伙人。合伙协议约定了合伙期限的,有下列情形之一的,合伙人可以退伙:①合伙协议约定的退伙事由出现;②经全体合伙人一致同意;③发生合伙人难以继续参加合伙的事由;④其他合伙人严重违反合伙协议约定的义务。合伙人违反上述规定退伙的,应当赔偿由此给合伙企业造成的损失。

当然退伙是指法律规定的特定事由出现时,自动引发的退伙。这些特定事由包括:①作为合伙人的自然人死亡或者宣告死亡;②个人丧失偿债能力;③作为合伙人的法人或者其他组织依法被吊销营业执照、责令关闭、撤销,或者被宣告破产;④法律规定或者合伙协议约定合伙人必须具有相关资格而丧失该资格;⑤合伙人在合伙企业中的全部财产份额被人民法院强制执行。上述事由发生之日为退伙的生效日。

除名退伙是指因合伙人出现特定的事由,由合伙企业将其开除而引发的退伙。合伙人有下列情形之一的,经其他合伙人一致同意,可以决议将其除名:①未履行出资义务;②因故意或重大过失给合伙企业造成损失;③执行合伙事务时有不正当行为;④发生合伙协议约定的事由。

不管何种退伙,其他合伙人应当与退伙人按照退伙时的合伙企业财产状况进行结算。退伙人应对退伙前合伙企业发生的债务承担无限连带责任。合伙人退伙应向企业登记机关申请办理变更登记。

案例分析 3-6

2019 年 1 月,赵、钱、孙、李四人决定投资设立合伙企业,并签订了书面合伙协议。合伙协议中规定:赵某以货币出资 10 万元,钱某以实物折价出资 8 万元,经其他三人同意,孙某以劳务折价出资 6 万元,李某以货币出资 4 万元。四人对利润分配和风险承担作出了规定。2020 年 1 月,李某提出退伙,其退伙并不给合伙企业造成不利影响,于是,李某与其他合伙人进行结算后,撤资退伙。之后,合伙企业又接纳周某入伙,周某出资 4 万元。2021 年 5 月,合伙企业的债权人绿叶公司就合伙人李某退伙前发生的债务 24 万元要求合伙企业的现合伙人赵、钱、孙、周和退伙人李某共同承担连带清偿责任。李某以自己已退伙为由,拒绝承担清偿责任。周某以自己新入伙为由,拒绝对其入伙前的债务承担清偿责任。

请问:李、周的主张能否成立?为什么?

(四)普通合伙企业的外部关系

1. 合伙人或合伙事务执行人对合伙企业的代表权

合伙事务可以由全体合伙人执行,也可以委托一人或数人执行合伙事务。合伙企业对合伙人执行合伙事务以及对外代表合伙企业的权利限制,不得对抗善意第三人,即合伙事务执行人超越权利限制与善意第三人订立合同,该合同对合伙企业发生效力。当然,合伙人或合伙事务执行人超越授权范围履行职务,给合伙企业造成损失的,应当承担赔偿责任。

2. 合伙人对合伙企业债务的无限连带责任

合伙人承担连带无限责任是普通合伙企业债务清偿的原则。但合伙企业的债务应先以合伙企业的全部财产清偿,不足部分,由合伙人承担无限连带责任。偿还合伙债务超过自己应当承担数额的合伙人,有权向其他合伙人追偿。

对于合伙人债务,只能用其个人财产清偿,个人财产不足以清偿的,债权人可以依法请求人民法院强制执行该合伙人在合伙企业的财产份额用于清偿,但债权人不得代位行使该合伙人在合伙企业中的权利。合伙人在合伙企业中的财产份额被转让或强制执行的,其他合伙人有优先受偿的权利。

案例分析 3-7

甲、乙、丙合伙经营一普通合伙企业,名称为"满意水果店"。负责人为甲,甲、乙、丙约定的出资比例和分成比例为 3∶4∶3。2021 年 7 月的一天,因丙外出,甲与乙商议后与果农签订了一份水果购买合同。因水果店流动资金不够,甲决定向银行贷款 10 万元,银行要求提供抵押担保,甲将水果店所有的一辆"日产"货车作抵押并办理了登记手续。后因水果店无力偿还银行贷款,银行欲行使抵押权。因此发生纠纷。

经济法基础

经查：①合伙协议约定，凡 5 万元以上的业务须经甲、乙、丙的一致同意。②甲曾在一次诉讼中免除了 A 对水果店的 2 万元债务。③水果店除欠银行 10 万元以外，还欠 B、C 各 2 万元债务；除抵押的汽车外，水果店还有价值 2 万元的财产。

请问：（1）乙、丙可否以甲免除 A 的债务未经其同意为由主张该免除行为无效？为什么？

（2）银行与满意水果店之间的贷款合同是否有效？为什么？

（3）假设银行、B、C 同时向法院起诉，应如何清偿银行、B、C 的债权？

（4）在 B、C 的债权未能得到清偿的情况下可否对丙的个人财产进行追偿？为什么？

（五）特殊的普通合伙企业

特殊的普通合伙企业具有特定的适用范围，在通常情况下，只适用于以专门知识和专门技能为客户提供有偿服务的专业服务机构。如律师事务所等，可设立特殊的普通合伙企业。特殊的普通合伙企业应在名称中标明"特殊普通合伙"字样。

特殊的普通合伙企业除具有普通合伙企业的一般要求外，其最大的特殊性在于合伙责任的承担。具体而言，一个合伙人或多个合伙人在执行业务活动中因故意或重大过失造成合伙企业债务的，应当承担无限责任或无限连带责任，其他合伙人以其在合伙财产中的份额为限承担责任。合伙人非因故意或重大过失造成合伙企业的债务以及合伙企业的其他债务，由全体合伙人承担无限连带责任。

法律驿站 3-4

国外企业的社会责任

美国经济开发委员会在 1971 年 6 月发表题为《商事公司的社会责任》的报告中，列举了多达 58 种之多的目的在于促进社会进步的企业行为，涉及以下 10 个方面：①经济增长与效率；②教育；③用工与培训；④公民权与机会均等；⑤城市改建与开发；⑥污染防治；⑦资源保护与再生；⑧文化与艺术；⑨医疗服务；⑩对政府的支持。

三、有限合伙企业

有限合伙企业是普通合伙企业的特例。除法律对有限合伙企业的特殊规定外，适用普通合伙企业的规定。

（一）有限合伙企业的设立

有限合伙企业由 2 名以上 50 名以下的合伙人设立，但至少有一名普通合伙人。

有限合伙企业的成立基础是合伙协议。有限合伙企业中，有限合伙人不得以劳务出资。有限合伙人应在约定期限内足额缴纳出资，并在合伙企业登记事项中载明有限合伙人认缴的出资额。

有限合伙企业的名称中应标明"有限合伙"字样。

（二）有限合伙企业的内部关系

1. 有限合伙企业的事务执行

根据《合伙企业法》第67、第68条的规定，有限合伙企业应当由普通合伙人执行合伙事务，有限合伙人不执行合伙事务。有限合伙人的下列行为，不视为执行合伙事务：①参与决定普通合伙人入伙、退伙；②对企业的经营管理提出建议；③参与选择承办有限合伙企业审计业务的会计师事务所；④获取经审计的有限合伙企业财务会计报告；⑤对涉及自身利益的情况，查阅有限合伙企业财务会计账簿等财务资料；⑥在有限合伙企业中的利益受到侵害时，向有责任的合伙人主张权利或者提起诉讼；⑦执行事务合伙人怠于行使权利时，督促其行使权利或者为了本企业的利益以自己的名义提起诉讼；⑧依法为本企业提供担保。

对于有限合伙人，除合伙协议另有约定外，法律赋予了以下特殊权利：①可以同本有限合伙企业进行交易；②可以自营或者同他人合作经营与本合伙企业相竞争的业务；③可以将其在有限合伙企业中的财产份额出质。

2. 入伙

新入伙成员属于有限合伙人的，对入伙前的债务承担有限责任。

3. 退伙

与普通合伙人的退伙不同：①有限合伙人丧失偿债能力不能作为当然退伙的法定事由；②有限合伙人丧失民事行为能力的，其他合伙人不能因此要求其退伙；③有限合伙人死亡或被宣告死亡以及作为有限合伙人的法人及其他组织终止时，其继承人或权利承受人可以依法取得该有限合伙人在有限合伙企业中的资格；④有限合伙人退伙后，对基于退伙前的原因发生的有限合伙企业债务，以其退伙时从有限合伙企业中取回的财产承担责任。

案例分析 3-8

2020年6月，甲、乙、丙共同设立有限合伙企业，并签订了合伙协议。协议中约定：甲以房屋作价人民币8万元出资，乙以技术作价人民币4万元出资，丙以现金人民币5万元出资并为有限合伙人；各合伙人按相同比例分配盈利、分担亏损。合伙企业成立后，为扩大经营，于2020年7月向银行贷款人民币5万元，期限为一年。后因经营环境变化，企业严重亏损。2021年5月，甲、乙、丙决定解散合伙企业，并将合伙企业现有财产（价值人民币3万元）予以分配，但对未到期的银行贷款未予清偿。2021年8月，银行贷款到期后，银行找合伙企业清偿债务，发现该企业已经解散，遂向甲、乙二人要求偿还全部贷款，甲称只承担合伙协议约定比例的债务，乙称无钱偿还。银行向丙要求偿还全部贷款，丙则表示根据合伙协议，不承担偿还银行贷款的责任。

请问：本案中合伙企业所欠银行的债款应该如何偿还？

（三）有限合伙企业的外部关系

与普通合伙人不同，有限合伙人不受普通合伙人转让财产份额需其他合伙人一致同意的限制，可以按照合伙协议的约定，向合伙人以外的人转让合伙企业中的财产份额。

有限合伙人无权执行合伙事务，但第三人有理由相信有限合伙人为普通合伙人并与其进行交易，该有限合伙人对该笔交易承担与普通合伙人同样的责任。但是，该有限合伙人未经授权以有限合伙企业名义与他人进行交易，给合伙企业或者其他合伙人造成损失的，应当

经
济
法
基
础

承担赔偿责任。

（四）有限合伙人与普通合伙人之间的转化

除合伙协议另有约定，普通合伙人转变为有限合伙人或有限合伙人转变为普通合伙人，应经全体合伙人一致同意。

有限合伙人转变为普通合伙人的，对其作为有限合伙人期间有限合伙企业发生债务承担无限连带责任；而普通合伙人转变为有限合伙的，对其作为普通合伙人期间合伙企业发生的债务承担无限连带责任。

四、合伙企业的解散和清算

根据《合伙企业法》第 85 条的规定，合伙企业出现下列情况之一的，应予解散：①合伙期限届满，合伙人决定不再继续经营；②合伙协议约定的解散事由出现；③合伙人决定解散；④合伙人已不具备法定人数满 30 天；⑤合伙协议约定的合伙目的已经实现或无法实现；⑥依法被吊销营业执照，责令关闭或被撤销；⑦法律、行政法规规定的其他原因。

合伙企业解散应当进行清算，并通知和公告债权人。合伙企业解散，清算人由全体合伙人承担；经全体合伙人过半数同意，可以自合伙企业解散后 15 日内指定一个或者数个合伙人，或者委托第三人，担任清算人。不能确定清算人的，合伙人或其他利害关系人可以申请人民法院指定清算人。清算人依据法律规定执行清算事务。

合伙企业财产在支付清偿费用后，按以下顺序偿还：①合伙企业所欠的职工工资和社会保障费用；②法定补偿金；③合伙企业所欠税款；④合伙企业的债务。

合伙企业清偿结束，全体合伙人在清算人编制的清算报告上签名、盖章后，在 15 日内向企业登记机关报送，申请办理合伙企业注销登记。合伙企业注销后，原普通合伙人对合伙企业存续期间的债务仍应承担无限连带责任。

案例分析 3-9

2019 年 1 月，甲、乙、丙、丁经协商，决定设立合伙企业，并签订了书面合伙协议。甲以部分货币及实物折价出资 10 万元；乙以实物折价出资 8 万元；经其他三人同意，丙以劳务折价出资 6 万元；丁以货币出资 4 万元。合伙协议规定，甲、乙、丙、丁按 5：4：3：2 的比例分配利润和承担风险。合伙协议约定由甲执行合伙企业事务，对外代表合伙企业，其他三人均不再执行合伙企业事务，但签订购销合同及代销合同应经其他合伙人同意。合伙协议中未约定合伙企业的经营期限。合伙企业在存续期间，发生下列事实：①2019 年 5 月，甲擅自以合伙企业的名义与 A 公司签订了代销合同，乙合伙人获知后，认为该合同不符合合伙企业利益，经与丙、丁商议后，即向 A 公司表示对该合同不予承认，因为甲合伙人无单独与第三人签订代销合同的权利。②2020 年 1 月，合伙人丁提出退伙，其退伙并未给合伙企业造成任何不利影响。2020 年 3 月，合伙人丁撤资退伙。于是，合伙企业又接纳戊新入伙，戊仍然出资 4 万元。2020 年 5 月，合伙企业的债权人 A 公司就合伙人丁退伙前发生的债务 20 万元要求合伙企业的现合伙人甲、乙、丙、戊及退伙人丁共同承担连带清偿责任。③执行合伙事务的合伙人甲为了改善企业经营管理，于 2020 年 4 月独自决定聘任合伙人以外的 B 担任该合伙企业的经营管理人员，并以合伙企业名义为合伙企业以外的 C 提供担保。④2021 年 4 月，合伙人乙在与 D 公司的买卖合同中,无法清偿 D 公司的到期债务 8 万元。D 公司于 2021 年 6 月向人民法院提起诉讼,人民法院判决 D 公司胜诉。D 公司于 2021 年 8 月向人民法院申请强制执行合伙人乙在合伙企业中的全部财产份额,但合伙企业的其他合伙人均表示愿意受让乙在合伙企业中的财产份额。⑤2021 年 12 月 6 日,由于经营管理不善,合伙企业亏损严重,无力偿还 E 公司的到期债务,E 公司向人民法院提起诉讼。法院在审理中发现合伙企业财产为 25 万元,但所欠债务达 40 万元。

根据以上事实,回答下列问题:

(1) 如果丙是国家公务员,可否成为合伙人? 为什么?

(2) 假如合伙协议规定甲执行合伙企业事务,对合伙企业债务承担无限连带责任,而乙、丙、丁不执行合伙事务,对合伙企业的债务只承担有限责任,该条款是否符合法律规定? 为什么?

(3) 甲、乙、丙、丁的出资方式是否符合《合伙企业法》的规定,为什么?

(4) 合伙企业的债权人 A 公司就丁退伙前发生的债务要求合伙企业的现合伙人及退伙人共同承担连带清偿责任。丁可否以自己已经退伙为由,不承担连带清偿责任? 戊可否以自己新入伙为由,不承担连带清偿责任? 为什么?

(5) 甲聘任 B 担任合伙企业的经营管理人员及为 C 提供担保的行为是否合法? 为什么?

(6) 合伙人乙被人民法院强制执行其在合伙企业中的全部财产份额后,合伙企业决定对乙进行除名,该合伙企业的做法是否符合法律规定? 为什么?

(7) 债权人 D 公司能否成为该合伙企业的合伙人? 为什么?

(8) 合伙企业的 40 万元债务应如何清偿?

(9) 合伙人丁的退伙属于何种情况? 该退伙应符合哪些条件?

(10) 如何确认甲以合伙企业名义与 A 公司所签的代销合同的效力?

第二节 外商投资企业法

外商投资企业是对中外合资经营企业、中外合作经营企业、外资企业的总称。根据《中华人民共和国宪法》有关保护外商投资企业的规定,我国相继颁布了一系列有关调整外商企业关系的法律、法规及规章,主要有《中华人民共和国中外合资经营企业法》、《中华人民共和国中外合作经营企业法》、《中华人民共和国外资企业法》、《中华人民共和国中外合资经营企业法实施条例》、《中华人民共和国中外合作经营企业法实施细则》、《中华人民共和国外资企业法实施细则》等,形成了完备的外商投资企业法律体系。

一、中外合资经营企业法

(一) 中外合资经营企业的概念与特征

中外合资经营企业(以下称"合营企业")是指外国公司、企业和其他经济组织或个人(以下称"外国合营者"),按照平等互利原则,经中国政府批准,在中国境内,与中国的公司、企业或者其他经济组织(以下简称"中国合营者")共同举办的企业。中外合资经营企业采取有限责任公司的组织形式,为中国法人,受中国管辖。其特征是:

(1) 由中外合营者共同举办。合营各方中至少有一个合营者来自中国境外的国家或地区,包括台、港、澳地区。

(2) 由合营各方共同投资,其中外方合营者的投资比例不得低于合营企业注册资本的25%。

(3) 合营各方共同经营管理。合营企业的外方合营者是进行直接投资,直接参与企业的经营管理,这与外方通过证券融资控制某一国内企业不同,后者不直接参与企业的经营管理。

(4) 合营各方共担风险、共负盈亏。合资经营企业采取有限责任公司的组织形式,合营各方按注册资本比例分享利润和分担风险及亏损,合营方对合营企业的债务以出资额为限承担责任。

(二)中外合资经营企业的设立

根据《中外合资经营企业法》及其实施条例,中外合资经营企业设立的主要内容有:

1. 审批

审批机构是商务部和国务院授权的省、自治区、直辖市人民政府或者国务院有关部门。设立合营企业,合营各方签订的合营协议、合同、章程应当由商务部审查批准。

但有两种情况是由国务院授权的省、自治区、直辖市人民政府或者国务院有关部门审批:①投资总额在国务院规定的投资审批权限以内,中方合营者的资金来源已经落实的;②不需要国家增拨原材料,不影响燃料、动力、交通运输、外贸出口配额等方面的全国平衡的。上述部门审批后应当报商务部备案。

2. 合营企业协议、合同和章程

合营企业协议是指合营各方对设立合营企业的某些要点和原则达成一致意见而订立的文件;合营企业合同是指合营各方为设立合营企业就相互权利义务关系达成一致而订立的文件;合营企业章程是指按照合营企业合同确定的原则,经合营各方同意,规定合营企业的宗旨、组织原则和经营管理方法等事项的文件。上述文件的关系是,合营企业合同是最关键的文件,合营企业协议与合营企业合同相抵触时,应以合营企业合同为准;合营企业章程则须以合营企业合同为基础制订。

经合营各方同意,也可不订立合营企业协议而直接订立合营企业合同和章程。

(三)中外合资经营企业的出资

合营各方可以用货币出资,也可以厂房、机器设备或者其他物料、工业产权、专有技术、场地使用权等作价出资。货币以外的出资,其作价应按照公平合理的原则协商确定,或者聘请合营各方同意的第三者评定。

外国合营者出资的机器设备或者其他物料,应当是合营企业生产所必需的,其作价不得高于同类机器设备或者物料当时的国际市场价格。外国合营者出资的工业产权或专有技术,必须能显著改进现有产品的性能和质量,提高生产效率或者能显著节约原材料、燃料和动力。外国合营者以机器设备或其他物料、工业产权或专有技术出资,应当报审批机构批准。

(四)合资经营企业的内部管理体制和经营管理

合营企业设立董事会。它是合营企业的最高权力机构,决定合营企业的一切重大问题。

董事会成员不得少于3人,董事名额的分配由合营方按出资比例协商确定。董事长是合营企业的法定代表人。董事长不能履行职务时,由董事长授权副董事长或者其他董事代表合营企业。

董事会的议事规则由章程确定。但合营企业章程修改、企业的中止和解散、企业注册资本的增加和减少、企业的合并和分立,必须经出席会议的董事一致通过方可作出决议。

合营企业设经营管理机构,负责企业的日常经营管理工作。经营机构设总经理一人,副总经理若干人。总经理、副总经理由董事会聘任。董事可以兼任总经理、副总经理和其他高级管理职务。

（五）合营企业的解散与清算

1. 合营企业的解散

有下列原因之一的,合营企业应当解散:①合营期限届满;②企业发生严重亏损,无力继续经营;③合营一方不履行合营企业协议、合同、章程规定的义务,致使企业无法继续经营;④因自然灾害、战争等不可抗力遭受严重损失,无法继续经营;⑤合营企业未达到其经营目的,同时无发展前途;⑥出现的合营企业合同、章程规定的其他解散事由。

当第②、④、⑤、⑥项情况发生时,由董事会提出解散申请书,报审批机关批准;当第③项情况发生时,由履行合同的一方提出申请,报审批机关批准。

2. 合营企业的清算

合营企业解散应当进行清算。由董事会提出清算程序、原则和清算委员会人选,报企业主管部门审核。清算委员会负责清算事宜。清算结束后,由清算委员会提出清算报告,提请董事会通过后,报原审批机构,并向登记机关办理注销登记手续,吊销营业执照,合营企业即告终止。

案例分析 3-10

中国某厂与美国一商人拟建立一个中外合资经营企业,双方签订了一份企业合同,其部分条款如下:

（1）合营企业注册资本为900万美元,其中,中方出资680万美元,美方出资220万美元;

（2）合营企业的董事长只能由中方担任,副董事长由美方担任;

（3）合营企业注册资本在合资期间内既可增加也可减少;

（4）经董事会聘请,企业的总经理可以由中方担任;

（5）中方合资企业应向美方支付技术转让费,美方应向中方交纳场地使用费;

（6）合同履行过程中发生争议时,应提交外国的仲裁机构裁决,并适用所在国的法律。

请分析上述行为是否合法。

二、中外合作经营企业法

（一）中外合作经营企业的概念与特征

中外合作经营企业（以下简称"合作企业"）是指中外合作经营各方依照我国《中外合作经营企业法》的规定，通过在合营合同中约定投资或者合作条件、收益或者产品的分配、风险和亏损的分担、经营管理的方法以及合作企业终止时财产的归属而设立的一种企业形式。合作企业是一种契约式合作经营企业，与合营企业不同，合作企业的特点是：

1. 依法在合同中约定投资或者活动条件

合作各方可依照法律规定和合作合同约定，向企业投资或者提供合作条件。合作各方向企业投资或提供合作条件的，可以是货币，也可以是实物，还可以是工业产权、专有技术、土地使用权等财产性权利。依法取得中国法人资格的合作企业中，外方合作者的投资一般不得低于合作企业注册资本的 25％；不具备中国法人资格的合作企业中，合作各方向合作企业投资或提供合作条件的具体要求，由商务部规定。

2. 依据企业组织形式的不同设立不同的组织机构

合作企业的组织形式可以是法人式的，也可以是非法人式的。法人式合作企业中，企业设立董事会作为企业的最高权力机构，决定企业重大问题；非法人式合作企业中，企业设立联合管理委员会作为企业的权力机构，决定企业的重大问题。董事会或联合管理委员会的成员不得少于 3 人，其名额分配由合作各方参考投资或提供的合作条件协商确定。董事长或联合管理委员会的主任为企业的法定代表人。合作企业设总经理一人，负责合作企业的日常经营管理工作，对董事会或者联合管理委员会负责。合作企业的总经理由董事会或者联合管理委员会聘任、解聘。

3. 依合同约定分配收益和回收效益，承担风险和亏损

与合营企业不同，合作企业的收益分配、亏损和风险承担不是依据投资比例，而是完全依据双方的合同约定的。至于合作企业的收益分配方式，可以采用分配利润、分配产品或者共同商定的其他方式。中外合作者在合作企业合同中约定合作期满时，合作企业的全部固定资产归中国合作者所有的，可以在合作企业合同中约定外国合作者在合作期限内先行回收投资的办法。依规定，外国合作者在合作期限内先行回收投资的，中外合作者应当依照有关法律的规定和合作企业合同的约定对合作企业的债务承担责任。

小思考3-3

2016 年 11 月 7 日，第十二届全国人民代表大会常务委员会第二十四次会议对《中外合作经营企业法》做出了修改，删去第 21 条第 2 款中的"合作企业合同约定外国合作者在缴纳所得税前回收投资的，必须向财政税务机关提出申请，由财政税务机关依照国家有关税收的规定审查批准"的规定。这样修改的原因是什么？

（二）合作企业的设立

设立合作企业的审批机构为商务部或国务院授权的部门和地方人民政府。设立合作企业报送审批机关的文件有：①设立合作企业的项目建议书，并附送主管部门审阅同意的文件；②合作各方共同编制的可行性研究报告，并附送主管部门审阅同意的文件；③由合作各

经济法基础

方的法定代表人或其授权的代表签署合作企业协议、合同、章程；④合作各方的经营执照或者注册登记证明、资金证明以及法定代表人的有效证明文件，外国合作者是自然人的，应当提供其身份、履历和资信情况，以及有效证明文件；⑤合作各方协商确定的董事长、副董事长、董事或者联合管理委员会主任、副主任、委员的人选名单；⑥审批机关要求送报的其他文件。

批准设立的合作企业应当依法向工商行政管理机关申请登记，领取营业执照。领取营业执照的日期为合作企业的成立日期。

（三）中外合作企业的期限和解散

合作企业的期限由中外合作者协商确定，并在合作企业合同中订明。合作企业期限届满，合作各方协商同意延长合作期限的，应当向审查机关提出申请，由审查机关决定是否批准。合作企业合同约定外方先行收回投资，投资已经收回完毕的，合作企业的期限不再延长。但是，外国投资者增加投资且经合作各方协商同意的，可向审查机关申请延长合作期限。经审查机关批准延长合作期限的，合作企业凭批准文件向工商行政管理机关办理变更登记，延长期限从期限届满后的第一天计算。

小思考 3-4

你知道中外合资经营与中外合作经营的区别吗？

合作企业出现下列情况之一的，予以解散：①合作期限届满；②合作企业发生严重亏损，或者因不可抗力遭受严重亏损，无力继续经营；③合作一方或数方不履行合同、章程规定的义务，致使合作企业无法继续经营；④合作企业合同、章程规定的其他解散原因出现；⑤合作企业违反法律、行政法规，被依法责令关闭。发生所列第②、④项情形的，由合作企业的董事长或者联合管理委员会做出决定，报审批机关批准；在所列第③项情形下，由履行合同的一方或数方向审批机关提出申请，解散合作企业。

合作企业的解散应予清算，其清算事宜依照法律、行政法规以及合作企业的合同、章程办理。

案例分析 3-11

中外双方经过多次协商，准备签署一项中外合作经营的合同，合作企业合同的内容中有以下条款：

（1）中外合作企业设立董事会，中方担任董事长，外方担任副董事长。董事会每届任期4年，董事长和董事均不得连任。

（2）合作企业投资的注册资本为50万美元，中方出资40万美元，外方出资10万美元，自营业执照核发之日起一年半内，应将资本全部缴齐。

（3）合作企业的合作期限为12年，合作期满时，合作企业的全部固定资产无偿归中国合作者所有，外国合作者依法可以在合作期限内先行回收投资。

请问：上述条款是否合法？为什么？

三、外资企业法

为了扩大对外经济合作和技术交流,促进中国国民经济的发展,中华人民共和国允许外国的企业和其他经济组织或者个人在中国境内举办外资企业,国家保护外资企业的合法权益。

（一）外资企业的概念与特征

外资企业是指依法在中国境内设立的全部资本由境外投资者投资的企业,不包括外国企业和其他经济组织在中国境内的分支机构。其特征是:

（1）外资企业是依照中国法律设立的中国企业。外资企业是中国企业,不是外国企业,具有中国国籍,受中国法律管辖。

（2）外资企业的全部投资由外国投资者承担。外国投资者可以是公司、企业、其他经济组织或个人,可以是单一投资,也可以是联合投资。

（3）外资企业是独立的经济实体,实行独立核算、自负盈亏,独立承担法律责任,不是外国企业或组织在中国的分支机构。至于外资企业的组织形式,可以采用有限责任公司,也可以采用其他组织形式。

（二）外资企业的设立

外资企业的审批机关为商务部,或者在一定条件或范围内由国务院授权省、自治区、直辖市和计划单列市、经济特区人民政府负责审批。

外资企业的审批不是由投资者直接向审批机关申请,而是通过拟设立外资企业所在地的县级或者县级以上人民政府向审批机关提出申请,并报送设立外资企业申请书、可行性研究报告、外资企业章程、外资企业法定代表人(或者董事会人选)名单、外国投资者的法律证明文件和资信证明文件,拟设立外资企业所在地的县级或者县级以上人民政府的书面答复、需要进口的物资清单以及其他需要报送的文件。

小思考3-5

外资企业具有中国的法人资格吗?

（三）外资企业的终止

外资企业的终止清算与合营企业和合作企业相同。为维护国家和债权人利益,法律对外资企业特别规定:外资企业在清算结束前,外国投资者不得将该企业的资金汇出或者携出中国境外,不得自行处理企业的财产;外资企业清算处理财产时,中国企业或其他经济组织在同等条件下享有优先购买权。

案例导引分析

（1）合伙协议关于合伙企业事务执行的约定符合法律规定。根据规定,合伙企业可以委托一名或者数名合伙人执行合伙企业事务。未接受委托执行合伙企业事务的其他合伙人不再执行合伙企业的事务。但注意,合伙企业处分不动产、改变企业名称等事项必须经全体合伙人一致同意。

（2）甲聘请王某担任企业经营管理人员不符合法律规定。按规定,聘任合伙人以外的人担任合伙企业的经营管理人员必须经全体合伙人一致同意。

（3）郑某没有成为合伙企业的合伙人。根据《合伙企业法》规定，新合伙人入伙时，应当经全体合伙人同意，先依法订立书面入伙协议，尽管乙征得甲的同意，但没有征得丙、丁的同意，故不能成为企业的合伙人。

★★★★★ 课后测试 ★★★★★

一、判断题

（   ）1. 有限合伙企业由普通合伙人和有限合伙人组成，普通合伙人对合伙企业债务承担有限连带责任，有限合伙人以其认缴的出资额为限对合伙企业债务承担责任。

（   ）2. 合伙协议依法由全体合伙人协商一致、以书面形式订立。

（   ）3. 合伙企业领取营业执照前，合伙人不得以合伙企业名义从事合伙业务。

（   ）4. 合伙人可以用货币、知识产权、土地使用权或者其他财产权利出资，但是不可以用劳务出资。

（   ）5. 除合伙协议另有约定外，合伙人向合伙人以外的人转让其在合伙企业中的全部或部分财产份额时，不需经其他合伙人的一致同意。

二、单项选择题

（   ）1. 在中外合资经营企业的注册资本中，外国合营者投资的下限应是_____。
A. 25％   B. 30％   C. 45％   D. 5％

（   ）2. 下列关于合伙人出资份额转让的说法错误的是_____。
A. 合伙出资份额的对外转让，必须经其他合伙人的一致同意
B. 其他合伙人享有同等条件下的优先购买权
C. 内部转让须经合伙人的半数以上同意
D. 内部转让只需通知其他合伙人即可，无需其同意

（   ）3. 下列关于有限合伙企业的说法中错误的是_____。
A. 有限合伙企业中至少有一个普通合伙人
B. 有限合伙人可以执行合伙事务，但不能对外代表有限合伙企业
C. 有限合伙人可以同本有限合伙企业进行交易
D. 有限合伙企业仅剩有限合伙人的，应当解散；有限合伙企业仅剩普通合伙人的，转为普通合伙企业

（   ）4. 甲、乙、丙成立一普通合伙企业，其合伙合同中约定："合伙企业的事务由甲全权负责，乙、丙不得过问亦不承担企业亏损的民事责任。"对该约定的效力应如何认定？
A. 约定有效，应由甲一人承担民事责任
B. 该约定无效，应由甲、乙、丙共同承担民事责任
C. 该约定部分有效，应由甲一人承担民事责任
D. 该约定部分无效，应由甲、乙、丙共同承担民事责任

（   ）5. 甲、乙、丙是某普通合伙企业的合伙人，甲的出资为高级笔记本电脑三台。在该合伙企业经营过程中，甲急于使用资金，遂将笔记本电脑以较高价格出售于不知情的

丁。该买卖行为如何认定?

    A. 丁将取得该笔记本电脑的所有权

    B. 由于该笔记本电脑所有权已属于该合伙企业,因此该买卖合同无效

    C. 只有该合伙企业事后予以追认,丁才能取得笔记本电脑的所有权

    D. 该买卖行为有效,因为笔记本电脑虽然是甲对合伙企业的出资,但笔记本电脑的所有权仍然属于甲,甲有权处分

三、多项选择题

(　　)1. 合伙人有下列_____情形的,当然退伙。

    A. 法律规定或者合伙协议约定合伙人必须具有相关资格而丧失该资格

    B. 合伙人在合伙企业中的全部财产份额被人民法院强制执行

    C. 合伙人个人出现巨额债务

    D. 合伙人结婚

(　　)2. 合伙人有下列_____情形的,经其他合伙人一致同意,可以决议将其除名。

    A. 未履行出资义务

    B. 因故意或者重大过失给合伙企业造成损失

    C. 执行合伙事务时有不正当行为

    D. 发生合伙协议约定的事由

(　　)3. 有限合伙协议除符合《中华人民共和国合伙企业法》的有关规定外,还应当载明下列_____事项。

    A. 执行事务合伙人的除名条件和更换程序

    B. 有限合伙人入伙、退伙的条件、程序以及相关责任

    C. 有限合伙人和普通合伙人相互转变程序

    D. 合伙人家庭成员

(　　)4. 有限合伙人有下列_____情形的,当然退伙。

    A. 合伙人在合伙企业中的全部财产份额被人民法院强制执行

    B. 法律规定或者合伙协议约定合伙人必须具有的相关资格而丧失该资格

    C. 作为合伙人的自然人死亡或者被依法宣告死亡

    D. 个人丧失偿债能力

(　　)5. 根据我国《中外合资经营企业法》,下列有关合营企业董事长产生方式的表述中正确的是_____。

    A. 合营企业的董事长既可以由中方担任,也可以由外方担任

    B. 合营企业的董事长由出资最多的一方担任

    C. 合营企业的董事长由一方担任的,副董事长必须由他方担任

    D. 合营企业的董事长由一方担任的,总经理必须由他方担任

四、实训题

实训一

中日两家企业签署了一份合营企业合同,根据《外商投资企业法》的规定,在老师的引导

下,请指出条款中的错误:

(1) 双方根据《中外合资经营企业法》以及日本法律的相关规定,同意在中国境内设立中外合资经营企业;

(2) 甲乙双方对合营企业的债务承担无限连带责任;

(3) 双方出资方式如下:甲方(中方)现金200万元,厂房折合30万元,场地使用权为20万元;乙方(日方)现金100万元,工业产权100万元;双方出资额在营业执照签发之日前一次交清;

(4) 乙方从企业获利后的第二年,每年从企业利润中提取10%的出资额;

(5) 总经理是公司的法定代表人;

(6) 本合同从签字起生效,中方上级总管批准之日为企业成立之日;

(7) 对本合同及其附件的修改,经甲、乙双方签署书面协议后即告生效。

实训二

2019年1月,赵、钱、孙、李四人决定设立一合伙企业,并签订书面协议,内容如下:①赵出资10万元,钱以实物折价出资8万元,经其他人同意,孙以劳务出资6万元,李货币出资4万元。②赵、钱、孙、李四人按2∶2∶1∶1比例分配利润和承担风险;③由赵执行合伙企业事务,对外代表企业,但规定大于1万元的销售合同应经其他人同意。协议未约定经营期限。

现发生以下事实:

(1) 2019年5月,赵擅自以合伙企业名义与翔宇公司签订合同,翔宇公司不知道其内部限制。钱获知后,向翔宇公司表示不承认。

(2) 2020年1月,李提出退伙,并未给企业造成任何不利影响。2020年3月,李经清算退伙。同年4月,新合伙人周出资4万元入伙。2020年5月,合伙企业的债权人青田公司就合伙人李退伙前的24万元债务要求新合伙人周共同承担连带责任。李以自己退伙为由,周以自己新入伙为由拒绝承担。

(3) 赵为了改善企业的经营管理,于2020年4月独自聘任田某为合伙企业的经营管理人,并以合伙企业的名义对建光公司提供担保。

(4) 2021年2月,合伙人钱在与蓝天公司的买卖合同中,无法偿还到期债务8万元。蓝天公司于2021年4月向人民法院提起诉讼。蓝天公司胜诉,于2021年5月申请强制执行钱在合伙企业中的财产份额。

根据以上事实,回答下列问题:

(1) 赵跟翔宇公司的合同是否有效?为什么?

(2) 李的主张是否成立?为什么?如果李向青田公司偿还24万元,可以向哪些当事人追偿?金额多少?

(3) 周的主张是否成立?为什么?

(4) 赵聘用田某及为建光公司担保是否合法?为什么?

(5) 合伙人钱被人民法院强制执行其份额后,合伙企业决定对其除名是否符合法律规定?为什么?

(6) 李的退伙属于何种情况?其退伙应符合哪些条件?

实训三

瑞典人皮尔和德国人欧夫曼依照我国现行法律的规定,各出资30万美元(皮尔的出资包括专有技术)在成都设立一家公司,登记的注册资本为60万美元。两投资人在其签订的合同和公司的章程中都规定各方以其出资额对公司债务负责。后该公司又在成都设立两家分公司。

请回答:

(1) 根据公司分类的一般原理,该公司应属于何种类型的公司?

(2) 皮尔的出资包括专有技术,那么皮尔货币出资的份额至少应为多少?

五、思考题

1. 合伙企业有哪些特征?

2. 普通合伙企业的设立条件有哪些?

3. 哪些合伙事务的决定应经全体合伙人一致同意?

4. 中外合资经营企业有哪些法律特征?

5. 外资企业有哪些法律特征?

第四章　市场秩序管理法律制度

【知识目标】

1. 理解和掌握反不正当竞争法中的不正当竞争行为及构成要件；了解不正当竞争行为的监督检查、法律责任。

2. 理解产品质量法的概念及产品质量的监督管理；熟悉生产者和销售者的责任和义务、法律责任。

3. 掌握消费者权益保护法中消费者的权利以及经营者的义务；熟悉消费者合法权益的保护方式；了解消费争议的解决、法律责任。

【能力目标】

1. 能应用所学的法律知识分辨正当竞争行为及不正当竞争行为。

2. 能应用所学的法律知识思考、解决经济生活中发生的产品质量和产品责任问题。

3. 作为消费者，当自己的权利受到伤害时，能够利用本章所学的法律知识维护自己的权利；作为经营者，当与消费者发生纠纷时，能合法、合理地处理好问题。

"郎酒"为国优名酒，其瓶贴上的"郎"字为最显著标记，又是这种国优名酒的特有名称。某些酒厂将自己生产的非名牌酒起名为"雪郎"、"液郎"、"玉郎"，酒瓶外观标贴与国优名酒"郎酒"外观几乎一样。

　　请同学们分析：

　　（1）案例中的非名牌酒起名及外观标贴与名酒相似的行为属于哪类不正当竞争行为？该行为的构成要件是什么？

　　（2）所列非名牌酒厂起名与名酒不完全相同，为什么也构成不正当竞争？

第一节　反不正当竞争法

一、不正当竞争的概念和不正当竞争行为的特征

（一）不正当竞争的概念

市场经济离不开竞争,竞争是市场经济最基本的运行机制。有竞争就有正当的竞争和不正当的竞争。

反不正当竞争法,是调整和制止不正当竞争过程中发生的社会关系的法律规范的总称。为保障社会主义市场经济健康发展,鼓励和保护公平竞争,制止不正当竞争行为,保护经营者和消费者的合法权益,《中华人民共和国反不正当竞争法》已由 2017 年 11 月 4 日中华人民共和国第十二届全国人民代表大会常务委员会第三十次会议修订通过,自 2018 年 1 月 1 日起施行。

不正当竞争行为是指经营者在生产经营活动中,违反《反不正当竞争法》规定,扰乱市场竞争秩序,损害其他经营者或者消费者的合法权益的行为。

我国《反不正当竞争法》规定的经营者,是指从事商品生产、经营或者提供服务的自然人、法人和非法人组织。

法律驿站 4-1

不正当竞争行为

最早对不正当竞争行为进行定义的是 1883 年的《巴黎公约》,该公约第 10 条规定"凡在工业商业活动中违反诚实信用的竞争行为构成不正当竞争的行为",首次对这种行为进行概括式描述。

（二）不正当竞争行为的特征

（1）不正当竞争行为的主体是经营者。一般来说,非经营者不是竞争行为的主体,也不是不正当竞争行为的主体。

（2）不正当竞争行为是违反《反不正当竞争法》的、为不正当竞争者所损害和扰乱的市场竞争秩序和社会秩序关系。

（3）不正当竞争者在客观上必须有实施违反《反不正当竞争法》规定的不正当竞争行为的客观事实。

（4）实施不正当竞争的行为人主观上有不遵循自愿、平等、公平、诚实信用的原则,不遵守法律和商业道德。

二、反不正当竞争法的原则

《反不正当竞争法》规定,经营者在市场交易中,应当遵循自愿、平等、公平、诚实信用的原则,遵守法律和商业道德。因此,自愿、平等、公平、诚信、遵守法律和商业道德是市场竞争必须遵循的基本原则。

三、不正当竞争行为的类型

我国《反不正当竞争法》第二章规定的不正当竞争行为的种类有以下几种:

(一)欺骗性交易行为

欺骗性交易行为是指行为人采用假冒、仿冒、伪造等混淆手段,欺骗消费者与之交易,从而损害竞争对手和消费者权益的行为。根据我国《反不正当竞争法》第 6 条规定,属于这类不正当竞争行为的有:

(1) 擅自使用与他人有一定影响的商品名称、包装、装潢等相同或者近似的标识。

(2) 擅自使用他人有一定影响的企业名称(包括简称、字号等)、社会组织名称(包括简称等)、姓名(包括笔名、艺名、译名等)。

(3) 擅自使用他人有一定影响的域名主体部分、网站名称、网页等。

(4) 其他足以引人误认为是他人商品或者与他人存在特定联系的混淆行为。

案例分析 4-1

四川某甲厂生产的"不倒翁"牌白酒行销本省及西南地区。该酒自 2000 年起销售,广告力度较大,在西南各乡镇都可见到此酒的广告及销售点。此酒物美价廉,在西南地区广受欢迎。该酒的包装、装潢是将酒瓶设计成葫芦形,并贴有黑底及金色字体的"不倒翁"名称。贵州某乙厂从 2015 年起生产"醉翁"牌酒,酒瓶也设计成葫芦形,并贴有黑底金字瓶贴,该酒也在西南地区销售。甲厂诉乙厂是假冒仿冒行为。乙厂辩称:①甲厂生产使用的是"不倒翁"商标,乙厂使用的是"醉翁"商标,购买者不会误认;②将两种酒摆在一起,仔细观察,差别是明显的,所以不能认定为假冒仿冒行为。

请问:(1) 乙厂的行为是否构成不正当竞争行为? 为什么?

(2) 乙厂的辩称理由是否成立?

案例分析 4-2

2017 年 11 月 7 日,某明星的经纪公司发表声明,称京东公司未经该明星合法授权,在其京东商城擅自使用含有其肖像的图片,特别是京东已经知道该明星是苏宁云南地区代言人的情况下,依然选择在图片中淡化了其代言品牌的名称,并将京东的 logo、活动内容等信息放在了图片显眼位置,消费者在观看的时候很容易就会混淆认知。

请问:京东商城擅自使用含有明星肖像的图片是否构成不正当竞争行为?

小思考4-1
知名商品、驰名商标、著名商标是如何区别的?

（二）商业贿赂行为

商业贿赂行为是指经营者在经营活动中为销售或购买商品,采取秘密手段,向客户或有关工作人员给付财物或其他报酬,以取得交易或经营上的便利的行为。

我国《反不正当竞争法》第7条规定:"经营者不得采用财物或者其他手段贿赂下列单位或者个人,以谋取交易机会或者竞争优势:(一)交易相对方的工作人员;(二)受交易相对方委托办理相关事务的单位或者个人;(三)利用职权或者影响力影响交易的单位或者个人。"

经营者在交易活动中,可以以明示方式向交易相对方支付折扣,或者向中间人支付佣金。经营者向交易相对方支付折扣、向中间人支付佣金的,应当如实入账。接受折扣、佣金的经营者也应当如实入账。

经营者的工作人员进行贿赂的,应当认定为经营者的行为;但是,经营者有证据证明该工作人员的行为与为经营者谋取交易机会或者竞争优势无关的除外。

案例分析4-3

某市某贸易公司在2021年夏购进了3万套男式衬衫,由于质量差、款式旧、销量少,影响了公司资金周转。贸易公司经理在业务会上宣布:不论是公司的内部职员,还是外部人员,只要能帮助公司推销100套以上的,都可以给予20%的回扣,回扣可一律不记账。消息传出,一些商家竞相来批发购买,很快,该公司积压的近3万套衬衫销售一空。该市的工商行政局注意到了这个情况,就前来查账,告诉该公司管理人员,账外回扣是违法的。但该贸易公司经理辩称,搞市场经济,有经营自主权,入账与不入账是企业的自由。

请问:该贸易公司的账外回扣行为是商业贿赂行为吗? 为什么?

小思考4-2
你知道回扣、折扣、佣金的区别吗?

（三）引人误解的虚假宣传行为

我国的《反不正当竞争法》第8条明确规定:"经营者不得对其商品的性能、功能、质量、销售状况、用户评价、曾获荣誉等作虚假或者引人误解的商业宣传,欺骗、误导消费者。经营者不得通过组织虚假交易等方式,帮助其他经营者进行虚假或者引人误解的商业宣传。"

案例分析4-4

某晚报公开发行刊登了"青少年助长的特效良药——张灵助长晶"的广告。内称"经过多位医学专家多年的努力研制成功的助长新药,采用中外各种名贵药材,经特殊工艺精制而成,对人体骨骼增长有奇效。经美国医学家对万名矮个青少年服用本药后观察,用药者明显增高。实践证明,本药对青少年发育助长有显著功效。本药品还荣获2009年优秀产品奖。

本品两盒起邮,每盒只售240元,款到寄货。"很多青少年服用后,不仅没有发生广告中所说的效果,有的还产生了严重的副作用,经工商部门调查属实。

请分析:(1) 上述案例中,广告主和报社的行为属于什么性质?为什么?

(2) 你若是其中的一名消费者,该如何处理这个问题?

(四)侵犯商业秘密的行为

所谓商业秘密,根据《反不正当竞争法》第9条第3款规定,是指不为公众所知悉、具有商业价值并经权利人采取相应保密措施的技术信息和经营信息。在实际中,技术信息包括工艺流程、技术秘诀、设计图纸、化学配方等;经营信息如管理方法、产销策略、货源情报、客户名单等。

《反不正当竞争法》第9条规定,侵犯商业秘密的行为具体包括以下几种:

(1) 以盗窃、贿赂、欺诈、胁迫或者其他不正当手段获取权利人的商业秘密。

(2) 披露、使用或者允许他人使用其所掌握的商业秘密。

(3) 违反约定或者违反权利人有关保守商业秘密的要求,披露、使用或者允许他人使用其所掌握的商业秘密。

第三人明知或者应知商业秘密权利人的员工、前员工或者其他单位、个人实施前款所列违法行为,仍获取、披露、使用或者允许他人使用该商业秘密的,视为侵犯商业秘密。

案例分析 4-5

黛美化妆品公司新近研制开发了一种润肤美白化妆品,该化妆品的配方由23个公式和170个相关数据材料组成。公司采取了严格的保密措施,一般人无法单独接触到这一资料。刘某是公司董事长曹某的秘书。某日,曹某叫刘某帮忙收拾办公室,刘某在曹某在场的情况下无意间看到曹某桌上放置的有关资料。刘某凭借其惊人的记忆力将所有资料记了下来。两日后,刘某回老家探亲,酒后炫耀自己的记忆力并将记下的资料全部告诉了在另一化妆品公司工作的妹夫李某。不久后,李某所在的娜佳公司对黛美化妆品的配方稍加改良,生产出了质量更好的同类化妆品,抢占了黛美化妆品公司的销售市场。曹某得知真相后,将刘某诉至法院,要追究刘某侵犯商业秘密的法律责任。刘某辩称:①自己没有采取不正当手段窃取商业秘密,仅仅在曹某在场的情况下看了一眼;②自己不是专业技术人员,不负有保守商业秘密的义务;③娜佳公司不是采用这一配方,而是采用娜佳公司自己的技术,因此自己没有责任。

请问:(1) 刘某辩解的理由是否成立?

(2) 请提出你对本案的认定和处理意见。

(五)不正当有奖销售行为

有奖销售是指经营者以提供奖品或奖金的手段进行销售,主要包括附赠式有奖销售和抽奖式有奖销售。有奖销售作为一种促销手段,可以提高产品销售量,给经营者带来经济利益,但若超过一定限度滥用有奖销售,不仅会损害消费者利益,还会扰乱市场秩序,破坏公平竞争。因此,我国《反不正当竞争法》禁止三种不正当有奖销售:

(1) 所设奖的种类、兑奖条件、奖金金额或者奖品等有奖销售信息不明确,影响兑奖。

(2) 采用谎称有奖或者故意让内定人员中奖的欺骗方式进行有奖销售。

（3）抽奖式的有奖销售，最高奖的金额超过5万元。

案例分析 4-6

A公司在北京某超市开展某品牌保洁用品有奖促销活动，活动内容为："凡购买某产品满58元即可参加抽奖一次，奖品为某品牌全自动洗衣机一台。"但A公司在举办上述有奖销售活动时，未明示中奖概率、兑奖时间和兑奖方式。

请问：A公司的行为是否合法？为什么？

（六）商业诽谤行为

所谓商业诽谤，是指经营者捏造、散布虚假事实，损害竞争对手的商业信誉、商品声誉的行为。《反不正当竞争法》第11条规定："经营者不得编造、传播虚假信息或者误导性信息，损害竞争对手的商业信誉、商品声誉。"商业信誉、商品声誉是经营者的无形资产，是长期努力经营和活动得来的，能为经营者带来经济利益和市场竞争中的优势地位。为此，法律禁止损害他人商业信誉、商品声誉的不正当竞争行为。

案例分析 4-7

A公司生产的冷冻牌电冰箱样式好、质量高，很受消费者的欢迎，很快占据了市场大部分份额。B公司生产的海鸥牌电冰箱由于质量存在问题，销售很差。为了打开销路、开拓市场，B公司在当地报纸上发表一篇"郑重声明"。该声明称："最近市场上出现的冷冻牌电冰箱由于存在质量问题受到很多消费者的投诉，不少消费者找到我厂要求退换。我厂郑重声明，此种电冰箱不是我厂产品，请消费者认准我厂海鸥牌商标，以免误购而遭受损失。"此声明刊登后，A公司电冰箱销售量直线下降，同时很多已购买的消费者也纷纷要求退货。为了维护自己的权益，A公司向法院提起了诉讼。

请分析：（1）B公司的行为属于哪类不正当竞争行为？

（2）人民法院应如何处理本案？

（七）经营者利用网络从事不正当的生产经营活动

经营者不得利用技术手段，通过影响用户选择或者其他方式，实施下列妨碍、破坏其他经营者合法提供的网络产品或者服务正常运行的行为：

（1）未经其他经营者同意，在其合法提供的网络产品或者服务中，插入链接、强制进行目标跳转。

（2）误导、欺骗、强迫用户修改、关闭、卸载其他经营者合法提供的网络产品或者服务。

（3）恶意对其他经营者合法提供的网络产品或者服务实施不兼容。

（4）其他妨碍、破坏其他经营者合法提供的网络产品或者服务正常运行的行为。

案例分析 4-8

金山公司的猎豹浏览器具有"页面广告过滤功能"，可将优酷网上的视频广告过滤。这一功能可使网络用户在访问优酷网时，过滤掉该网站中合法投放的视频广告。作为优酷网的经营方，合一公司认为该行为构成不正当竞争，将金山公司起诉至法院。一审法院判决金山公司赔偿30万元后，金山公司提起上诉，称金山公司认为其与合一公司之间并不存在竞争关系,要求驳回合一公司的诉讼请求。

请问:一审法院的判决是否符合法律的规定?为什么?

深圳腾讯科技有限公司(原告)和北京搜狗科技发展有限公司(被告)均为互联网企业,分别拥有 QQ 拼音输入法和搜狗拼音输入法。原告诉称,被告搜狗拼音输入法软件通过弹出窗口方式,诱导用户在"修复"输入法时删除 QQ 拼音输入法在语言栏上的快捷方式,构成不正当竞争,被告辩称其行为是针对原告在先不正当竞争行为的"正当防卫"。

请问:(1)被告是否属于"正当防卫"?为什么?

(2)被告是否构成不正当竞争行为?为什么?

四、不正当竞争行为的监督检查及法律责任

(一)不正当竞争行为的监督机关及职权

1. 监督机关

《反不正当竞争法》第 3 条明确规定:"各级人民政府应当采取措施,制止不正当竞争行为,为公平竞争创造良好的环境和条件。"

国务院建立反不正当竞争工作协调机制,研究决定反不正当竞争重大政策,协调处理维护市场竞争秩序的重大问题。

县级以上人民政府履行工商行政管理职责的部门对不正当竞争行为进行查处;法律、行政法规规定由其他部门查处的,依照其规定。

国家鼓励、支持和保护一切组织和个人对不正当竞争行为进行社会监督。国家机关及其工作人员不得支持、包庇不正当竞争行为。

行业组织应当加强行业自律,引导、规范会员依法竞争,维护市场竞争秩序。

2. 监督机关职权

《反不正当竞争法》第 13 条规定:监督检查部门调查涉嫌不正当竞争行为,可以采取下列措施:

(1)进入涉嫌不正当竞争行为的经营场所进行检查。

(2)询问被调查的经营者、利害关系人及其他有关单位、个人,要求其说明有关情况或者提供与被调查行为有关的其他资料。

(3)查询、复制与涉嫌不正当竞争行为有关的协议、账簿、单据、文件、记录、业务函电和其他资料。

(4)查封、扣押与涉嫌不正当竞争行为有关的财物。

(5)查询涉嫌不正当竞争行为的经营者的银行账户。

采取前款规定的措施,应当向监督检查部门主要负责人书面报告,并经批准。采取前款第四项、第五项规定的措施,应当向设区的市级以上人民政府监督检查部门主要负责人书面报告,并经批准。

监督检查部门调查涉嫌不正当竞争行为,应当遵守《中华人民共和国行政强制法》和其

他有关法律、行政法规的规定,并应当将查处结果及时向社会公开。

监督检查部门调查涉嫌不正当竞争行为,被调查的经营者、利害关系人及其他有关单位、个人应当如实提供有关资料或者情况。监督检查部门及其工作人员对调查过程中知悉的商业秘密负有保密义务。

对涉嫌不正当竞争行为,任何单位和个人有权向监督检查部门举报,监督检查部门接到举报后应当依法及时处理。

监督检查部门应当向社会公开受理举报的电话、信箱或者电子邮件地址,并为举报人保密。对实名举报并提供相关事实和证据的,监督检查部门应当将处理结果告知举报人。

（二）不正当竞争行为的法律责任

《反不正当竞争法》主要规定了民事责任、行政责任,也涉及刑事责任。

1. 民事责任

经营者违反《反不正当竞争法》第17条规定,给他人造成损害的,应当依法承担民事责任。经营者的合法权益受到不正当竞争行为损害的,可以向人民法院提起诉讼。因不正当竞争行为受到损害的经营者的赔偿数额,按照其因被侵权所受到的实际损失确定;实际损失难以计算的,按照侵权人因侵权所获得的利益确定。赔偿数额还应当包括经营者为制止侵权行为所支付的合理开支。

2. 行政责任

（1）经营者实施混淆或误认为是他人商品或与他人存在特定联系的行为,以及实施侵犯商业秘密的行为,致使权利人因被侵权而受到实际损失、侵权人因侵权所获得的利益难以确定的,由人民法院根据侵权行为的情节判决给予权利人300万元以下的赔偿。

（2）经营者贿赂他人的,由监督检查部门没收违法所得,处10万元以上300万元以下的罚款。情节严重的,吊销营业执照。

（3）经营者对其商品作虚假或者引人误解的商业宣传,或者通过组织虚假交易等方式帮助其他经营者进行虚假或者引人误解的商业宣传的,由监督检查部门责令停止违法行为,处20万元以上100万元以下的罚款;情节严重的,处100万元以上200万元以下的罚款,可以吊销营业执照。经营者属于发布虚假广告的,依照《中华人民共和国广告法》的规定处罚。

（4）经营者侵犯商业秘密的,由监督检查部门责令停止违法行为,处10万元以上50万元以下的罚款;情节严重的,处50万元以上300万元以下的罚款。

（5）经营者进行不正当的有奖销售的,由监督检查部门责令停止违法行为,处5万元以上50万元以下的罚款。

（6）经营者损害竞争对手商业信誉、商品声誉的,由监督检查部门责令停止违法行为、消除影响,处10万元以上50万元以下的罚款;情节严重的,处50万元以上300万元以下的罚款。

（7）经营者妨碍、破坏其他经营者合法提供的网络产品或者服务正常运行的,由监督检查部门责令停止违法行为,处10万元以上50万元以下的罚款;情节严重的,处50万元以上300万元以下的罚款。

（8）经营者从事不正当竞争,有主动消除或者减轻违法行为危害后果等法定情形的,依法从轻或者减轻行政处罚;违法行为轻微并及时纠正,没有造成危害后果的,不予行政处罚。

（9）经营者从事不正当竞争,受到行政处罚的,由监督检查部门记入信用记录,并依照有关法律、行政法规的规定予以公示。

经营者违反《反不正当竞争法》规定,应当承担民事责任、行政责任和刑事责任,其财产不足以支付的,优先用于承担民事责任。妨害监督检查部门履行职责,拒绝、阻碍调查的,由监督检查部门责令改正,对个人可以处 5 000 元以下的罚款,对单位可以处 5 万元以下的罚款,并可以由公安机关依法给予治安管理处罚。当事人对监督检查部门作出的决定不服的,可以依法申请行政复议或者提起行政诉讼。监督检查部门的工作人员滥用职权、玩忽职守、徇私舞弊或者泄露调查过程中知悉的商业秘密的,依法给予处分。

3. 刑事责任

违反《反不正当竞争法》规定,构成犯罪的,依法追究刑事责任。

案例分析 4-10

某厂生产的白酒一直知名度不高,为打开销路,该厂于 2021 年 11 月 18 日举办了"G 牌"白酒新闻发布会,省内有关负责人及各界人士对"G 牌"和另两种白酒进行品尝评级,还请了市公证处在现场监督检查。事后,该厂大肆宣传其所生产的"G 牌"白酒名列第一。但事实是该评比人员并无评比并授予名次的资格,参评的产品之采样也无合法监督程序,评委中很多人是该厂经销商和关系单位人员,该厂又为其提供了价格昂贵的纪念品。

试分析:(1)该厂的行为构成哪些不正当竞争行为?
　　　　(2)该厂应该承担什么样的责任?

第二节　消费者权益保护法

为保护消费者的合法权益,维护公平竞争和社会经济秩序,促进社会主义市场经济健康发展,2013 年 10 月 25 日第十二届全国人民代表大会常务委员会第五次会议《关于修改〈中华人民共和国消费者权益保护法〉的决定》第二次修正,进一步完善了对中国消费者权益的保障。该法自 2014 年 3 月 15 日起施行。

一、消费者的概念及保护原则

(一)消费者的概念

消费者权益是消费者依法享有的权利以及该权利受到法律保护时给消费者带来的利益。保护消费者权益,首先要明确消费者的概念。

消费者是指为了满足生活需要而购买、使用商品或者接受服务的个人和单位。消费者权益保护法有广义和狭义之分,狭义的消费者权益保护法仅指《中华人民共和国消费者权益保护法》。广义的消费者权益保护法是调整在保护消费者权益过程中发生的经济关系的法律规范的总称,即除包括《中华人民共和国消费者权益保护法》外,还包括其他保护消费者权益的法律、法规。

国际标准化组织把"消费者"定义为以个人消费为目的而购买或使用商品和服务的个体

社会成员。

消费的含义包括：

（1）消费的性质专指生活消费，不包括生产消费；消费的方式包括购买、使用商品和接受服务。

（2）消费者对商品和服务的消费既包括自己出钱获得的消费，也包括他人出钱获得的消费。

（3）消费的主体包括公民个人和单位。

（4）消费的客体是商品和服务。

（二）消费者权益保护法的概念及适用范围

1. 消费者权益保护法的概念

消费者权益保护法是调整在保护消费者权益过程中发生的经济关系的法律规范的总称。

2. 消费者权益保护法的适用范围

根据《消费者权益保护法》的规定，消费者为满足生活消费需要购买、使用商品或者接受服务，其权益受《消费者权益保护法》保护，该法未作规定的，受其他有关法律、法规保护。农民购买、使用直接用于农业生产的生产资料，参照《消费者权益保护法》执行。经营者为消费者提供生产、销售的商品或者提供服务，应当遵守《消费者权益保护法》，《消费者权益保护法》未作规定的，应当遵守其他有关法律、法规。

小思考4-3

请同学们想一想：医患关系、商品房买卖关系是否属于《消费者权益保护法》的调整范围？

（三）消费者权益保护法的原则

（1）经营者应当依法提供商品或者服务。

（2）经营者与消费者进行交易，应当遵循自愿、平等、公平、诚实信用的原则。

（3）国家保护消费者合法权益不受侵犯。

（4）一切组织和个人对损害消费者合法权益的行为进行社会监督。

法律驿站4-3

某国外汽车公司宣布在中国召回一款多功能越野车。但是对自行将汽车送往4S店的消费者，汽车公司不承担相应的交通补贴、误工补贴及一定的经济赔偿。新《消费者权益保护法》实施后，确立了召回加民事赔偿的原则，上述案例中，汽车公司必须给予消费者交通补贴、误工补贴及一定的经济赔偿。

二、消费者的权利和经营者的义务

（一）消费者的权利

在消费者权益保护制度中，消费者的权利作为消费者权益在法律上的体现，是各国消费者权益保护法的核心。我国《消费者权益保护法》第 2 章专门规定了消费者有以下权利：

1. 安全保障权

安全保障权是消费者最基本的权利，指消费者在购买、使用商品和接受服务时所享有的保障其人身、财产安全不受损害的权利。消费者依法有权要求经营者提供的商品和服务必须符合保障人身、财产安全的要求。

2. 知悉真情权

知悉真情权指消费者享有知悉其购买、使用的商品或者接受服务的真实情况的权利。具体地说，消费者有权根据商品或服务的不同情况，要求经营者提供商品的价格、产地、生产者、用途、性能、规格等级、主要成分、生产日期、有效期限、检验合格证明、使用方法说明书、售后服务，或者服务的内容、规格、费用等有关情况。

小思考4-4

消费者的知情权与经营者的商业秘密权之间是相互矛盾的吗？

---

3. 自主选择权

自主选择权指消费者享有自主选择商品或者服务的权利。该权利包括以下几个方面：①自主选择经营者；②自主选择商品品种或服务方式；③自主决定是否购买商品和接受服务；④在选择商品和服务时，有权进行比较、鉴别和挑选。

案例分析4-11

某市农民姚某到本市金丝家具公司购买家具，他在一套标价 25 万元的红木家具中的一把椅子上坐了一下，不料，椅子背忽然向后掉落到地上，上半截处断裂。即时，这家公司有多人将姚某围住。公司一位负责人先是要求他出 25 万元把全套家具买走，在姚某连声哀求下，这家公司便提出要他赔 1 万元。经姚某一再喊冤叫屈，最后以赔付 5 000 元了结此事。

请分析、讨论：

（1）金丝家具公司的要求合法吗？

（2）假设你是姚某，你会如何处理这件事？

4. 公平交易权

公平交易权指消费者在购买商品或者接受服务时，有权获得质量保障、价格合理、计量正确等公平交易条件，有权拒绝经营者的强制交易行为。

5. 依法求偿权

求偿权指消费者因购买、使用商品或者接受服务而受到人身、财产损害时依法享有请求并获得赔偿的权利。求偿权是弥补消费者所受损害的必不可少的救济性权利。

案例分析 4-12

李某于元旦在某花园大酒店举行婚礼,宴请各方宾朋。肖某乘兴与同桌划拳斗酒,因拳技不佳,频频输酒,肖某只好将瓶中酒一饮而尽,他顿时觉得喉咙似有一硬物卡住,并不时有阵阵的刺痛。肖某马上到附近医院就诊,经过医生的仔细检查,诊断证明其喉咙被一细铁丝卡住。肖某于当天动了手术,并在医院躺了一个星期,前后共花去各项费用 3 200 元。原本尽兴而去却是心痛而回,肖某认为都是酒中铁丝惹的祸,于是就到酒店讨说法,要求赔偿损失。酒店以酒水免费为由拒绝赔偿。无奈,肖某只好诉至法院,请求法院判决酒店赔偿其损失 3 200 元。

请问:酒店应否承担赔偿责任?

6. 依法结社权

结社权指消费者依法享有成立维护自身合法权益的社会团体的权利。

从法律上看,经营者和消费者是平等的,但在实践中,消费者始终处于弱者地位。消费者依法结社可以使消费者从分散、弱小走向集中、强大,通过集体的力量来改变自己的弱者地位,从而能够与实力雄厚的经营者相抗衡。1984 年 12 月 26 日,作为全国性消费者组织,中国消费者协会成立。到目前为止,全国县以上消费者协会已达 3 000 多个。

小思考 4-5

消费者协会调解纠纷的优越性有哪些?

7. 获取知识权

获取知识权指消费者享有获得有关消费和消费者权益保护方面知识的权利。这一权利的目的是使消费者更好掌握所需商品、服务的知识和使用技能,使消费者正确使用商品,提高自我保护意识。

8. 受尊重权

消费者在购买、使用商品和接受服务时,享有人格尊严、民族风俗习惯得到尊重的权利,享有个人信息依法得到保护的权利。人格尊严不允许别人侮辱、诽谤;民族风俗习惯应得到尊重。

9. 监督权

消费者有权检举、控告侵害消费者权益的行为和国家机关及其工作人员在保护消费者权益工作中的违法失职行为,有权对保护消费者权益工作提出批评、建议。

消费者你会保留证据吗

一是注意妥善保管收据凭证等消费证据。如索要发票或其他有效凭证（保修卡、合格证及产品说明书）。

二是用随身携带的手机、相机等及时拍下现场情况的图片等。

三是可让经营场所负责人当场在事情经过上签字，作出赔偿承诺。伤情较重的，还可拨打 110 报警电话，出警记录也可作为将来认定责任的依据。

四是找到与自己无直接利害关系的旁证，比如请身边的目击者留下电话，必要时为自己作证。

但是，由于消费者与经营者相比，通常处于弱势地位，仅明确消费者的权利还不够，我国《消费者权益保护法》第 2 章还专门规定了经营者的义务。

（二）经营者的义务

1. 遵守法律规定或合同的约定义务

经营者向消费者提供商品或者服务，应当恪守社会公德，诚信经营，保障消费者的合法权益；不得设定不公平、不合理的交易条件，不得强制交易。经营者和消费者有约定的，应当按照约定履行义务，但双方的约定不得违背法律、法规的规定。

2. 听取意见和接受监督的义务

经营者应当听取消费者对其提供的商品或服务的意见，接受消费者的监督。这是与消费者的监督权相对应的经营者的义务，对此加以法律规定，有利于改善消费者的地位。

3. 保障人身和财产安全的义务

经营者应当保证其提供的商品或者服务符合保障人身、财产安全的要求。对可能危及人身、财产安全的商品和服务，应当向消费者作出真实的说明和明确的警示，并说明和标明正确使用商品或者接受服务的方法以及防止危害发生的方法。宾馆、商场、餐馆、银行、机场、车站、港口、影剧院等经营场所的经营者，应当对消费者尽到安全保障义务。

经营者发现其提供的商品或者服务存在缺陷，有危及人身、财产安全危险的，应当立即向有关行政部门报告和告知消费者，并采取停止销售、警示、召回、无害化处理、销毁、停止生产或者服务等措施。采取召回措施的，经营者应当承担消费者因商品被召回支出的必要费用。

案例分析 4-13

李某与 8 岁儿子到饭馆用餐，去洗手间时将手提包留在座位上并嘱咐儿子看管，回来后发现手提包丢失，李某要求饭馆赔偿被拒绝，遂提起民事诉讼。

请问：饭馆拒绝赔偿正确吗？为什么？

4. 提供真实信息的义务

经营者应当向消费者提供有关商品或服务的真实信息，不得作引人误解的虚假宣传。经营者对消费者就其提供的商品或者服务的质量和使用方法等问题提出的询问，应当作出真实、明确的答复。经营者提供商品或者服务应当明码标价。

采用网络、电视、电话、邮购等方式提供商品或者服务的经营者,以及提供证券、保险、银行等金融服务的经营者,应当向消费者提供经营地址、联系方式、商品或者服务的数量和质量、价款或者费用、履行期限和方式、安全注意事项和风险警示、售后服务、民事责任等信息。

5. 出具购物凭证或服务单据的义务

经营者提供商品或服务,应按照国家有关规定或商业惯例向消费者出具购货凭证或服务单据;消费者索要购货凭证或服务单据的,经营者必须出具。

6. 标明真实名称和标记的义务

经营者不得使用未经核准登记的企业名称;不得擅自改动经核准的企业名称;不得假冒他人企业名称和他人持有的营业标记,不得使用与他人企业名称或营业标记相近似、足以造成消费者误认的企业名称和营业标记等。近年来,租赁柜台或场地经营中因不明真实名称而侵害消费者权益的行为屡见不鲜,《消费者权益保护法》规定:租赁他人柜台或场地的经营者,应当标明其真实名称和标记。

7. 保证商品或服务的质量的义务

经营者应当保证在正常使用商品或者接受服务的情况下其提供的商品或者服务应当具有的质量、性能、用途和有效期限;但消费者在购买该商品或者接受该服务前已经知道其存在瑕疵,且存在的该瑕疵不违反法律强制性规定的除外。

经营者以广告、产品说明、实物样品或者其他方式表明商品或者服务的质量状况的,应当保证其提供的商品或者服务的实际质量与表明的质量状况相符。

经营者提供的机动车、计算机、电视机、电冰箱、空调器、洗衣机等耐用商品或者装饰装修等服务,消费者自接受商品或者服务之日起 6 个月内发现瑕疵,发生争议的,由经营者承担有关瑕疵的举证责任。

案例分析 4-14

张先生在某商场促销活动中购买了一台迷你小冰箱,使用两个月后,小冰箱内壁便出现了裂痕。张先生拿着发票找到商场,但商场认为小冰箱系张先生人为损坏,不同意帮张先生免费修理,除非张先生有证据证明不是自己人为损坏。

请问:商场的说法正确吗?为什么?

8. 按规定或约定承担"三包"责任或其他责任的义务

经营者提供的商品或者服务不符合质量要求的,消费者可以依照国家规定、当事人约定退货,或者要求经营者履行更换、修理等义务。没有国家规定和当事人约定的,消费者可以自收到商品之日起 7 日内退货;7 日后符合法定解除合同条件的,消费者可以及时退货,不符合法定解除合同条件的,可以要求经营者履行更换、修理等义务。

依照规定进行退货、更换、修理的,经营者应当承担运输等必要费用。

9. 不得以格式合同等方式作出对消费者不公平、不合理的规定的义务

经营者在经营活动中使用格式条款的,应当以显著方式提请消费者注意商品或者服务的数量和质量、价款或者费用、履行期限和方式、安全注意事项和风险警示、售后服务、民事责任等与消费者有重大利害关系的内容,并按照消费者的要求予以说明。

经营者不得以格式条款、通知、声明、店堂告示等方式，作出排除或者限制消费者权利、减轻或者免除经营者责任、加重消费者责任等对消费者不公平、不合理的规定，不得利用格式条款并借助技术手段强制交易。

案例分析 4-15

刘女士在某美容院办了一张为期三个月的纤体疗程卡，当时店内的宣传单宣传一个月可减轻体重 10 斤，三个月可减重 20 斤。刘女士接受服务一个月后发现体重只减轻了 1 斤，觉得效果不理想，于是向该美容院提出退卡的要求，但美容院却以当初与其签订的《纤体协议》上注明"本疗程卡一经售出，概不接受任何理由的退款"为由，拒绝了刘女士的要求。

请思考：这家美容院的规定违反《消费者权益保护法》了吗？

10. **尊重消费者人格的义务**

消费者的人身权是其基本人权，消费者的人身自由、人格尊严受到法律保护。经营者不得对消费者进行侮辱、诽谤，不得搜查消费者的身体及其携带的物品，不得侵犯消费者的人身自由。

11. **依规定保障消费者的无理由退货的义务**

经营者采用网络、电视、电话、邮购等方式销售商品，消费者有权自收到商品之日起 7 日内退货，且无需说明理由，但下列商品除外：①消费者定做的；②鲜活易腐的；③在线下载或者消费者拆封的音像制品、计算机软件等数字化商品；④交付的报纸、期刊。除所列商品外，其他根据商品性质并经消费者在购买时确认不宜退货的商品，不适用无理由退货。

消费者退货的商品应当完好。经营者应当自收到退回商品之日起 7 日内返还消费者支付的商品价款。退回商品的运费由消费者承担；经营者和消费者另有约定的，按照约定。

案例分析 4-16

母亲节前夕，张某在某网站购买了数盒保健品想送给母亲，隔天收到货品送往母亲家，没想到张某的姐姐也为母亲购买了相同品牌的保健品数盒。这下张某发了愁，这么多保健品要吃到什么时候呢，于是想到了退货。她联系网店店主，而店主却拒绝了张某，店主称："我们不是七日无条件退换货的店，在小店购物不退不换。"

根据你所学的相关法律，请问张某应当如何维权？

12. **保护消费者信息安全的义务**

经营者收集、使用消费者个人信息，应当遵循合法、正当、必要的原则，明示收集、使用信息的目的、方式和范围，并经消费者同意。经营者收集、使用消费者个人信息，应当公开其收集、使用规则，不得违反法律、法规的规定和双方的约定收集、使用信息。

经营者及其工作人员对收集的消费者个人信息必须严格保密，不得泄露、出售或者非法向他人提供。经营者应当采取技术措施和其他必要措施，确保信息安全，防止消费者个人信息泄露、丢失。在发生或者可能发生信息泄露、丢失的情况时，应当立即采取补救措施。

经营者未经消费者同意或者请求，或者消费者明确表示拒绝的，不得向其发送商业性信息。

小思考 4-6

如果个人信息被泄露,消费者应如何取证、维权?

案例分析 4-17

吴先生在某大酒店预订了婚宴,并留了电话。可是不久,婚庆、旅游等公司的电话便接踵而至,吴先生不堪其扰。吴先生回想,在婚礼操办过程中,唯一留号码的就是在订酒席环节。于是他找到酒店,但酒店告诉他,打电话的婚庆公司都是酒店的合作方,这是酒店为方便新人而免费提供的一项增值服务,新人在这些公司可以享受到相应的折扣优惠。吴先生听了后非常气愤。

请问:酒店是否具有保密消费者个人信息的义务? 为什么?

三、损害赔偿责任的主体的确定

(一)由生产者、销售者、服务者承担

(1)消费者在购买、使用商品时,其合法权益受到损害的,可以向销售者要求赔偿。销售者赔偿后,属于生产者的责任或者属于向销售者提供商品的其他销售者的责任的,销售者有权向生产者或者其他销售者追偿。

案例分析 4-18

2021年11月,梁某在某百货商店购买独轮车车轮一只,在给车轮打气后将要安装时,车轮轮毂螺丝脱落,轮毂飞出,梁某右眼被砸伤住院,经鉴定构成八级伤残。

请问:梁某所遭受的损害应由谁承担赔偿责任?

(2)消费者或者其他受害人因商品缺陷造成人身、财产损害的,可以向销售者要求赔偿,也可以向生产者要求赔偿。属于生产者责任的,销售者赔偿后,有权向生产者追偿。属于销售者责任的,生产者赔偿后,有权向销售者追偿。

(3)消费者在接受服务时,其合法权益受到损害的,可以向服务者要求赔偿。

(4)消费者在展销会、租赁柜台购买商品或者接受服务,其合法权益受到损害的,可以向销售者或者服务者要求赔偿。展销会结束或者柜台租赁期满后,也可以向展销会的举办者、柜台的出租者要求赔偿。展销会的举办者、柜台的出租者赔偿后,有权向销售者或者服务者追偿。

案例分析 4-19

吴某一家于2021年12月1日到某商场购物,见商场一皮衣柜台推出"买一赠一"促销活动,遂购买了一件皮衣,挑选了一件赠品"纯羊毛衫"。吴某当时对挂有纯羊毛标志的毛衣是否为纯羊毛表示怀疑,售货员明确回答是纯羊毛,并说本商场出售的商品绝无假冒。吴某回家穿后,发现羊毛衫不是纯羊毛的,于是10天后到商场要求退货或更换一件纯羊毛的。到商场找到出售皮衣的柜台时，发现经营者已经换了人，原来出售皮衣搞"买一赠一"活动的是承租柜台的个体户，该个体户已在三天前因租赁期满离开了商场。吴某向商场提出退货或更换要求，商场提出对出租柜台商场有内部规定，即因购买出租柜台的商品出现纠纷，商场概不负责，并向吴某出示了这一规定(经检测赠品羊毛衫的羊毛含量仅为10%)。

请分析：(1) 本案中出租者商场的行为是否违反法律规定？

(2) 赠品的质量问题是否应由经营者承担责任？

(3) 可否认定以挂纯羊毛标志销售非纯羊毛羊毛衫的行为为期诈？对欺诈行为应适用什么规定？

（二）由变更后的企业承担

消费者在购买、使用商品或者接受服务时，其合法权益受到损害，因原企业分立、合并的，可以向变更后承受其权利义务的企业要求赔偿。

（三）由营业执照的使用人或持有人承担

使用他人营业执照的违法经营者提供商品或者服务，损害消费者合法权益的，消费者可以向其要求赔偿，也可以向营业执照的持有人要求赔偿。

（四）由从事虚假广告行为的经营者和广告的经营者承担

消费者因经营者利用虚假广告或者其他虚假宣传方式提供商品或者服务，其合法权益受到损害的，可以向经营者要求赔偿。广告经营者、发布者发布虚假广告的，消费者可以请求行政主管部门予以惩处。广告经营者、发布者不能提供经营者的真实名称、地址和有效联系方式的，应当承担赔偿责任。广告经营者、发布者设计、制作、发布关系消费者生命健康商品或者服务的虚假广告，造成消费者损害的，应当与提供该商品或者服务的经营者承担连带责任。社会团体或者其他组织、个人在关系消费者生命健康商品或者服务的虚假广告或者其他虚假宣传中向消费者推荐商品或者服务，造成消费者损害的，应当与提供该商品或者服务的经营者承担连带责任。

（五）由销售者、服务者或网络平台提供者承担

消费者通过网络交易平台购买商品或者接受服务，其合法权益受到损害的，可以向销售者或者服务者要求赔偿。

网络交易平台提供者不能提供销售者或者服务者的真实名称、地址和有效联系方式的，消费者也可以向网络交易平台提供者要求赔偿；网络交易平台提供者作出更有利于消费者的承诺的，应当履行承诺。网络交易平台提供者赔偿后，有权向销售者或者服务者追偿。

网络交易平台提供者明知或者应知销售者或者服务者利用其平台侵害消费者合法权益，未采取必要措施的，依法与该销售者或者服务者承担连带责任。

案例分析 4-20

吴女士在某大型网购平台上的一家手表网店中购买了一款某知名进口品牌手表。收到货后，吴女士发现自己购买的手表并非正品，于是便联系卖家退货，但通过网店说明里所留的电话、邮件等均无法联系上。吴女士向网购平台工作人员反映，他们在核实后表示，对方当时提供验证的身份证件系假冒，目前他们能做的只是将这家网店关闭，吴女士所遭受的损失只能自己承担。

请问：网购平台工作人员的说法正确吗？为什么？

四、消费者权益争议的解决途径及经营者的民事责任

（一）消费者权益争议的解决途径

根据我国《消费者权益保护法》的规定，消费者和经营者发生消费者权益争议的，可以通过下列途径解决：

（1）与经营者协商和解；

（2）请求消费者协会调解；

（3）向有关行政部门申诉；

（4）根据与经营者达成的仲裁协议提请仲裁机构仲裁；

（5）向人民法院提起诉讼。

法律驿站4-5

消费者如何维权

消费者在确认自己的合法权益受到损害，准备采取协商和解的方式予以解决时，应注意以下几个方面的问题：①准备好翔实、充足的证据和必要的证明材料。②要坚持公平合理、实事求是的原则。在与经营者协商时，要阐明问题发生的事实经过，提出自己合理的要求，必要时可指明所依据的法律条文，以使问题尽快解决。③要注意时效性。有些问题的解决具有一定的时效性，不要被经营者的拖延所蒙蔽而一味地等待。像有关食品、饮料的质量问题，一旦超过一定时间，检验机构就无法检验。因此，如果在证据确凿、事实明确的情况下，经营者还故意推诿、逃避责任，消费者就要果断地采取其他方式来求得问题的解决。

（二）经营者的民事责任

经营者提供商品或者服务有下列情形之一的，应当依照其他有关法律、法规的规定，承担民事责任：

（1）商品或者服务存在缺陷的；

（2）不具备商品应当具备的使用性能而出售时未作说明的；

（3）不符合在商品或者其包装上注明采用的商品标准的；

（4）不符合商品说明、实物样品等方式表明的质量状况的；

（5）生产国家明令淘汰的商品或者销售失效、变质的商品的；

（6）销售的商品数量不足的；

（7）服务的内容和费用违反约定的；

（8）对消费者提出的修理、重作、更换、退货、补足商品数量、退还货款和服务费用或者赔偿损失的要求，故意拖延或者无理拒绝的；

（9）法律、法规规定的其他损害消费者权益的情形。

（三）对经营者的处罚规定

经营者有下列情形之一，除承担相应的民事责任外，其他有关法律、法规对处罚机关和处罚方式有规定的，依照法律、法规的规定执行；法律、法规未作规定的，由市场监管部门或者其他有关行政部门责令改正，可以根据情节单处或者并处警告、没收违法所得、处以违法所得1倍以上10倍以下的罚款，没有违法所得的，处以50万元以下的罚款；情节严重的，责令停业整顿、吊销营业执照：

（1）提供的商品或者服务不符合保障人身、财产安全要求的；

（2）在商品中掺杂、掺假，以假充真，以次充好，或者以不合格商品冒充合格商品的；

（3）生产国家明令淘汰的商品或者销售失效、变质的商品的；

（4）伪造商品的产地，伪造或者冒用他人的厂名、厂址，篡改生产日期，伪造或者冒用认证标志等质量标志的；

（5）销售的商品应当检验、检疫而未检验、检疫或者伪造检验、检疫结果的；

（6）对商品或者服务作虚假或者引人误解的宣传的；

（7）拒绝或者拖延有关行政部门责令对缺陷商品或者服务采取停止销售、警示、召回、无害化处理、销毁、停止生产或者服务等措施的；

（8）对消费者提出的修理、重作、更换、退货、补足商品数量、退还货款和服务费用或者赔偿损失的要求，故意拖延或者无理拒绝的；

（9）侵害消费者人格尊严、侵犯消费者人身自由或者侵害消费者个人信息依法得到保护的权利的；

法律驿站4-6

新《消费者权益保护法》有关赔偿精神损害的规定

张女士到超市购物，经过出口的防盗磁门时，磁门发出报警声。超市工作人员对张女士进行搜身，却并未发现其身上藏有超市里的货物。张女士要求超市赔礼道歉，并赔偿4 000元的名誉及精神损失费，对方予以拒绝。新《消费者权益保护法》中对保护人格尊严和赔偿精神损害的规定，是对《宪法》和《民法典》中有关精神损害赔偿和人格尊严维护原则的进一步确认。

（10）法律、法规规定的对损害消费者权益应当予以处罚的其他情形。

经营者有前款规定情形的，除依照法律、法规规定予以处罚外，处罚机关应当将其记入信用档案，向社会公布。

案例分析4-21

宋先生春节期间在一家超市购买了一袋有机大米，吃了一半后，宋先生通过新闻得知市场上有些有机食品没有证书，属假冒产品。他赶紧查看了所购大米的包装袋，发现上面虽然有"有机食品"标志，却没有认证机构的标志。随后，宋先生到超市询问并索要证书，超市表示没法提供。因为"有机"二字，宋先生觉得自己花了高价买了假货，心里不是滋味。

请问：超市不能提供相关证书属于什么性质的行为？宋先生应该如何维权？

（四）消费者权益争议的损害责任承担

1. 补偿性损害赔偿

（1）财产损害赔偿。经营者提供的商品或服务，如果不符合法律规定或合同约定，应当按照消费者的要求予以修理、更换、退货或者折价赔偿等，受害人因此遭受其他重大损失的，侵害人应当赔偿损失。

（2）人身损害赔偿。经营者提供的商品或服务导致受害人人身伤害的，侵害人应当赔偿其医疗费、因误工减少的收入、残疾人生活补助费等费用；导致消费者或者其他受害人死亡的，应当支付丧葬费、抚恤费、死者生前抚养的人必要的生活费及精神损害赔偿等费用。

（3）人格尊严赔偿。经营者侵害消费者的人格尊严、侵犯消费者人身自由或者侵害消费者个人信息依法得到保护的权利的，应当停止侵害、恢复名誉、消除影响、赔礼道歉，并赔偿损失。

（4）精神损害赔偿。经营者有侮辱诽谤、搜查身体、侵犯人身自由等侵害消费者或者其他受害人人身权益的行为，造成严重精神损害的，受害人可以要求精神损害赔偿。

2. 惩罚性损害赔偿

《消费者权益保护法》第 55 条规定：经营者提供商品或者服务有欺诈行为的，应当按照消费者的要求增加赔偿其受到的损失，增加赔偿的金额为消费者购买商品的价款或者接受服务的费用的 3 倍；增加赔偿的金额不足 500 元的，为 500 元。法律另有规定的，依照其规定。

经营者明知商品或者服务存在缺陷，仍然向消费者提供，造成消费者或者其他受害人死亡或者健康严重损害的；或经营者有侮辱诽谤、搜查身体、侵犯人身自由等侵害消费者或者其他受害人人身权益的行为，造成严重精神损害的，受害人可以要求精神损害赔偿，并有权要求所受损失 2 倍以下的惩罚性赔偿。

案例分析 4-22

孙小姐在某超市购物时，看到一款促销的泰国大米，原价 10.5 元/千克，促销价 6.2 元/千克。孙小姐觉得挺便宜，便买了 1 千克。后孙小姐又买了 1 千克苹果，苹果原价 15.5 元/千克，促销价 10.1 元/千克。结账回家后，孙小姐发现超市在结账时，均是按大米和苹果的原价进行结算的，于是她找到超市要求赔偿。经查，超市存在欺诈消费者的行为。

请问：超市应当如何向孙小姐承担赔偿责任？

（五）消费者合法权益的保护

对消费者的合法权益进行保护主要通过国家、社会团体和消费者个人三方面的保护：

（1）消费者权益的国家保护主要包括：通过立法及行政手段和司法手段来保护消费者的合法权益。

（2）消费者权益的社会保护主要包括：社会舆论监督以及消费者协会的监督。消费者协会就损害消费者合法权益的行为，支持受损害的消费者提起诉讼或者依照法律提起公益诉讼。

公 益 诉 讼

公益诉讼针对的是群众性的消费事件,由中国消费者协会以及在省、自治区、直辖市设立的消费者协会向人民法院提起诉讼。对于单一消费事件,消费者只能自己提起民事诉讼。

(3) 消费者权益的自我保护。自我保护是指消费者依法维护自身合法权益的活动。一个人的衣食住行,无时无刻都离不开消费,其合法权益随时都会被侵害。消费者要切实保护自己的合法权益,必须做到两点:一是要深入地学习和了解消费者有哪些权利;二是在合法权益受到侵害后要正确、及时地保全证据,并向消费者协会或相关国家机关进行申诉。

案例分析 4-23

李先生购买了某公司生产的按摩椅,但使用一年多后出现停滞、接触不良等现象。李先生多次将按摩椅送往生产厂家修理,但仍故障频频,李先生无奈将其放入储藏间不再使用。而上周,按摩椅生产厂家宣布因质量原因,全球召回该款按摩椅,但召回区域不包括中国。李先生看着新闻叹了口气,怎么办呢? 为了一台半旧的按摩椅花钱费时间打官司太划不来了。

根据《消费者权益保护法》规定,李先生应当如何维权? 谈谈你的看法。

第三节　产品质量法

一、产品质量法的概念、基本原则和适用范围

(一)产品质量法的概念

产品质量法是指调整国家在产品质量管理过程中形成的产品质量监督管理关系,以及因产品缺陷而引起的生产者、销售者与消费者之间侵权损害赔偿关系,即产品责任关系的法律规范的总称。

产品质量法主要调整两种关系:第一,产品质量的监督管理关系,是国家、政府与生产者、销售者在质量监督管理过程中形成的法律关系。第二,因产品质量缺陷而在国家、消费者及用户、生产者、销售者之间产生的关系。它是由生产者、销售者的产品责任义务、产品质量损害赔偿、产品质量的处罚等法律规范所组成的体系。

(二)我国《产品质量法》的基本原则

1. "质量第一"的原则

严格保证产品质量,保证产品的安全性、可靠性和适用性。国家采取各种措施贯彻这一原则:其一,加强对产品质量的行政监督管理;其二,推行先进的企业质量体系认证制度和产品质量认证制度;其三,全面具体地规定生产者、销售者在保证产品质量方面所承担的义务;

其四,对不履行产品质量义务的责任人员予以法律制裁。

2. **保护消费者合法权益原则**

在我国,生产的目的是最大限度地满足人们日益增长的物质和文化生活的需要,即不断满足广大消费者的需要。要实现这一目的,首先必须使消费者的合法权益得以保障。对此,我国《产品质量法》也有明确的规定。

3. **过错责任与严格责任并行原则**

过错责任与严格责任是指法律的归责原则,即依据什么要求主体来承担法律责任。

我国《产品质量法》对生产者采用严格责任原则,即缺陷产品如果造成了他人人身、财产损害,生产者即使没有过错,也要承担民事侵权赔偿责任;而对销售者,则采用过错责任原则。

4. **全额赔偿原则**

因产品缺陷造成消费者损失,损失多少就应赔偿多少。

(三)我国《产品质量法》的适用范围

根据我国《产品质量法》的规定,产品是指经过加工、制作,用于销售的产品。建筑工程不适用于本法;但是,建设工程使用的建筑材料、建筑构配件和设备,属于前面规定的产品范围的,适用本法规定。我国《产品质量法》第73条规定:军工产品质量监督管理办法由国务院、中央军事委员会另行制定。从法律的规定中,初级农产品、不动产、军工产品不适合本法。

小思考4-7

电力、人体器官、血液是否属于产品? 商家赠送的商品是否属于产品?

二、产品责任制度

产品责任是指产品的生产者、销售者因其生产或销售的产品有缺陷,造成消费者、使用者或者其他人人身、财产损害而应承担的一种民事赔偿责任。

产品责任的成立,须同时具备以下条件:①产品存在质量缺陷;②缺陷在生产或销售环节已经存在;③损害事实客观存在;④产品缺陷是损害发生的原因。

法律驿站4-8

你知道产品责任与产品质量责任的区别吗

产品质量责任与产品责任不是同一概念,这两者有着明显的区别:首先,性质不同。产品责任是一种特殊的民事侵权;产品质量责任是生产者、销售者以及对产品质量有直接责任的人违反了法律、行政法规规定的质量要求,对其作为或者不作为所应当承担的法律后果。它包括相应的行政责任、产品瑕疵担保责任(合同责任)、产品侵权赔偿责任以及刑事责任,是一种综合责任。其次,责任主体不同。产品责任的责任主体只限于生产者和销售者;但产品质量责任的责任主体除了生产者和销售者外,还包括对产品质量有直接责任的个人。再次,两者的责任范围不同。产品责任是一种民

经济法基础

事责任,生产者和销售者只承担侵权的损害赔偿责任;而产品质量责任除侵权损害赔偿责任以外,其责任形式还有合同责任、行政责任和刑事责任。另外,责任产生的时间不同。产品责任只能产生于损害结果发生之后,没有损害的事实就不可能产生产品责任,而产品质量责任则产生于产品的生产、销售、管理、使用、消费等任何一个环节。只要上述任何一个环节出现违反《产品质量法》规定的产品质量义务的行为或者存在损害的事实,就有可能产生产品质量责任,并不一定在产品使用中有损害事实作为承担责任的要件。

可以说,产品质量责任是包含产品责任概念在内的一个大的综合的责任概念,产品责任是产品质量责任的内容之一。

三、生产者的产品质量义务

《产品质量法》对生产者的产品质量义务作了如下规定:

(一)生产者保证产品内在质量的义务

《产品质量法》规定:生产者应当对其生产的产品质量负责。产品质量应当符合下列要求:

(1)不存在危及人身、财产安全的不合理的危险,有保障人体健康和人身、财产安全的国家标准、行业标准的,应当符合该标准;

(2)具备产品应当具备的使用性能,但是,对产品存在使用性能的瑕疵做出说明的除外;

(3)符合在产品或者其包装上注明采用的产品标准,符合以产品说明、实物样品等方式表明的质量状况。

小思考4-8

符合国家标准的产品一定是合格产品吗?

(二)生产者的产品标识应当符合法律要求

产品标识是表明产品的名称、产地、质量状况等信息的表述和标示。产品标识可以标注在产品上,也可以标注在产品的包装上。《产品质量法》规定:产品或者其包装上的标识必须真实,并符合下列要求:

(1)有产品质量检验合格证明。未经检验合格的产品,不得进入流通领域。

(2)有中文标明的产品名称、生产厂厂名和厂址。

(3)根据产品的特点和使用要求,需要标明产品规格、等级、所含主要成分名称和含量的,应用中文相应予以标明;需要事先让消费者知晓的,应当在外包装上标明,或者预先向消费者提供有关资料。

(4)限期使用的产品,应当在显著位置清晰地标明生产日期和安全使用期或者失效日期。

(5)使用不当,容易造成产品本身损坏或者可能危及人身、财产安全的产品,应当有警示标志或中文警示说明。警示标志是一种易为大众所识别的图案或符号。如剧毒的警示标志

经济法基础

可以是人头骷髅图案,易燃的警示标志可以是火焰图案。警示说明是以文字形式提出警告。警示说明应当使用中文,内容应当明确。

另外,根据《产品质量法》的规定,裸装的食品和其他根据产品的特点难以附加标识的裸装产品,可以不附加产品标识。

（三）特定产品的包装质量符合要求

易碎、易燃、有毒、有腐蚀性、有放射性等危险物品以及在储运中不能倒置和其他有特殊要求的产品,其包装质量必须符合相应要求,依据国家有关规定作出警示标志或者中文警示说明,标明储运注意事项。

小思考4-9

某厂发运一批玻璃器皿,以印有"风丰牌方便面"的纸箱包装,在运输过程中,由于装卸工未轻拿轻放而致货物部分损坏,该损失应由谁承担?

警示说明是指一种明确告知的注意事项，一般标注在产品包装上，或者在产品说明书中。例如，在产品外包装上标注的"吸烟有害健康"、"小心轻放"、"避光"、"放置阴凉处"，"请在医生指导下服用"等。针对目前在产品或包装上没有中文，容易欺骗消费者的现象，法律特别强调应用中文标明警示说明，以保证消费者的健康与安全。

（四）产品生产的禁止性规定

《产品质量法》对产品生产做出了禁止性规定，主要有：

（1）不得生产国家明令淘汰的产品；

（2）不得伪造产地，不得伪造或者冒用他人的厂名、厂址；

（3）不得伪造或者冒用认证标志、名优标志等质量标志；

（4）生产产品，不得掺杂、掺假，不得以假充真、以次充好，不得以不合格产品冒充合格产品；

（5）不合格的产品不准出厂；

（6）不合格的原材料、零部件不准投料、组装；

（7）没有产品质量标准、未经质量检验机构检验的产品不准生产。

四、销售者的产品质量义务

《产品质量法》对销售者的产品质量义务作了专门规定。这些义务有：

（1）销售者应当认真执行进货检查验收制度；

（2）销售者应当采取措施，保持销售产品的质量；

（3）销售者不得销售失效、变质的产品；

（4）销售者销售的产品的标识应当符合《产品质量法》的有关规定；

（5）销售者不得伪造产地，不得伪造或冒用他人的厂名、厂址；

（6）销售者不得伪造或者冒用认证标志、名优标志；

（7）销售者销售产品，不得掺杂、掺假，不得以假充真、以次充好，不得以不合格产品冒充合格产品。

案例分析 4-24

江某从甲贸易公司购买了一台电冰箱，回家安装完毕准备试试怎么样，谁料刚插好电源，他就因冰箱漏电而被击倒在地，江某当即不省人事。之后虽经奋力抢救终于脱离危险，但他也因此住院一个多月。江某要求甲贸易公司和电冰箱厂赔偿其经济损失，但贸易公司说自己只负责电冰箱的销售，质量问题与己无关，电冰箱厂则说电冰箱出厂时有合格证，表明当时没有质量问题，既然是贸易公司卖出去的，责任应在贸易公司。江某无奈，只能诉至法院。法院受理后查明，电冰箱确实存在质量问题。

请思考：江某的损失应由谁来承担？

五、产品质量的监督管理

（一）产品质量管理体制

国务院产品质量监督管理部门（国家质量检验和检疫局），主管全国产品质量监督工作。县级以上地方人民政府管理产品质量监督工作的部门，主管本行政区域内的产品质量监督管理工作。国务院和县级以上地方人民政府设置的有关行业主管部门，其主要职责是按照同级人民政府赋予的职权，负责本行政区、本行业关于产品质量的行政监督工作。如卫生部门对仪器质量进行监督管理，工商部门对产品商标进行管理，标准化部门对质量标准进行管理，等等。

法律对产品质量的监督部门另有规定的，依照有关法律的规定执行。

（二）产品质量的宏观管理

1. 企业质量体系认证制度

企业质量体系认证制度是指国务院产品质量监督管理部门或者由它授权的部门认可的认证机构，依据国际通用的"质量管理和质量保证"系列标准，对企业的质量体系和质量保证能力进行审核，颁发给合格企业质量体系认证证书，以兹证明的制度。

开展企业质量体系认证的目的是，在有合同的条件下，提高供方的质量信誉，向需方提供质量担保，以增强企业在市场上的竞争能力；在没有合同的条件下，加强企业内部的质量管理，实现质量方针和质量目标。目前，企业质量体系认证采取自愿原则。

2. 产品质量认证制度

产品质量认证制度是指依据具有国际水平的产品标准和技术要求，经过认证机构确认，并通过颁发认证证书和产品质量认证标志的形式，证明产品符合相应标准和技术要求的制度。产品质量认证标准的种类按照层级不同可以分为国际标准、区域性或国家集团标准、国家标准、行业标准、地方标准、企业标准；按照实施强制的程度不同可以分为强制性标准和推荐性标准。

产品质量认证种类有安全认证和合格认证。根据我国《产品质量法》规定，产品质量认证标志为：①方圆标志，分为合格认证标志和安全认证标志；②长城标志，为电工产品专用认证标志；③PRC标志，为电子元器件专用认证标志。

产品质量认证制度采取强制和自愿相结合的原则。对于涉及人体健康和人身、财产安全的工业产品，以及重要的工业产品实行强制认证，未经认证的产品不能销售。

3. 工业产品许可证制度

国家对于具备生产条件并且产品检验合格的工业企业，发给其许可生产该项产品的凭证。其适用范围是重要的工业产品，特别是可能危及人体健康、人身、财产安全和公共利益的工业产品。

4. 产品质量抽查制度

国家对产品质量实行以抽查为主要方式的监督检查制度，对可能危及人体健康和人身、财产安全的产品，影响国计民生的重要工业产品，以及用户、消费者和有关组织反映质量问题的产品进行抽查。监督抽查工作由产品质量监督管理部门规划和组织,抽查的结果应当公布,接受社会监督。

六、产品责任的责任主体

(一)生产者

因产品存在缺陷造成人身以及其他财产损害的,生产者应当承担赔偿责任。但生产者能够证明有下列情形之一的,不承担赔偿责任:

(1) 未将产品投入流通;

(2) 产品投入流通时,引起损害的缺陷尚不存在;

(3) 将产品投入流通时的科学技术水平不能发现缺陷的存在的。

案例分析 4-25

刘某与某机械厂的王某是好朋友。一日,李某到机械厂办事,顺便找王某聊天。刘某走时发现自行车没气了,就问王某有无打气筒,王某顺手拿起一个打气筒递给刘某说:"这是我们厂新出的一批打气筒的样品,你用吧。"当刘某拿起打气筒打气时,打气筒栓塞脱落,栓塞飞到刘某脸上造成伤害,刘某花去医疗费 1600 元,要求机械厂予以赔偿。

请思考:机械厂是否应当承担《产品质量法》中规定的损害赔偿责任?

案例分析 4-26

某技术开发公司生产了一种治疗椎间盘突出的治疗仪并投放市场,消费者甲购买后使用,椎间盘突出的症状大大减轻,但却患上另一种疾病,大部分的消费者也有类似症状。甲向技术开发公司要求索赔,技术开发公司专门找权威部门做了鉴定,结论是目前科学技术无法断定治疗仪与另一种疾病的关系。

请思考:面对甲的请求,技术开发公司是否必须承担赔偿责任?

（二）销售者

由于销售者的过错使产品存在缺陷，造成他人人身、财产损害的，销售者应当承担赔偿责任。销售者不能指明缺陷产品的，生产者也不能指明缺陷产品的供货者的，销售者应当承担赔偿责任。

因产品存在缺陷造成他人人身、财产损害的，受害人可以向产品的生产者要求赔偿，也可以向产品的销售者要求赔偿。属于产品的生产者的责任，产品的销售者赔偿的，产品的销售者有权向产品的生产者追偿。属于产品的销售者的责任，产品的生产者赔偿的，产品的生产者有权向产品的销售者追偿。

（三）连带责任人

产品质量认证机构违反《产品质量法》的规定，对不符合认证标准而使用认证标志的产品，未依法要求其改正或者取消其使用认证标志资格的，对因产品不符合认证标准给消费者造成的损失，与产品的生产者、销售者承担连带责任。

社会团体、社会中介机构对产品质量作出承诺、保证，而该产品又不符合其承诺、保证的质量要求，给消费者造成损失的，与产品的生产者、销售者承担连带责任。

案例分析 4-27

某公司生产了一种增高产品，当地质量认证机构明知该产品不具备增高的功能，仍然同意某公司在其产品的外包装上使用该质量认证机构监制的字样，从中收取管理费。另外，该产品在上市时还得到当地消费者协会的大力推荐，并有后者作出"1 个月内见效，5 个月效果明显"的承诺，但许多消费者使用 5 个月后，基本没有效果。经检验，该增高产品根本不具备增高功能。

请思考：（1）当地认证机构是否应承担责任？如何承担责任？

（2）对于该增高产品，消费者应当如何维权？

在广告中对产品质量作虚假宣传，欺骗和误导消费者，使购买商品或者接受服务的消费者的合法权益受到损害的，由广告主依法承担民事责任；广告经营者、广告发布者明知或者应知广告虚假仍设计、制作、发布的，应当依法承担连带责任。广告经营者、广告发布者不能提供广告主的真实名称、地址的，应当承担全部民事责任。

社会团体或者其他组织，在虚假广告中向消费者推荐商品或者服务，使消费者的合法权益受到损害的，应当依法承担连带责任。

案例分析 4-28

宋某在商场购买一台彩色电视机，并附有产品合格证。宋某使用两个多月后，电视机出现图像不清的现象，后来音像全无。宋某去找商场要求更换，商场言称电视机不是他们生产的，让宋某找电视机厂进行交涉。

请问：销售者应当承担怎样的责任？

七、产品责任的损害赔偿及产品责任诉讼

（一）产品缺陷的类型

产品缺陷按照导致产生缺陷的原因，分为以下几类：

一是产品设计上的缺陷，即由于设计上的原因，导致产品存在危及人身、财产安全的不合理危险。例如，使用瓦斯炉的火锅，因结构或安全系数设计上的不合理，有可能导致在正常使用中爆炸的，该产品即为存在设计缺陷的产品。

二是产品制造上的缺陷，即由于产品加工、制作、装配等制造上的原因，导致产品存在危及人身、财产安全的不合理危险。例如，生产的幼儿玩具制品，未按照设计要求采用安全的软性材料，而是使用了金属材料并带有锐角，危及幼儿人身安全，该产品即存在制造上的缺陷。

三是因未告知而存在的警示缺陷（也称"指示缺陷"或"说明缺陷"），即由于产品本身的特性而具有一定合理危险性。对这类产品，生产者应当在产品或者包装上，或者在产品说明书中，加注必要的警示标志或警示说明，告知使用注意事项。如果生产者未能加注警示标志或者警示说明，标明使用注意事项，导致产品产生危及人身、财产安全的危险的，该产品即属于存在告知缺陷的产品。例如，燃气热水器在一定条件下对使用者有一定的危险性，生产者应当采用适当的方式告知安全使用注意事项，如必须将热水器安装在浴室外空气流通的地方等。如果生产者没有明确告知，就可认为该产品存在不合理的危险。

产品存在上述任何一种缺陷，造成他人人身、财产损害的，生产者都要依法承担赔偿责任。

法律驿站 4-12

产品缺陷与产品瑕疵的区别

产品缺陷与产品瑕疵两者的不同主要表现在以下几个方面：

（1）构成要素不同：产品瑕疵不含有危及人身、财产安全的不合理的危险；产品缺陷则含有危及人身、财产安全的不合理的危险。

（2）主观归责原则不同：产品瑕疵主要使用过错责任原则；产品缺陷则实行过错责任和严格责任两种原则。

（3）赔偿顺序不同：产品瑕疵的赔偿责任是先由销售者负责修理、更换、退货、赔偿损失；而产品缺陷的赔偿责任则无先后顺序，受害人既可以向产品的生产者要求赔偿，也可以向产品的销售者要求赔偿。

（4）适用责任不同：产品瑕疵主要是适用违约责任；产品缺陷则是既可以适用违约责任，又可以适用侵权责任，由受害的消费者选择其中之一。

（5）诉讼时效不同：产品瑕疵适用《民法典》规定，诉讼时效为 1 年；因产品缺陷造成损害要求赔偿的，诉讼时效期间为 2 年，自当事人知道或者应当知道其权益受到损害时起计算。

（二）产品责任的损害赔偿范围

在产品侵权责任中，因产品存在缺陷导致受害人人身伤害的，侵害人应当赔偿其医疗费、因误工减少的收入、残疾人生活补助费等费用；造成受害人死亡的，应当支付丧葬费、抚

恤费、死者生前抚养的人必要的生活费及精神损害赔偿等费用。因产品存在缺陷造成受害人财产损失的,侵害人应当恢复原状或者折价赔偿。受害人因此遭受其他重大损失的,侵害人应当赔偿损失。这里的财产损失是指缺陷产品以外的损失,而不包括缺陷产品本身。

（三）产品责任诉讼

因产品责任而发生的纠纷,当事人可以通过协商、调解、仲裁与诉讼等形式解决,其中,诉讼是最有效的方式。

产品质量责任诉讼由侵权行为地或者被告居住地人民法院管辖。这里的侵权行为地包括侵权行为发生地和侵权行为结果地。侵权行为发生地一般是指缺陷产品已被投放市场的地点,侵权行为结果地是指缺陷产品给消费者造成实际损害的地点。原告可以在侵权行为发生地、侵权行为结果地或被告居住所在地中任选一个法院管辖。

在产品责任诉讼中,原告应是因缺陷产品的使用或消费而遭受人身伤害或财产损失的人;被告应是产品的生产者或销售者。到底起诉谁,由消费者自己决定,消费者可以选择对自己方便的生产者作为被告。原告应对缺陷产品给自己造成的人身伤害或财产损失承担举证责任。

受害人因产品存在缺陷造成损害,要求赔偿的诉讼时效为2年,自当事人知道或者应当知道权利被侵害时起计算。同时,生产者和销售者对自己的产品承担责任时间为10年,自把产品交付给最初用户时起计算。

案例分析 4-29

吴某于2020年6月从市场买回一个高压锅,一开始高压锅能正常使用,未有异常。2021年9月6日,吴某做饭时,高压锅发生爆炸,锅盖飞起,煤气灶被损坏,天花板被冲裂,玻璃震碎。发生事故后,吴某找高压锅的生产厂家某日用品厂要求赔偿。日用品厂提出,吴某是于2020年买的锅,已经过去一年多了,早已过了规定的保修期,因此对发生的损害厂家不负责任。吴某与日用品厂进行多次交涉未果。

请问:该日用品厂的理由是否成立?为什么?

案例导引分析

商品的名称、包装、装潢是经营者用于创造商品形象、促销商品、开辟市场的一种竞争手段,是经营者的财富。尤其是知名商品的名称、包装、装潢本身就已成为知名商品享有声誉的表征。擅自使用或者仿冒他人知名商品特有的标志,在市场上产生混淆,产生误认、误购,都构成了对知名商品财产权利的侵犯,属于破坏竞争秩序的不正当竞争行为。案例中所列非名牌酒起名及外观标贴与名酒相似的行为属于仿冒知名商品标志的行为。仿冒知名商品标志的行为主要是指擅自使用知名商品特有的名称、包装、装潢,或者使用与知名商品近似的名称、包装、装潢,造成与他人的知名商品混淆,使购买者误认为是该知名商品。仿冒知名商品的名称、包装、装潢的构成要件有三个:第一,被仿冒的商品须为知名商品。"郎酒"畅销国内外,享有较好信誉,为国优知名商品。第二,该外观标志须为知名商品所特有。"郎酒"在白瓷瓶上有明显"郎"字标记的标识为该知名商品的象征,与一般白酒通用的包装、装潢相区别,人们见到"郎"字就会产生对知名商品的联想,这种有独特性的外观形象标志与名牌"郎"酒的优良形象联系在一起。第三,对他人知名商品特有的名称、包装、装潢擅自做相同或相近似的使用,致使与知名商品发生混淆。本案不正当竞争行为的经营者所使用的商品名称虽然与知名商品所使用名称不完全相同,但大体相似,对此有独特性的标志仅仅做无碍大体的改变,标记最引人注意、最突出、最醒目的部分"郎"字依然保留,造成了普通购买者在一般情况的注意下发生误认、误购的可能。依然构成不正当竞争。

<hr>

★★★★★ 课后测试 ★★★★★

一、判断题

(　　)1. 经营者在购销商品时,可以以明示的方式给对方折扣,也可以给中间人佣金,但必须如实入账。

(　　)2. 能够成为商业秘密的技术信息和经营信息,必须具备秘密性、实用性、保密性等基本条件。

(　　)3. 我国《产品质量法》对生产者和销售者一律采用过错责任的原则。

(　　)4. 经营者凡是以格式合同、通知、声明、店堂告示等方式作出的规定,都违反了《消费者权益保护法》。

(　　)5. 消费者在购买使用商品时,其合法权益受到损害的,只能向生产者要求赔偿。

二、单项选择题

(　　)1. 甲厂生产的"露露"牌杏仁饮料在市场上很畅销,乙饮料厂推出"宁露"牌杏仁饮料,其外包装图样、色彩与"露露"几乎一致,但使用的注册商标以及厂名厂址均不同。对此,下列表述中哪一个是正确的?

 A. 因注册商标以及厂名、厂址均不相同,乙厂对甲厂不构成侵权

 B. 两种饮料包装外观极其近似,足以造成购买者发生误认,因此乙厂的行为构成不正当竞争

 C. "露露"饮料外观标识未获得专利,因此乙厂不构成对甲厂侵权

 D. 两种饮料外观虽然近似,但有经验的购买者仔细辨认可以加以区别,所以乙厂的行为不受法律禁止

(　　)2. 甲制药厂组织参观乙制药厂实验室时,甲厂一名技术人员暗中提取了实验室中的一种溶液样品。回到甲厂后,该技术人员与他人一起分析了溶液的成分,得出了乙厂新开发的一种药品的配方,甲厂迅速根据此配方推出了一种新药。乙厂在市场上见到这种新药十分震惊,经调查查清了其中原委,遂向人民法院提起诉讼,要求甲厂赔偿损失,并停止生产这种药品。以下说法正确的是_____。

 A. 甲厂不构成不正当竞争,因提取溶液样品的技术人员并不能代表甲厂

 B. 甲厂构成不正当竞争,但只能停止生产这种药品,而不能赔偿损失

 C. 人民法院无权管辖此案

 D. 乙厂的诉讼请求应予支持

(　　)3. 甲饭店为了打败竞争对手乙餐馆,在论坛上发帖谎称乙餐馆使用的蔬菜农药残余量严重超标,乙餐馆的声誉因此严重受损。根据《反不正当竞争法》规定,下列选项对甲饭店行为的定性,正确的是_____。

A. 虚假陈述行为   B. 侵犯商业秘密的行为

C. 商业贿赂行为   D. 诋毁商誉的行为

（　　）4. 某市甲服装品牌折扣店向为其介绍客人前来购物的阳光旅行社导游,按客人购物消费的 1% 支付了酬金,与甲服装品牌折扣店相邻的乙商店向监督检查部门举报了这一行为。监督检查部门经过检查,发现甲服装品牌折扣店给予旅行社导游的酬金均如实入账。根据《反不正当竞争法》的规定,甲服装品牌折扣店的行为属于_____。

A. 低价倾销行为   B. 商业贿赂行为

C. 正当竞争行为   D. 限制竞争行为

（　　）5. 生产者的首要义务是_____。

A. 不生产淘汰产品   B. 保证产品质量

C. 保证包装符合规定   D. 保证标识符合规定

三、多项选择题

（　　）1. 下列哪些行为是不正当竞争行为?

A. 将"珠江"作为注册商标

B. 将"宝洁"字样写在自己商标上

C. 在获取认证之前先将认证标志印在商品包装上

D. 在广告中宣称自己企业所产洗发水能使白发变乌发

（　　）2. 根据反不正当竞争法律制度的规定,下列各项中,属于侵犯商业秘密行为的有_____。

A. 甲以偷盗手段获取了 A 公司的商业秘密

B. 乙使用其以胁迫手段获得的商业秘密

C. 丙违反与 C 公司的约定而披露其所掌握的 C 公司的商业秘密

D. 丁明知商业秘密是由 D 公司以贿赂手段获得的而仍予以披露

（　　）3. 下列选项所列产品中,_____属于《产品质量法》调整。

A. 计算机   B. 别墅   C. 自来水   D. 金银首饰

（　　）4. 反不正当竞争法的基本原则主要有_____。

A. 自愿原则   B. 等价有偿原则

C. 平等原则   D. 公平原则

E. 诚实信用原则

（　　）5. 消费者陈某与厂商 A 发生了消费者权益纠纷,则陈某可以通过_____方式寻求解决。

A. 与厂商 A 和解   B. 请求消费者协会解决

C. 向有关行政部门申诉   D. 有仲裁可能的,向仲裁机构提起仲裁

四、实训题

实训一

居民甲在某商场购得一台多功能食品加工机,回家试用后发现该产品只有一种功能,遂

经济法基础

向商场提出退货,商场答复:"该产品说明书未就其性能作明确说明,这是厂家的责任,所以顾客应向厂家索赔,商场概不负责。"

根据以上案情,回答下列问题:

（1）该产品存在什么问题?

（2）谁应对该产品负责?

（3）居民甲有什么权利?

实训二

李某从超市买了 2 瓶啤酒,带到自己居住的楼下,请同事张某帮他拿上去,在上楼途中,突然一啤酒瓶爆炸。张某的左眼被飞起的碎片击中,血流不止。经治疗,张某的左眼视力在出院时只有 0.3,而且据医生说,视力可能会继续下降。事故发生后,张某要求超市赔偿自己所受的经济损失。超市认为自己不应负责任,因为经检验,张某所受损害是因酒瓶质量太差引起的,张某应向啤酒厂索赔,超市不负责。

请问:

（1）超市是否应承担赔偿责任? 为什么?

（2）假设超市应负责,它应该赔偿张某哪些费用?

（3）超市在承担赔偿责任后能否向啤酒厂追偿? 为什么?

实训三

消费者在合法权益受到损害时,可向消费者协会投诉。

投诉一般要有投诉状或投诉人签字盖章的详细口述笔录。消费者投诉状应参照民事起诉状的格式写作,包括:

（1）投诉人和被投诉人的基本情况,分别写明投诉人的姓名、年龄、住址、邮编、电话号码等,被投诉人的单位名称、详细地址、邮编、电话号码等。

（2）投诉要求。即投诉要达到的目的。

（3）事实依据(理由)。要写明购买商品或接受服务的日期、品名、牌号、规格、数量、价格、受损害及与经营者交涉的情况。

（4）证据。要提供凭证复印件及有关证明材料。

（5）尾部。写明投诉的机关名称、投诉人签名、投诉日期。消费者保护协会一般要在 10 日内通知投诉者受理或不受理,受理后要将投诉信转交到被投诉方,并要求被投诉方在限期内答复。对内容复杂、争议较大的投诉,消费者保护协会可直接或会同有关部门共同处理。投诉人对消费者协会处理的结果不满意的,可以直接向人民法院提起诉讼,以维护自己的合法权益。

根据实训案例一、实训案例二,任选其中一例试写一份投诉状。然后由教师做出评判。

五、思考题

1. 什么是不正当竞争? 其特征有哪些?

2. 我国不正当竞争行为主要有哪些类型?

3. 简述侵犯《消费者权益保护法》应承担的法律责任。

4. 消费者依法享有哪些权利?

5. 我国《产品质量法》中规定产品的生产者、销售者对产品质量有哪些义务?

第五章 合同法律制度

【知识目标】

1. 理解合同的概念、特征以及合同的分类。

2. 掌握合同的订立、履行、变更、转让和终止的法律制度。

3. 掌握合同生效的要件,能判断合同的效力。

4. 理解和掌握合同的违约责任的基本制度。

【能力目标】

1. 能应用所学的《民法典》的有关规定,独立起草常用的合同文本。

2. 能根据合同法知识分析具体的合同法案例。

3. 能应用所学的《民法典》的有关规定和知识,分析和解决经济活动中遇到的简单法律问题。

某市百货公司通过新闻媒体播发招租启事：将市场装修后分摊位出租，投资装修费 2 000 元。周某于月初得知此消息后，决定租赁两个柜台，为付租金提前支取了即将到期的定期存单，损失利息近千元。可是就在周某准备去租赁摊位时，百货公司又宣布：因主管部门未批准，摊位不再招租了，请已办理租赁手续的租户到公司协商处理办法；未办理手续的，百货公司不再接待。周某认为百货公司这种做法太不负责任，所以要求百货公司赔偿自己的预期损失和利息损失。双方协商未果，诉至法院。

　　试分析：（1）百货公司发布的招租启事是要约行为吗？

　　　　　　（2）百货公司能否撤销该行为？为什么？

　　　　　　（3）百货公司如何承担周某的损失？

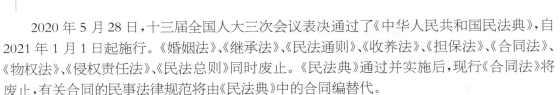

第一节　合同概述

　　2020 年 5 月 28 日,十三届全国人大三次会议表决通过了《中华人民共和国民法典》,自 2021 年 1 月 1 日起施行。《婚姻法》《继承法》《民法通则》《收养法》《担保法》《合同法》、《物权法》《侵权责任法》《民法总则》同时废止。《民法典》通过并实施后,现行《合同法》将废止,有关合同的民事法律规范将由《民法典》中的合同编替代。

一、合同的概念和特征

　　合同是指民事主体之间设立、变更、终止民事法律关系的协议。婚姻、收养、监护等有关身份关系的协议,适用有关该身份关系的法律规定;没有规定的,可以根据其性质参照适用本编规定。

　　合同主要特征有:

　　(1) 合同是两个或者两个以上的当事人之间的协议。两个或者两个以上的自然人、法人、其他组织要就合同内容进行协商,意见取得一致才能达成协议,单方行为形不成协议,合同行为是双方或者多方法律行为。

　　(2) 合同当事人的法律地位平等。合同当事人无论是自然人还是法人或其他组织,在法律上具有独立、平等的地位,任何一方都不得对他方加以限制或强迫。合同当事人的法律地位平等,才能保证他们在订立合同时真正做到自愿协商、平等互利。

　　(3) 合同依法成立,即具有法律效力,依法成立的合同对当事人具有法律约束,受法律保护。当事人依法享有合同权利,同时也应当按照约定履行自己的义务,不得擅自变更或解除合同。

> **法律驿站 5-1**
>
> **你知道构成法人的条件有哪些吗**
>
> 　　(1) 必须具有一定的组织机构(如名称、地址、常设机构、负责人、章程等);
>
> 　　(2) 必须有独立支配的财产或独立预算;
>
> 　　(3) 必须能以自己的名义参与经济活动,承担民事责任;
>
> 　　(4) 必须依照法定程序成立,经国家有关机关核准登记。

二、合同的分类

　　根据不同标准,从不同角度,可以把合同分为不同的种类。《民法典》将合同分为买卖合同,供用电、水、气、热力合同,赠与合同,借款合同,保证合同,租赁合同,融资租赁合同,保理合同,承揽合同,建设工程合同,运输合同(客运合同、货运合同、多式联运合同),技术合同(技术开发合同、技术转让合同和技术许可合同、技术咨询合同和技术服务合同),保管合同,仓储合同,委托合同,物业服务合同,行纪合同,中介合同,合伙合同等 19 类典型合同。

　　(1) 买卖合同。买卖合同是出卖人转移标的物的所有权于买受人,买受人支付价款的合同。

（2）供用电、水、气、热力合同。供用电、水、气、热力合同是供电（水、气、热力）人向用电（水、气、热力）人供电（水、气、热力），用电（水、气、热力）人支付费用的合同。

（3）赠与合同。赠与合同是赠与人将自己的财产无偿给予受赠人，受赠人表示接受赠与的合同。

（4）借款合同。借款合同是借款人向贷款人借款，到期返还借款并支付利息的合同。

（5）租赁合同。租赁合同是出租人将租赁物交付承租人使用、收益，承租人支付租金的合同。

（6）融资租赁合同。融资租赁合同是出租人根据承租人对出卖人、租赁物的选择，向出卖人购买租赁物，提供给承租人使用，承租人支付租金的合同。

（7）承揽合同。承揽合同是承揽人按照定作人的要求完成加工、定作、修理、复制、测试、检验等工作，交付工作成果，定作人给付报酬的合同。

（8）建设工程合同。建设工程合同是承包人进行工程建设，发包人支付价款的合同。它包括工程勘察、设计、施工合同。

（9）运输合同。运输合同是承运人将旅客或者货物从起运地点运输到约定地点，旅客、托运人或者收货人支付票款或者运费的合同。它包括客运合同、货运合同和多式联运合同。

（10）技术合同。技术合同是当事人就技术开发、转让、咨询或者服务订立的确立相互之间权利和义务的合同。它包括技术开发合同、技术转让合同、技术咨询合同和技术服务合同。

（11）保管合同。保管合同是保管人保管寄存人交付的保管物，并返还该物的合同。

（12）仓储合同。仓储合同是保管人储存存货人交付的仓储物，存货人支付仓储费的合同。

（13）委托合同。委托合同是由委托人和受托人约定由受托人处理委托人事务的合同。

（14）行纪合同。行纪合同是行纪人以自己的名义为委托人从事贸易活动，委托人支付报酬的合同。

（15）中介合同。中介合同是中介人向委托人报告订立合同的机会或者提供订立合同的媒介服务，委托人支付报酬的合同。

（16）保证合同。保证合同是指保证人与债权人订立的在主债务人不履行其债务时由保证人承担保证债务的协议。

（17）保理合同。保理合同是应收账款债权人将现有的或者将有的应收账款转让给保理人，保理人提供资金融通、应收账款管理或者催收、应收账款债务人付款担保等服务的合同。

（18）物业服务合同。物业服务合同是物业服务人在物业服务区域内，为业主提供建筑物及其附属设施的维修养护、环境卫生和相关秩序的管理维护等物业服务，业主支付物业费的合同。

（19）合伙合同。合伙合同是两个以上合伙人为了共同的事业目的，订立的共享利益、共担风险的协议。

三、合同的原则

其原则主要有以下几个方面：

（1）平等原则。合同是平等主体的自然人、法人、其他组织之间的协议。合同当事人的法律地位平等，一方不得将自己的意志强加给另一方。合同当事人的平等是当事人自由表达自己意志的前提，也是双方当事人权利、义务相互对等的基础。

（2）自愿原则。合同当事人依法享有自愿订立合同的权利，任何单位和个人不得非法干预。合同自由不是绝对的,合同自由是在法律规定范围内的自由。国家根据需要下达指令性任务或者国家订货任务的,有关法人、其他组织之间应当依照有关法律、行政法规规定的权利和义务订立合同。

(3)公平原则。公平原则是社会道德观念在法律上的体现,合同当事人应当遵循公平原则确定各方的权利和义务,使各方在合同活动中机会均等、权利和义务对等,保护当事人的合法权益。

(4)诚实信用原则。诚实信用是指恪守信用,诚实不欺,遵守诺言,不得弄虚作假、欺诈蒙骗。合同当事人行使权利、履行义务应当遵循诚实信用的原则。

(5)合法原则。合同依法成立,才能受到法律保护。合同当事人订立、履行合同,应当遵循法律、行政法规,尊重社会公德,不得扰乱社会经济秩序,损害社会公共利益。

法律驿站 5-2

你知道无名合同吗

无名合同又称"非典型合同",是指在法律上尚未确立一定的名称和规则的合同。根据合同自由原则,在不违反法律强制性规范、不违背社会公德的前提下,允许当事人订立任何内容的合同。

案例分析 5-1

甲 12 岁,某日独自去商城购日用文具,正赶上该商城促销。凡是购买价值 15 元以上的商品均可以得到刮刮奖券一张,最高奖为价值 4 000 元的彩色电视机一台。甲购买了一套文具套装,价格为 30 元,获得两张刮刮奖券,其中一张中了最高奖。甲去领取奖品的时候,商城的工作人员对甲说商城可以 3 000 元的价格买下甲的奖品,于是甲领取了 3 000 元现金。后甲的父母得知,起诉要求商城返还电视机。商城提起反诉,要求确认甲的中奖行为无效,因为甲是限制行为能力人。

请问:(1)甲的中奖行为是否有效? 为什么?

(2)甲的父母是否有权要求商城返还电视机? 为什么?

第二节 合同的订立

一、合同的订立程序

《民法典》规定:当事人订立合同,可以采取要约、承诺方式或者其他方式。

（一）要约

要约是指希望和他人订立合同的意思表示。发出要约的当事人称为"要约人"，要约所指向的对方当事人称为"受要约人"。

1. 要约应具备的条件

（1）内容具体确定，即表达出订立合同的意思，并包括一经承诺合同即足以成立的必需条款。若要约内容含糊不清或不具备合同必需条款，即使受要约人承诺，也会使合同无法成立。

（2）表明经受要约人承诺，要约人即受该意思表示约束。

（3）要约必须向相对人发出。要约必须是要约人向相对人发出的意思表示。相对人一般为特定人，但在特殊情况下，对不特定人作出的意思表示亦可能构成要约。

案例分析 5-2

甲公司因建楼急需水泥，遂向乙水泥厂发函，称："我公司愿购贵厂××型水泥50吨，单价每吨300元，货到付款。"第二天，乙水泥厂即向甲公司发出货物。

请问：甲公司的发函行为是否构成要约？

2. 要约邀请

要约邀请指希望他人向自己发出要约的意思表示。与要约不同，要约邀请不属于订立合同的行为，要约邀请是合同的准备阶段，没有法律约束力，如拍卖公告、招标公告、招股说明书、债券募集说明书、基金招募说明书、商业广告和宣传、寄送的价目表等为要约邀请。商业广告和宣传的内容符合要约规定的，构成要约。

3. 要约的撤回、撤销与失效

（1）**要约撤回**是指要约发出后、生效前，要约人使要约不发生法律效力的意思表示。撤回要约的通知应当在要约到达受要约人之前，或者与要约同时到达受要约人时有效。

（2）**要约撤销**是指要约人在要约生效后、受要约人承诺前，使要约丧失法律效力的意思表示。撤销要约的通知应当在受要约人发出承诺通知之前到达受要约人时有效。但有下列情形之一的，要约不得撤销：①要约人确定了承诺期限或者以其他形式明示要约不可撤销；②受要约人有理由认为要约是不可撤销的，并已经为履行合同作了准备工作。

小思考 5-1

如果要约人撤销要约的行为造成了受要约人的损失，受要约人能要求要约人承担责任吗？

（3）**要约失效**是指要约丧失法律效力，要约人和受要约人都不再受要约约束。有下列情形之一的，要约失效：①拒绝要约的通知到达受要约人；②要约人依法撤销要约；③承诺期限届满，受要约人未作出承诺；④受要约人对要约的内容作出实质性变更。

（二）承诺

承诺是受要约人完全同意要约的意思表示。

1. 承诺应具备的条件

（1）承诺必须由受要约人作出；

（2）承诺必须向要约人作出；

（3）承诺的内容必须与要约的内容相一致，否则视为新要约；

（4）承诺必须在有效期内作出。

2. **承诺的方式**

承诺的方式是指受要约人将其承诺的意思表示传达给要约人的方式。根据我国《民法典》规定：承诺应当以通知的方式作出，但根据交易习惯或者要约表明可以通过行为作出承诺的除外。其中，以对话方式作出的意思表示，相对人知道其内容时生效。

以非对话方式作出的意思表示，到达相对人时生效。以非对话方式作出的采用数据电文形式的意思表示，相对人指定特定系统接收数据电文的，该数据电文进入该特定系统时生效；未指定特定系统的，相对人知道或者应当知道该数据电文进入其系统时生效。当事人对采用数据电文形式的意思表示的生效时间另有约定的，按照其约定。

案例分析 5-3

某百货公司因建造一栋大楼，急需钢材，遂向本省的甲、乙、丙钢材厂发出传真，传真中称："我公司急需标号为01型号的钢材200吨，如贵厂有货，请速来传真，我公司愿派人前往购买。"三家钢材厂在收到传真以后，都先后向百货公司回复了传真，在传真中告知它们备有现货，且告知了钢材的价格。而甲钢材厂在发出传真的同时，便派车给百货公司送去了100吨钢材。在该批钢材送达之前，百货公司得知丙钢材厂所生产的钢材质量较好，且价格合理，因此，向丙钢材厂去传真，称："我公司愿购买贵厂200吨01型号钢材，盼速送货，运费由我公司负担。"在发出传真后第二天上午，丙钢材厂发函称已准备发货。下午，甲钢材厂将100吨钢材送到百货公司，被告知，他们已决定购买丙钢材厂的钢材，因此不能接收其送来的钢材。甲钢材厂认为，百货公司拒收货物已构成违约，双方因协商不成，甲钢材厂遂向法院提起诉讼。

请思考：百货公司拒收货物是否构成违约？

3. **承诺的生效**

我国《民法典》规定：承诺生效时合同成立。承诺自通知到达要约人时生效。承诺不需要通知的，根据交易习惯或者要约的要求作出承诺的行为时生效。采用数据电文形式订立合同的，承诺到达时间同要约到达时间的规定相同。

小思考 5-2

甲在车站月台销售食品，乘客乙坐在火车里，问甲是否愿以每瓶4元的价格出售啤酒，由于周围非常嘈杂，甲没有听清，只是点了点头。

你认为甲乙合同成立了吗？

4. **承诺的撤回**

承诺可以撤回，但撤回承诺的通知应当在承诺通知到达要约人之前，或者与承诺通知同时到达要约人。

受要约人超过承诺期限发出承诺的，为迟延承诺，除要约人及时通知受要约人该承诺有效的以外,视为新要约。

案例分析 5-4

甲商场是一家主要经营电器的商场。2020 年 1 月 20 日,某电视机厂向甲商场发函称:愿以每台电视机 2 400 元的价格卖给甲商场 300 台某型号的电视机。甲商场回函:要以每台 2 100 元的价格买 200 台。电视机厂收到商场函后又发一函称:愿以每台 2 200 元的价格卖给甲商场 200 台电视,且函到发货。甲商场因对条件不满意,故未予理睬。1 月 30 日,该电视机厂将 200 台电视运至商场,商场拒绝接收。后该电视机厂到法院起诉甲商场。

请问:甲商场与某电视机厂是否存在买卖电视机的合同? 为什么?

（三）合同成立的时间与地点

1. 合同成立的时间

我国《民法典》规定:承诺生效时合同成立。针对当事人订立合同的不同形式,《民法典》规定了确认合同成立的不同时间标准:当事人采用合同书形式订立合同的,自当事人均签名、盖章或者按指印时合同成立。在签名、盖章或者按指印之前,当事人一方已经履行主要义务,对方接受时,该合同成立。法律、行政法规规定或者当事人约定合同应当采用书面形式订立,当事人未采用书面形式但是一方已经履行主要义务,对方接受时,该合同成立。

当事人采用信件、数据电文等形式订立合同要求签订确认书的,签订确认书时合同成立。

当事人一方通过互联网等信息网络发布的商品或者服务信息符合要约条件的,对方选择该商品或者服务并提交订单成功时合同成立,但是当事人另有约定的除外。

2. 合同成立的地点

承诺生效的地点为合同成立的地点。针对当事人订立合同的不同形式,我国《民法典》规定了确认合同成立的不同地点标准:当事人采用合同书形式订立合同的,最后签名、盖章或者按指印的地点为合同成立的地点,但是当事人另有约定的除外。采用数据电文形式订立合同的,收件人的主营业地为合同成立的地点;没有主营业地的,其经常居住地为合同成立的地点。当事人另有约定的,按照其约定。

法律驿站 5-3

合同成立与合同生效的区别

合同的成立与合同的生效是两个完全不同的概念。合同成立的要件是:①订约主体存在双方或多方当事人;②对主要条款达成合意;③合同的成立应具备要约和承诺阶段。而合同生效的要件是:①行为人具有相应的民事行为能力;②行为人意思表示真实;③不违反法律和社会公共利益;④合同具备法律所要求的形式。

（四）缔约过失责任

缔约过失责任是指当事人在订立合同过程中,因违背诚实信用原则致使合同不能成立,给对方造成损失时应承担的法律责任。

缔约过失责任

　　缔约过失责任理论由德国学者耶林 1861 年创立,他认为当事人在缔约时已产生了一种类似于合同的信赖关系,一方因违背其依据的诚实信用原则所产生的义务,而致另一方的信赖利益的损失,应承担损害赔偿责任。

　　缔约过失责任具有独特和鲜明的特点:只能产生于缔约过程之中;是对依诚实信用原则所负的先合同义务的违反;是造成他人信赖利益损失所负的损害赔偿责任;是一种弥补性的民事责任。

　　根据我国《民法典》的规定,当事人在订立合同过程中有下列情形之一,给对方造成损失的,应当承担损害赔偿责任:

　　(1)假借订立合同,恶意进行磋商。

　　(2)故意隐瞒与订立合同有关的重要事实或者提供虚假情况。

　　(3)有其他违背诚实信用原则的行为。

　　《民法典》还规定:当事人在订立合同过程中知悉的商业秘密,无论合同是否成立,不得泄露或者不正当地使用。泄露或者不正当地使用该商业秘密给对方造成损失的,应当承担损害赔偿责任。

案例分析 5-5

　　被告崔某为一个体户,长期在外经商。2017 年 5 月初,被告返回家乡时发现原告(某街道幼儿园)房屋年久失修,拥挤不堪,便主动提出愿捐款 100 万元为原告盖一栋小楼,但原告同时也必须为此投入一笔配套资金。原告当即表示同意。同年 5 月 25 日,原告又与被告协商确定资金到位时间和开工时间,被告提出其捐款将在 9 月底到位,在此之前请原告做好开工准备,包括准备必要的配套资金。同年 7 月初,原告开始将其原有 5 间平房拆除,并于 7 月找到一家信用社贷款 50 万元,期限为一年。同年 9 月初,原告找到被告催要捐款,被告提出因其生意亏本暂时无力捐款。原告提出可减少捐款,但被告表示仅能捐出数万元。双方不能达成协议,原告遂向法院提起诉讼,要求被告履行诺言,否则赔偿原告遭受的全部损失。被告辩称双方并没有签订书面合同,没有义务必须捐款,至于原告遭受了损失是由于其自己原因造成,他不应承担任何责任。

　　请问:被告的说法正确吗?

二、合同的主要条款与形式

　　(一)合同的主要条款

　　合同条款即合同的内容,是权利义务的具体规定。合同条款的确定是当事人之间协商订立合同的过程,因此,总体上说应服从合同当事人的意思自由。依据我国《民法典》规定,合同一般包括以下条款:当事人的名称或者姓名和住所;标的,即合同双方当事人权利义务所共同指向的对象;数量;质量;价款或者报酬;履行期限、地点和方式;违约责任;解决争议

经
济
法
基
础

的方法。

小思考 5-3

如果双方当事人签订的买卖合同中没有约定违约责任和合同履行地点的,这样的合同是否无效?

（二）格式条款的法律规定

格式条款是指当事人为重复使用而预先拟订,并在订立合同时未与对方协商的条款。由于格式条款是由一方当事人拟订,且在合同谈判中不容对方协商,双方法律地位实际上并不平等,其条款内容难免有不够公平之处。所以《民法典》对其适用作出特别规定,以保证另一方当事人的合法权益。

《民法典》规定:采用格式条款订立合同的,提供格式条款的一方应当遵循公平原则确定当事人之间的权利和义务,并采取合理的方式提示对方注意免除或者减轻其责任等与对方有重大利害关系的条款,按照对方的要求,对该条款予以说明。提供格式条款的一方未履行提示或者说明义务,致使对方没有注意或者理解与其有重大利害关系的条款的,对方可以主张该条款不成为合同的内容。

《民法典》还规定,对格式条款的理解发生争议的,应当按照通常理解予以解释。对格式条款有两种以上解释的,应当作出不利于提供格式条款一方的解释。格式条款和非格式条款不一致的,应当采用非格式条款。

此外,我国《民法典》还规定合同中约定对下列情况免责的条款无效:①造成对方人身伤害的;②因故意或者重大过失造成对方财产损失的。

案例分析 5-6

2018 年 9 月 3 日,原告肖某与新婚妻子刘某将其在婚礼上拍摄的一卷富士胶卷交由被告某彩扩部冲洗,约定第二天取照,原告肖某依惯例预交了 18 元的冲洗费,彩扩部开出了一张取照片用的冲印单。第二天,原告肖某来到彩扩部要求领取冲洗好的照片,被告称其胶卷找不到了,原告为此要求赔偿,被告只愿赔偿胶卷和退还预收费。肖某遂于2020年4月4日向某市某区人民法院起诉,以被告将原告拍有结婚内容的胶卷遗失,给原告带来无法弥补的精神损失为由,要求被告赔礼道歉并赔偿精神损失5 000元。

被告辩称:胶卷确实由于自己的原因被遗失,愿意为此赔礼道歉,但原告所提出的精神损失费5 000元不能接受;据某市摄影行业协会的统一行业规定:"如遇意外损坏或遗失,只赔同类同号胶卷",由于该行业规定的文本已悬挂在营业场所的显眼位置,原告肯定看到,既然原告在看到该行规后仍然愿意将胶卷交由被告冲洗,那就等于同意将该规定作为合同格式条款之一,所谓约定必须信守,原告只能按照合同约定得到同类胶卷的赔偿和预交款的返还。

请思考:被告的辩称是否成立?

（三）合同的形式

1. 书面形式

书面形式是指合同书、信件和数据电文(包括电报、电传、传真、电子数据交换和电子邮件)等可以有形地表现所载内容的形式。法律、行政法规规定采用书面形式的,应当采用书面形式。当事人约定采用书面形式的,应当采用书面形式。

法律驿站5-7

书面合同与口头合同

在日常生活中,口头合同简便易行,但在发生纠纷时难以取证,不易分清责任。所以对不及时结清的和较重要的合同不宜采用口头形式。

书面合同较口头合同复杂,但在当事人发生纠纷时举证方便,容易分清责任,也便于主管机关和合同管理机关监督、检查。书面形式是当事人最普遍采用的一种合同形式。

2. 口头形式

口头形式是指双方当事人通过交谈达成协议。因其发生纠纷后取证较难,所以仅适用于即时结清和不重要的合同。

3. 其他形式

合同除了书面和口头形式外,还可以采取公证、鉴证、批准、登记、行为默示等形式。行为默示形式,指当事人以某种表明法律意图的行为间接地表明合同内容的合同形式。

第三节　合同的效力

一、合同效力的概念

合同的效力即合同的法律效力,是指已成立的合同在当事人之间产生的法律约束力。合同的成立与合同的生效不同。合同的成立是指当事人就合同的主要条款达成合意,它只是表明当事人之间存在合意的事实;合同的生效则反映了法律对已成立的合同的评价。只有依法成立的合同,即具备合同生效要件的合同才是一个有效的合同。有效合同在当事人之间产生法律约束力,国家法律予以保护。如果已成立的合同不具备法律规定的生效要件,就不是一个有效的合同,不能产生当事人预期的法律后果。这类合同依其效力状态的不同,可分为无效合同、可撤销合同、效力待定合同三种类型。

二、合同生效的要件

有效合同必须具备以下生效要件:

(一)当事人缔约时有相应的缔约能力

所谓相应的缔约能力包括三个方面的含义:一是缔约人缔约时要有相应的行为能力;二是缔约人缔约时要有相应的缔约资格,如代理人代理订立合同,要有代理权;三是缔约人缔约时要有对其所处分的财产权利的相应处分能力,如买卖合同的出卖人对其出卖的财产要有处分权。

法律驿站 5-8

《民法典》对限制行为能力、无行为能力的其他规定

(1)不能完全辨认自己行为的成年人为限制民事行为能力人,实施民事法律行为由其法定代理人代理或者经其法定代理人同意、追认,但是可以独立实施纯获利益的民事法律行为或者与其智力、精神健康状况相适应的民事法律行为。

(2)不能辨认或者不能完全辨认自己行为的成年人,其利害关系人或者有关组织,可以向人民法院申请认定该成年人为无民事行为能力人或者限制民事行为能力人。被人民法院认定为无民事行为能力人或者限制民事行为能力人的,经本人、利害关系人或者有关组织申请,人民法院可以根据其智力、精神健康恢复的状况,认定该成年人恢复为限制民事行为能力人或者完全民事行为能力人。

上述规定的有关组织包括:居民委员会、村民委员会、学校、医疗机构、妇女联合会、残疾人联合会、依法设立的老年人组织、民政部门等。

案例分析 5-7

小明今年 15 周岁。他有一个远房表舅在美国,非常富有,但是没有子女。这个表舅自从见过小明后,就非常喜欢他,于是表舅决定将自己的财产拿出 500 万美元赠送给小明,作为小明将来的求学费用和创业费用。小明与表舅就此签订了一份赠与合同。

请问:小明有没有资格亲自签订一份赠与合同?为什么?

(二)意思表示真实

意思表示是指行为人将其设立、变更、终止民事权利义务的内在意思通过某种形式表示于外部的行为。只有当当事人内在的意愿与外在的表示一致时,才能产生当事人所预期的法律效果,才能达到当事人所追求的经济目的。因此,法律要求缔约当事人的意思表示必须是真实的。

（三）不违反法律、行政法规的强制性规定，不违背公序良俗

法律保护的是当事人的合法行为。只有当事人缔结的合同的内容符合法律的规定，不违背公序良俗，法律才会对其做出肯定性评价，才会赋予其法律效力。需指出的是：公共秩序是指政治、经济、文化等领域的基本秩序和根本理念，是与国家和社会整体利益相关的基础性原则、价值和秩序，在以往的民商事立法中称为社会公共利益。善良习俗是指基于社会主流道德观念的习俗，也被称为社会公共道德，是全体社会成员普遍认可、遵循的道德准则。

案例分析 5-8

李某自幼习武，自认武功高强，遂与好友刘某外出卖艺赚钱。刘某担心表演时误伤李某，遂与李某签订一份协议书：若李某表演时受伤，后果自负，与刘某无关。李某签字表示同意。后在一次表演中李某受重伤，一直昏迷不醒，李某家人要求刘某负责，刘某以协议在先为由拒不负责，李某家人遂将刘某告上法庭。

请分析：本案中李某与刘某订立的免责条款有效吗？为什么？

三、合同生效的时间

（1）一般的合同，依法成立的时间即合同生效的时间。

（2）依照法律、行政法规的规定，合同应当办理批准等手续的，依照其规定。未办理批准等手续影响合同生效的，不影响合同中履行报批等义务条款以及相关条款的效力。应当办理申请批准等手续的当事人未履行义务的，对方可以请求其承担违反该义务的责任。

（3）附生效条件的合同，自条件成立时即为生效。

（4）附生效期限的合同，自期限届至时即为生效。

法律、行政法规规定合同应当办理批准手续，或者办理批准、登记等手续才生效的，在法院审理案件过程中，一审法庭辩论终结前当事人仍未办理批准手续的，或者仍未办理批准、登记等手续的，人民法院应当认定该合同未生效；法律、行政法规规定合同应当办理登记手续，但未规定登记后生效的，当事人未办理登记手续不影响合同的效力，但合同标的的所有权及其他物权不能转移。

小思考 5-4

某物业公司物业管理规定：在停车场停放自行车每月每户 10 元、摩托车 20 元、轿车 200 元。车辆损坏或丢失及车内物品丢失或损坏均由车主自己承担责任。理由是物业公司只负责提供车位，不负责看管车辆。

请同学们议一议该物业公司的管理规定对吗？

四、无效、可撤销和效力待定合同

（一）无效合同

无效合同是指虽已成立，但因不具备合同的生效要件，没有法律约束力的合同。无效合同自始没有法律约束力，法律不予承认和保护。如果仅属于部分无效，不影响其他部分效力的，其他部分仍然有效。合同无效、被撤销或者终止的，不影响合同中独立存在的有关解决争议方法的条款的效力。

根据《民法典》的规定，有下列情形之一的合同是无效合同：

（1）无民事行为能力人实施的民事法律行为无效；

（2）通谋虚伪表示行为无效；

（3）违反法律、行政法规效力性强制性规定的行为无效；

（4）违背公序良俗的民事法律行为无效；

（5）恶意串通损害他人利益的行为无效。

案例分析 5-9

一已婚男甲与一未婚女乙订立一合同：只要乙愿意与甲婚外同居两年，甲即付给乙 20 万元人民币。乙与甲同居两年后，甲不付钱给乙，乙起诉甲违约，甲以该合同属于无效合同来抗辩。

请问：该合同是无效合同吗？为什么？

（二）可撤销合同

1. 可撤销合同的概念

可撤销合同又称为"相对无效合同"，是指欠缺合同生效要件，存在法定撤销事由，合同一方当事人可请求人民法院或者仲裁机构撤销或者变更的合同。

2. 可撤销合同的特征

（1）可撤销合同在未被撤销前是有效的合同；

（2）可撤销合同一般是意思表示有缺陷的合同；

（3）可撤销合同的撤销或变更要由有撤销权的当事人通过行使撤销权来实现；

（4）可撤销合同的撤销或变更须由人民法院或仲裁机构做出。

3. 可撤销合同的类型

（1）因重大误解订立的合同。所谓重大误解，是指当事人对合同的性质，对方当事人，标的物的种类、质量、数量等涉及合同后果的重要事项存在错误认识，违背其真实意思表示订立合同，并因此受到较大损失的情形。

案例分析 5-10

吴女士到商场购物，见一大筐中有许多衬衫，筐上标价每件 50 元，吴女士见价格便宜则从筐中挑了一件买回家。到家整理发票时发现那件衬衫的价格成了 150 元，吴女士立即持发票及衬衫返回商场询问。工作人员调查后发现原来是其他顾客将价值 150 元的衬衫随手放到了大筐中，然后被吴女士买走。

请问：本案如何处理？为什么？

（2）显失公平的合同。所谓显失公平，是指一方当事人利用优势或者对方没有经验，在订立合同时致使双方的权利与义务明显违反公平、等价有偿原则的情形。

案例分析 5-11

某山区农民赵某家中有一花瓶，系赵某的祖父留下。李某通过他人得知赵某家有一清朝花瓶，遂上门索购。赵某不知该花瓶真实价值，李某用 1.5 万元买下。随后，李某将该花瓶送至某拍卖行进行拍卖，卖得价款 11 万元。赵某在一个月后得知此事，认为李某欺骗了自己，通过许多渠道找到李某，要求李某退回花瓶。李某以买卖花瓶是双方自愿的，不存在欺骗，拒绝赵某的请求。经人指点，赵某到李某所在地人民法院提起诉讼，请求撤销合同，并请求李某返还该花瓶。

试分析：（1）赵某的诉讼请求有无法律依据？为什么？

（2）法院应如何处理？

（3）一方以欺诈、胁迫的手段或者乘人之危，使对方在违背真实意思的情况下订立的合同。与上述因欺诈、胁迫订立的无效合同相比较，二者的区别在于是否损害了国家利益。损害国家利益的为无效合同；未损害国家利益的为可撤销合同。

案例分析 5-12

甲 18 岁的女儿生了急病，医生说要马上在一两天内动手术，否则有生命危险，手术费用要 25 万元左右。甲自己家只有 10 万元左右的储蓄，还差 15 万元的缺口，正当他着急的时候，他碰到了一个朋友乙。乙得知了他的情况后，想了想就对他表示，愿意出 15 万元买他的一个祖传玉佩。甲很犹豫，因为该玉佩前几年的专家估价为 50 万元左右，而现在卖 15 万元，甲有点不甘心。看到这种情况，乙就对甲说："是身外物重要，还是你女儿的生命重要？"甲想想也对，就以这个价格将玉佩卖给了乙。

请问：如果甲反悔，甲要不要承担违约责任？为什么？

4. 撤销权的行使

在上述三种合同中，意思表示不真实的一方当事人享有撤销权，有权请求人民法院或者仲裁机构撤销或者变更合同。当事人请求变更的，人民法院或仲裁机构不得撤销。撤销权的行使是有期限和限制条件的。有下列情形之一的，撤销权消灭：

（1）当事人自知道或者应当知道撤销事由之日起一年内、重大误解的当事人自知道或者应当知道撤销事由之日起九十日内没有行使撤销权；

（2）当事人受胁迫，自胁迫行为终止之日起一年内没有行使撤销权；

（3）当事人知道撤销事由后明确表示或者以自己的行为表明放弃撤销权。

被撤销的合同，自始没有法律约束力，在被撤销前的合同效力归于消灭。被撤销的合同，产生同无效合同一样的法律后果。

经济法基础

（三）效力待定合同

1. 效力待定合同的概念

效力待定合同是指虽已成立，但因缔约一方当事人欠缺相应的缔约能力，其是否发生效力尚不能确定，有待于其他行为使之确定的合同。效力待定合同虽欠缺合同生效的要件，但并不属于无效合同或可撤销合同，法律允许根据情况对这类合同予以补救。

2. 效力待定合同的情形

根据《民法典》的规定，效力待定合同有以下三种：

（1）限制民事行为能力人订立的合同。这种合同经限制民事行为能力人的法定代理人追认，合同有效，但纯获利益的合同或者与其年龄、智力、精神健康状况相适应而订立的合同，不必经法定代理人追认。

为避免因限制民事行为能力人订立的合同效力长期处于不确定状态而影响相对人的权益，《民法典》规定了相对人的催告权。相对人可以催告法定代理人在一个月内予以追认。法定代理人未作表示的，视为拒绝追认，合同无效。合同被追认之前，善意相对人有撤销的权利。撤销应当以通知的方式做出。

案例分析 5-13

小雨的父母热衷于购买彩票。15 岁的小雨深受影响，平时也比较关注彩票的中奖情况。一天，小雨放学途经一彩吧，花 10 元钱买了 5 张福利彩票，后得知其中一张中奖 1 万元。第二天，小雨拿着有效证件到彩吧领奖时，工作人员以小雨未成年为由，拒绝支付，并认为小雨作为未成年人，购买彩票的行为无效。小雨的父母知道后，与彩吧发生纠纷，后以小雨的名义把彩吧告上法庭。

试分析：小雨购买彩票的行为性质如何？彩吧是否应当支付奖金？

案例分析 5-14

甲多年在外国留学打工，后在国内买了套商品房，因其长期住在国外，该房交由甲父管理。后因城市房屋增值，甲父擅自将房屋出售给乙，并已交付房屋，约定一个月后办过户手续，逾期支付违约金。甲在得知卖房之事后，表示坚决反对，甲根据《物权法》规定提起诉讼，要求乙归还房产，法院判决乙退出房屋。乙因此损失了部分房屋装修、搬家等费用，还因未及时购得房产而遇到房产涨价导致损失，乙根据合同规定状告甲父。

请问：（1）如何认定甲父与乙之间的房屋买卖合同的效力？

（2）甲父是否要对不能依约办理登记过户承担违约责任？

（3）乙对甲父享有哪些权利？甲父应对哪些损失负赔偿责任？

（2）行为人没有代理权、超越代理权或者代理权终止后以被代理人名义订立的合同。这种合同又称为"无权代理合同"，该合同经被代理人追认，代理行为有效，合同对被代理人发生效力。该合同未经被代理人追认，对被代理人不发生效力，由行为人承担责任。

相对人可以催告被代理人在一个月内予以追认。被代理人未作表示的，视为拒绝追认。合同被追认之前，善意相对人有撤销的权利。撤销应当以通知的方式做出。

需要指出的是：第一，对无权代理行为，如果相对人有理由相信行为人（无权代理人）有代理权的,该代理行为有效,即所谓表见代理。表见代理是指客观上存在使相对人相信无权代理人有代理权的情况和理由且相对人主观上为善意时,代理行为有效,被代理人承担授权人的责任。第二,无权代理行为与越权代表行为不同。越权代表行为不适用无权代理的规定。法人或者其他组织的法定代表人、负责人超越权限订立的合同,除相对人知道或者应当知道其超越权限的以外,该代表行为有效。

(3)无处分权的人处分他人财产的合同。这种合同经权利人追认或者无处分权的人订立合同后取得处分权的,该合同有效。如果无处分权的人订立合同后未能取得处分权并且权利人拒绝追认的,该合同无效,但权利人的拒绝追认不得对抗善意的第三人。

五、合同撤销和无效的法律后果

无效的合同或者被撤销的合同自始没有法律约束力。但合同无效或者被撤销后会产生一定的法律后果,主要有如下几种:

（一）返还财产

合同无效或者被撤销后,因该合同取得的财产,应当予以返还;不能返还或者没有必要返还的,应当折价补偿。

（二）赔偿损失

对合同无效或者被撤销有过错的一方当事人应当赔偿对方当事人因此所受到的损失;双方都有过错的,应当各自承担相应的责任。该责任性质为缔约过失损害赔偿责任。

（三）收缴财产

当事人恶意串通,损害国家、集体或者第三人利益的,因此取得的财产收归国家所有或者返还集体、第三人。

法律驿站 5-9

哪些机构有权确认合同无效

确认合同无效的机构具有法定性。对无效合同的确认,应采取慎重的态度。因此,法律规定,无效合同的确认归人民法院和仲裁机构,其他任何组织和个人均无此项权力。

第四节 合同的履行

一、合同履行的概念和规则

（一）合同履行的概念

合同的履行指合同生效后,双方当事人完成合同中规定的各项义务的行为。在合同的履行中,当事人应当遵循诚实信用原则完成合同中规定的各项义务,同时还要根据合同的性质、目的和交易习惯履行通知、协助、保密等义务。当事人在履行合同过程中,应当避免浪费资源、污染环境和破坏生态。

（二）合同履行的规则

1. 合同内容约定不明确时的履行规则

合同生效后，当事人就质量、价款或者报酬、履行地点等内容没有约定或者约定不明确的，可以协议补充；不能达成补充协议的，按照合同有关条款或者交易习惯确定。若仍不能确定的，适用《民法典》的下列规定：

（1）质量要求不明确的，按照强制性国家标准履行；没有强制性国家标准的，按照推荐性国家标准履行；没有推荐性国家标准的，按照行业标准履行；没有国家标准、行业标准的，按照通常标准或者符合合同目的的特定标准履行。

（2）价款或者报酬不明确的，按照订立合同时履行地的市场价格履行；依法应当执行政府定价或者政府指导价的，按照规定履行。

合同约定执行政府定价或者政府指导价的，在合同约定的交付期限内政府价格调整时，按照交付时的价格计价。逾期交付标的物的，遇价格上涨时，按照原价格执行；价格下降时，按照新价格执行。逾期提取标的物或者逾期付款的，遇价格上涨时，按照新价格执行；价格下降时，按照原价格执行。

（3）履行地点不明确的，给付货币的，在接受货币一方所在地履行；交付不动产的，在不动产所在地履行；其他标的在履行义务一方所在地履行。

（4）履行期限不明确的，债务人可以随时履行，债权人也可以随时要求履行，但应当给对方必要的准备时间。

（5）履行方式不明确的，按照有利于实现合同目的的方式履行。

（6）履行费用的负担不明确的，由履行义务一方负担；因债权人原因增加的履行费用，由债权人负担。

2. 合同主体变化时的履行规则

合同生效后，当事人不得因姓名、名称的变更或者法定代表人、负责人、承办人的变动而不履行合同义务。

案例分析 5-15

河北某县的马某系养牛专业户，为了引进良种乳牛，他与该县的畜牧站签订了良种乳牛引进合同。合同约定，良种乳牛款共 10 万元，马某预付定金 2 万元，违约金按照合同总额的 10% 计算。合同没有明确约定合同的履行地点。后马某从畜牧站将良种乳牛拉回，为此支付了运费 1 000 元。马某拉回乳牛后，在饲养过程中发生了一些无法预料的事情，导致乳牛无法产奶，马某预计的收入落空，无法及时偿还购牛款。畜牧站遂诉至法院，要求马某偿还购牛款；马某也提出自己的主张，即因发生了不可抗力，致使自己无法偿还购牛款，应予免责，并要求畜牧站支付乳牛的运费。

试分析：（1）马某要求畜牧站支付运费，该请求能否得到法院支持？为什么？

（2）针对畜牧站要求付款的请求，马某以不可抗力要求免责的主张能否成立？为什么？

（3）如果马某的行为构成违约，合同中规定的定金与违约金条款能否同时适用？为什么？

二、合同履行中的抗辩权

（一）同时履行抗辩权

根据我国《民法典》的规定，当事人互负债务，没有先后履行顺序的，应当同时履行。一方在对方履行之前有权拒绝其履行要求。一方在对方履行债务不符合约定时，有权拒绝其相应的履行要求。

（二）后履行抗辩权

后履行抗辩权是指当事人互负债务，有先后履行顺序，先履行一方未履行或履行债务不符合约定的，后履行一方有权拒绝其履行要求或相应的履行要求。

（三）不安抗辩权

不安抗辩权是指双务合同中，承担先履行一方的当事人，在对方缔约后由于财产状况明显恶化，可能难以保证对等债务履行时，先履行一方有权中止自己的履行，除非对方作出担保。

根据我国《民法典》规定，应当先履行债务的当事人，有确切证据证明对方有下列情形之一的，可以中止履行：

（1）经营状况严重恶化。

（2）转移财产、抽逃资金以逃避债务。

（3）丧失商业信誉。

（4）有丧失或者可能丧失履行债务能力的其他情形。

但当事人没有确切证据而中止履行合同的，应当承担违约责任。当事人中止履行合同的，应当及时通知对方。对方提供适当担保时，应当恢复履行。中止履行后，对方在合理期限内未恢复履行能力并且未提供适当担保的，中止履行的一方可以解除合同。

案例分析 5-16

甲与乙订立合同，双方约定：甲应于 2020 年 9 月 1 日向乙交付货物，乙则应于 9 月 8 日向甲支付货款。7 月底，甲发现乙经营状况严重恶化，并有确切证据可以证明。

试问：在 9 月 1 日到来前，甲可以如何应对？

案例分析 5-17

甲、乙两公司采用合同书形式订立了一份买卖合同，双方约定由甲公司向乙公司提供 100 台精密仪器，甲公司于 2020 年 8 月 31 日以前交货，并负责将货物运至乙公司，乙公司在收到货物后 10 日内付清货款。合同订立后，双方均未签字盖章。7 月 28 日，甲公司与丙运输公司订立货物运输合同，双方约定由丙公司将 100 台精密仪器运至乙公司。8 月 1 日，丙公司先运了 70 台精密仪器至乙公司，乙公司全部收到，并于 8 月 8 将 70 台精密仪器的货款付清。8 月 20 日，甲公司掌握了乙公司转移财产、逃避债务的确切证据，随即通知丙公司暂停运输其余 30 台精密仪器，并通知乙公司中止交货，要求乙公司提供担保，乙公司提供了担保。8 月 26 日，甲公司通知丙公司将其余 30 台精密仪器运往乙公司，但丙公司在运输途中发生了交通事故，30 台精密仪器全部毁损，致使甲公司 8 月 31 日前不能按时全部交货。9 月 5 日，乙公司要求甲公司承担违约责任。

请问：（1）甲、乙公司订立的买卖合同是否成立？请说明理由。

（2）甲公司8月20日中止履行合同的行为是否合法？请说明理由。

（3）丙公司对货物毁损应承担什么责任？请说明理由。

三、合同的保全

合同的保全是指合同在履行过程中，由于债务人的财产状况会直接影响债权人的债权实现，为保护债权人的债权免受债务人财产不当减少带来的危害，允许债权人对债务人的不当行为作出积极反应的法律制度。

合同的保全主要包括代位权与撤销权两种形式。

（一）代位权

代位权是指因债务人怠于行使其债权或者与该债权有关的从权利，影响债权人的到期债权实现的，债权人可以向人民法院请求以自己的名义代位行使债务人对相对人的权利，但是该权利专属于债务人自身的除外。代位权的行使范围以债权人的债权为限。债权人行使代位权的必要费用，由债务人负担。相对人对债务人的抗辩，可以向债权人主张。

代位权的行使应同时符合下列条件：

（1）债权人对债务人的债权合法。

（2）债务人怠于行使其到期债权，对债权人造成损害。

（3）债务人的债权已到期。

（4）债务人的债权不是专属于债务人自身的债权。专属于债务人自身的债权，是指基于扶养关系、抚养关系、赡养关系、继承关系产生的给付请求权和劳动报酬、退休金、养老金、抚恤金、安置费、人寿保险、人身伤害赔偿请求权等权利。

案例分析 5-18

乙厂欠甲公司10万元货款，丙单位欠乙厂8万元货款，两笔欠款均已到期，乙厂无力偿还甲公司的货款，又不向丙单位讨还欠款。此时，甲公司可以向人民法院申请代位乙厂向丙单位讨还欠款。

请同学们分析：甲公司可以向丙单位讨还欠款吗？为什么？

（二）撤销权

撤销权是指债务人以放弃其债权、放弃债权担保、无偿转让财产等方式无偿处分财产权益，或者恶意延长其到期债权的履行期限，影响债权人的债权实现的，债权人可以请求人民法院撤销债务人的行为。

债务人以明显不合理的低价转让财产、以明显不合理的高价受让他人财产或者为他人的债务提供担保，影响债权人的债权实现，债务人的相对人知道或者应当知道该情形的，债权人可以请求人民法院撤销债务人的行为。撤销权的行使范围以债权人的债权为限。债权人行使撤销权的必要费用，由债务人负担。

根据《民法典》的规定，债权人行使撤销权须具备客观要件和主观要件，并且因债务人所为的行为是否为有偿而有所不同。

从客观要件上说，首先，必须是债务人实施了处分其财产的行为，包括放弃到期债权、无偿转让财产和以明显不合理的低价转让财产的行为；其次，债务人处分其财产的行为已经发生效力，对尚未发生效力的行为不存在撤销的问题；第三，债务人处分其财产的行为已经或将要严重损害债权人的债权。

从主观要件上说，债务人与第三人主观上具有恶意。这里的第三人仅指上述债务人的第三种处分行为中的第三人，即以明显不合理的低价受让财产的第三人。对于第三人来说，只要其知道债务人是以明显不合理的低价向其转让财产，即可认定其具有恶意。债权人撤销权行使的效果是使债务人不当处分财产行为溯及既往的效力消灭，恢复债务人的责任财产，以保障债权人债权的实现。

根据我国《民法典》的规定：撤销权自债权人知道或者应当知道撤销事由之日起一年内行使。自债务人的行为发生之日起 5 年内没有行使撤销权的，该撤销权消灭。

第五节 合同的担保

一、合同担保的概念

合同担保是指依据法律规定或者当事人的约定，为保证合同履行或债权实现而采取的法律保障措施。

二、合同担保的种类

我国合同担保制度由保证、抵押、质押、留置和定金五种担保方式组成。

（一）保证合同

保证合同是指为保障债权的实现，保证人和债权人约定，当债务人不履行到期债务或者发生当事人约定的情形时，保证人履行债务或者承担责任的合同。其中，为债务人的债务履行作担保的第三人称为保证人；被担保的债务人称为被保证人。

1. 保证人的资格

我国《民法典》规定：机关法人不得为保证人，但是经国务院批准为使用外国政府或者国际经济组织贷款进行转贷的除外；以公益为目的的非营利法人、非法人组织不得为保证人。

案例分析 5-19

某发展公司向银行贷款经营，银行要求发展公司提供担保，发展公司的法定代表人找到其担任医院院长的表兄，要求医院提供担保，表兄答应为其担保。

请问：医院可以为其担保吗？

2. 保证的方式

根据我国《民法典》规定，保证的基本方式有两种：

（1）一般保证。一般保证当事人在保证合同中约定，债务人不能履行债务时，由保证人承担保证责任的，为一般保证。一般保证的成立以债权人和保证人有明确约定为要件。一般保证的保证人在主合同纠纷未经审判或仲裁，并在债务人财产依法强制执行仍不能清偿债务前，对债权人可拒绝承担保证责任。但是，债务人住所变更，致使债权人要求其履行债务发生重大困难，或者法院受理债务人破产案件、中止执行程序的，或者保证人以书面形式放弃先诉抗辩权的，保证人应承担保证责任。

（2）连带责任保证。当事人在保证合同中约定保证人与债务人对债务承担连带责任的，为连带责任保证。连带责任保证的债务人在主合同规定的债务履行期限届满时没有履行债务的，债权人可以直接要求保证人在其保证范围内承担保证责任。

当事人在保证合同中对保证方式没有约定或者约定不明确的，按照一般保证承担保证责任。

3. 保证期间

保证期间是确定保证人承担保证责任的期间，不发生中止、中断和延长。债权人与保证人可以约定保证期间，但是约定的保证期间早于主债务履行期限或者与主债务履行期限同时届满的，视为没有约定；没有约定或者约定不明确的，保证期间为主债务履行期限届满之日起六个月。债权人与债务人对主债务履行期限没有约定或者约定不明确的，保证期间自债权人请求债务人履行债务的宽限期届满之日起计算。

4. 保证责任

保证责任即保证人在担保事项出现时应承担的法律责任。保证责任的范围包括主债权及利息、违约金、损害赔偿金和实现债权的费用。

（1）保证责任免除。根据我国《民法典》规定，有下列情形之一的，保证人不承担民事责任：主合同当事人双方串通，骗取保证人提供保证的；合同债权人采取欺诈、胁迫等手段，使保证人在违背真实意思的情况下提供保证的。

（2）保证人的数量与保证责任的关系。同一债务有两个以上保证人的，保证人应当按照保证合同约定的保证份额承担保证责任；没有约定保证份额的，债权人可以请求任何一个保证人在其保证范围内承担保证责任。保证人承担保证责任后，除当事人另有约定外，有权在其承担保证责任的范围内向债务人追偿，享有债权人对债务人的权利，但是不得损害债权人的利益。

（3）主合同变更对保证责任的影响。除保证合同另有约定外，债权人与债务人协议变更主合同的，应当取得保证人的书面同意；未经保证人书面同意的，保证人不再对变更后的主合同承担保证责任。保证合同被确认无效后，债务人、保证人、债权人有过错的，应当根据其过错各自承担相应的民事责任。

（4）债权债务转让对保证责任的影响。《民法典》规定：债权人转让全部或者部分债权，未通知保证人的，该转让对保证人不发生效力；保证人与债权人约定禁止债权转让，债权人未经保证人书面同意转让债权的，保证人对受让人不再承担保证责任；债权人未经保证人书面同意，允许债务人转移全部或者部分债务，保证人对未经其同意转移的债务不再承担保证责任，但是债权人和保证人另有约定的除外；第三人加入债务的，保证人的保证责任不受影响。

（5）保证与物的担保并存时的规定。同一债权既有保证又有物的担保时，应优先执行物的担保,保证人仅对物的担保以外的债权承担保证责任。如果债权人放弃物的担保,保证人在债权人放弃权利的范围内免除保证责任。

(6)保证人的追偿权。保证人承担保证责任后,享有追偿权,即有权向债务人追偿其代为清偿的部分。保证人自行履行保证责任时,其实际清偿额大于主债权范围的,保证人只能在主债权范围内对债务人行使追偿权。

案例分析 5-20

甲、乙两企业签订了一份租赁合同,约定由甲厂为乙厂提供先进生产线一条,租期3年,租金为150万元。丙厂为乙厂提供了担保,合同未约定担保是一般保证还是连带责任保证。合同期满后,乙厂未按规定支付150万元租金,仅支付了80万元租金。

请问:甲厂应当向谁要求支付其余的70万元租金?

（二）抵押和质押

1. 抵押

(1)抵押的概念。**抵押**是指债务人或者第三人的特定财产在不转移占有的前提下,将该财产作为债权的担保,当债务人不履行债务时,债权人有权依法以该财产折价或者以拍卖、变卖该财产的价款优先受偿。在抵押法律关系中,提供财产的债务人或者第三人称为抵押人;债权人享有的当债务人不履行债务时以变卖抵押物优先受偿的权利称为抵押权;享有抵押权的债权人称为抵押权人。

(2)抵押物。用于抵押的财产称为抵押物。根据法律规定,下列财产可以抵押:

① 建筑物和其他土地附着物;

② 建设用地使用权;

③ 海域使用权;

④ 生产设备、原材料、半成品、产品;

⑤ 正在建造的建筑物、船舶、航空器;

⑥ 交通运输工具;

⑦ 法律、行政法规未禁止抵押的其他财产。

根据我国《民法典》规定,下列财产不得抵押:

① 土地所有权;

② 宅基地、自留地、自留山等集体所有土地的使用权,但是法律规定可以抵押的除外;

③ 学校、幼儿园、医疗机构等为公益目的成立的非营利法人的教育设施、医疗卫生设施和其他公益设施;

④ 所有权、使用权不明或者有争议的财产;

⑤ 依法被查封、扣押、监管的财产;

⑥ 法律、行政法规规定不得抵押的其他财产。

案例分析 5-21

2021年6月,某乡村民钟某为提高家庭经营能力,打算向乡农村信用社贷款4万元购买2辆农用车,信用社要求其提供相应的担保。钟某提出以自家承包经营的3.33公顷荒山作抵押，并说明所承包的荒山已经种上了果树，很快就有收成。但信用社以承包土地不能用于抵押为由，不同意以此作贷款担保。

问：钟某能以自己所承包的荒山作贷款抵押吗？为什么？

这里值得一提的是：我国法律对房地产的抵押作了专门规定，实行房与地同时抵押的原则。以依法取得的国有土地上的房屋抵押的，该房屋占用范围内的国有土地使用权同时抵押。以出让方式取得的国有土地使用权抵押的，应当将抵押时该国有土地上的房屋同时抵押。乡（镇）、村企业的土地使用权不得单独抵押。以乡（镇）、村企业的厂房等建筑物抵押的，其占用范围内的土地使用权同时抵押。

抵押人所担保的债权不得超出其抵押物的价值。财产抵押后，该财产的价值大于所担保债权的余额部分，可以再次抵押。

另外，以经法定程序确认为违法、违章的建筑物抵押的，抵押无效。共有人以其共有财产设定抵押，未经其他共有人同意的，抵押无效。但是，其他共有人知道或者应当知道而未提出异议的视为同意，抵押有效。

（3）抵押物登记。当事人以法律规定的需要办理抵押物登记的财产抵押的，应当向有关部门办理抵押物登记，抵押合同自登记之日起生效。

根据抵押物的不同，办理登记的部门也就不同：

① 以无地上定着物的土地使用权抵押的，为核发土地使用权证书的土地管理部门。

② 以城市房地产或者乡（镇）、村企业的厂房等建筑物抵押的，为县级以上地方人民政府规定的部门。

③ 以林木抵押的，为县级以上林木主管部门。

④ 以航空器、船舶、车辆抵押的，为运输工具的登记部门。

⑤ 以企业的设备和其他动产抵押的，为财产所在地的市场监管部门。

当事人以上述五种财产以外的财产抵押的，可以自愿办理抵押物登记，登记部门为抵押人所在地的公证部门。是否办理抵押物登记，不影响抵押合同的生效，抵押合同自签订之日起生效。但未办理登记的抵押合同，不得对抗第三者。

（4）抵押的效力。根据我国《民法典》规定：抵押权因抵押物灭失而消灭。因抵押物灭失所得的赔偿部分，应作为抵押财产。抵押人对特定财产设定抵押后并不丧失对该财产的所有权，仍有权对已抵押的财产进行处分，但要受到抵押权效力的影响，主要表现为：

① 抵押人将已抵押的财产出租的，抵押权实现后，租赁合同对受让人不具有约束力。抵押人将已抵押的财产出租时，如果抵押人未书面告知承租人该财产已抵押的，抵押人对出租抵押物造成承租人的损失承担赔偿责任；如果抵押人已书面告知承租人该财产已抵押的，抵押权实现造成承租人的损失，由承租人自己承担。

② 抵押人将已出租的财产抵押的，抵押权实现后，租赁合同在有效期内对抵押物的受让人继续有效。

③ 在抵押期间，抵押人转让已办理登记的抵押物的，应当通知抵押权人并告知受让人转让物已经抵押的情况。抵押人未通知抵押权人或者未告知受让人的，转让行为无效，抵押权人仍可以行使抵押权。取得抵押物所有权的受让人，可以代替债务人清偿其全部债务，使抵押权消灭，受让人清偿债务后可以向抵押人追偿。抵押人转让未经登记的抵押物，抵押权不得对抗受让人，因此给抵押权人造成损失的，由抵押人承担赔偿责任。转让抵押物的价款明显低于其价值

的,抵押权人可以要求抵押人就债务清偿提供相应的担保;抵押人不提供的,不得转让抵押物。

(5)抵押担保债权的清偿顺序。债务履行期限届满,抵押权人未受清偿的,可以与抵押人协议以抵押物折价或者以拍卖、变卖该抵押物所得的价款受偿;协议不成的,抵押权人可以向人民法院提起诉讼。抵押物折价或者拍卖、变卖后,其价款超过债权数额的部分归抵押人所有,不足部分由债务人清偿。

我国《民法典》规定:同一财产向两个以上债权人抵押的,拍卖、变卖抵押财产所得的价款依照下列规定清偿:

① 抵押权已经登记的,按照登记的时间先后确定清偿顺序;

② 抵押权已经登记的先于未登记的受偿;

③ 抵押权未登记的,按照债权比例清偿。

案例分析 5-22

某电机厂经营管理不善,产品质量不合格,因违约欠某农机公司货款 90 万元。为扭亏为盈,电机厂决定进口新设备,生产新型产品。为此,电机厂以本厂一辆价值约 150 万元的轿车为抵押物从银行贷款 100 万元,后又以一辆价值约 20 万元的汽车为抵押物向某土产公司借款 15 万元。新设备进来后,因缺乏技术人员,电机厂又以抵押给银行的那辆轿车为抵押物,从某供销公司借款 40 万元(上述抵押物均在借款当天进行了登记)。新产品投产后,并未收到预期效果。不巧,电机厂抵押给土产公司的汽车因车库一次火灾事故烧成废铁,抵押给银行和供销公司的轿车在一次外出中被撞毁。因轿车已入了保险,几家公司为谁先受偿发生了争执。

请思考:谁的债权应优先受偿?为什么?

2. 质押

质押是指债务人或者第三人将动产或权利交与债权人所有,作为债务履行的担保。在质押法律关系中,提供动产或权利的债务人或者第三人称为出质人,提供担保的动产或权利称为质物,债权人享有的当债务人不履行债务时以变卖质物优先受偿的权利称为质权,享有质权的债权人称为质权人。质押分为动产质押与权利质押。动产质押是指债务人或第三人将动产移交债权人占有,将该动产作为债权的担保。设立动产质押必须由出质人与质权人订立质押合同。

(1)质权人的权利和义务。

① 根据我国《民法典》规定,质权人享有的权利包括:

▲留置质物的权利。质权人在债务人未清偿债务之前有权留置质物,并有收取留置质

物所产生的孳息的权利。

▲请求担保权。如果质物有损坏或者价值有明显减少的可能,足以危害质权人权利的,质权人可以要求出质人提供相应的担保。出质人不提供的,质权人可以拍卖或者变卖质物,并与出质人协议将拍卖或者变卖所得的价款用于提前清偿所担保的债权或者向与出质人约定的第三人提存。

▲优先受偿权。债务履行期限届满时质权人未受清偿的,可以与出质人协议以质物折价,也可以依法拍卖、变卖质物。质物折价或者拍卖、变卖后,其价款优先清偿债务,其价款超过债权数额的部分归出质人所有,不足部分由债务人清偿。

② 质权人的义务包括:

▲质权人负有妥善保管质物的义务。因保管不善致使质物灭失或者毁损的,质权人应当承担民事赔偿责任。质权人在质权存续期间,未经出质人同意,擅自使用、出租、处分质物的,如果因此给出质人造成损失的,由质权人承担赔偿责任。

▲质权人返还质物的义务。债务履行期限届满,债务人履行债务的,或者出质人提前清偿所担保的债权的,质权人应当返还质物。

(2) 权利质押。权利质押是指以所有权以外的财产为标的物而设置的债权担保。

根据我国《民法典》规定,债务人或者第三人有权处分的下列权利可以出质:

① 汇票、本票、支票;

② 债券、存款单;

③ 仓单、提单;

④ 可以转让的基金份额、股权;

⑤ 可以转让的注册商标专用权、专利权、著作权等知识产权中的财产权;

⑥ 现有的以及将有的应收账款;

⑦ 法律、行政法规规定可以出质的其他财产权利。

权利质押合同因出质标的不同,合同生效的时间也不同:

① 以汇票、支票、本票、债券、存款单、仓单、提单出质的,应当在合同约定的期限内将权利凭证交付质权人。质押合同自权利凭证交付之日起生效。

② 以依法可以转让的股份、股票出质的,出质人和质权人应当订立书面合同,并向证券登记机构办理出质登记,质押合同自办理出质登记之日起生效。

③ 以依法可以转让的商标专用权、专利权、著作权中的财产权出质的,出质人与质权人应当订立书面合同,并向其管理部门办理出质登记。质押合同自登记之日起生效。权利出质后,出质人不得转让或者许可他人使用,但质权人许可的除外。出质人未经质权人同意而转让或者许可他人使用已出质权利的,应认定为转让或许可使用行为无效。如果因此给质权人或者第三人造成损失的,由出质人承担民事责任。出质人所得的转让费、许可费应当向质权人提前清偿所担保的债权或者向与质权人约定的第三人提存。

小思考 5-5

兰天股份公司(上市公司)的董事长甲,因单位房改急需款项,遂将其个人所有的兰天股份股票质押给乙,借款 10 万元。股票能否设定抵押物?

（三）留置

留置是指债务人不履行到期债务，债权人可以留置已经合法占有的债务人的动产，并有权就该动产优先受偿。

因保管合同、运输合同、加工承揽合同及其他法律规定可以留置动产的合同而发生的债权，债务人不履行债务的，债权人有留置权。留置权人与债务人应当约定留置财产后的债务履行期限；没有约定或者约定不明确的，留置权人应当给债务人六十日以上履行债务的期限，但是鲜活易腐等不易保管的动产除外。债务人逾期未履行的，留置权人可以与债务人协议以留置财产折价，也可以就拍卖、变卖留置财产所得的价款优先受偿。留置财产折价或者变卖的，应当参照市场价格。债务人可以请求留置权人在债务履行期限届满后行使留置权；留置权人不行使的，债务人可以请求人民法院拍卖、变卖留置财产。留置财产折价或者拍卖、变卖后，其价款超过债权数额的部分归债务人所有，不足部分由债务人清偿。

同一动产上已经设立抵押权或者质权，该动产又被留置的，留置权人优先受偿。留置权人对留置财产丧失占有或者留置权人接受债务人另行提供担保的，留置权消灭。

案例分析 5-23

2021 年 1 月，甲因电视机出现故障送至乙处修理。由于甲逾期未支付修理费，乙将电视机留置，并通知甲应在 30 日内支付其应付的费用，但甲仍未能按期交付，乙遂将该电视机变价受偿。

请问：乙的做法是否有法律依据？

案例分析 5-24

甲雇用乙为其打扫卫生，在乙将结束打扫、正在擦拭最后一件水晶饰品时，甲表示乙打扫得不干净，不准备付钱了。乙听了之后，就将拿在手中擦拭的水晶饰品往自己口袋里一放，并声称自己将该物留置了，直至甲付款为止。

请问：乙的行为能否构成留置？为什么？

（四）定金

定金是指合同当事人一方为保证合同的履行，在合同成立后、履行前预先向对方当事人交付一定数额的货币。定金与预付款不同。预付款是合同当事人一方为履行付款义务而预先向对方当事人支付一定数额的款项，无担保作用，若对方不履行合同，也无惩罚规定。根据我国《民法典》规定，当事人可以约定一方向对方给付定金作为债权的担保。债务人履行债务后，定金应当抵作价款或者收回。给付定金的一方不履行约定的债务的，无权要求返还定金；收受定金的一方不履行约定的债务的，应当双倍返还定金。定金应当以书面形式约定。当事人在定金合同中应当约定交付定金的期限。定金合同从实际交付定金之日起生效。定金的数额由当事人约定，但不得超过主合同标的额的 20%。

此外，《民法典》还规定：当事人既约定违约金又约定定金的，在对方违约时，可以选择适用违约金或定金条款。但两者不可以并用。

预付款和定金是一回事吗

　　预付款和定金不是同一个概念。定金具有合同的担保性质。在合同履行后,定金可以折抵价款或者收回。若给付定金的一方不履行约定的债务,无权要求返还定金;收受一方不履行债务的,应当双倍返还定金。可见定金具有一定的惩罚性。而预付款是合同一方当事人在合同成立后、履行前在合同规定的价款内向另一方当事人支付一定数额的货币,具有提前预付的性质,合同履行后可以抵付价款,不具有惩罚性。

第六节　合同的变更与转让

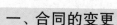

一、合同的变更

　　合同的变更是指生效的合同在未履行或未履行完毕之前,由于主、客观情况的变化而使合同的内容发生变化。

　　合同变更的方式主要有三种:

　　（一）当事人协议变更

　　合同是由当事人协商一致而订立的,经当事人协商一致,可以变更合同。但法律、行政法规规定变更合同应当办理批准、登记等手续的,应依照其规定办理批准、登记等手续方可变更。为防止发生纠纷,当事人对合同变更的内容应作明确约定,变更内容约定不明确的,《民法典》规定,推定为合同未变更。

　　（二）法院或仲裁机关裁决变更

　　如因重大误解或显失公平而订立的合同,当事人一方可以向人民法院或仲裁机关申请裁决变更或撤销合同。

　　（三）法定事由出现变更

　　如遭遇不可抗力导致债务人不能按期履行债务时,债务人可以减少债务数额或延期履行债务。合同变更后,当事人应当按照变更后的合同履行。原合同未变更部分仍然有效,合同变更的部分仅对未履行的部分发生法律效力,对已履行的部分无溯及力。

　　因合同的变更而使一方当事人受到经济损失的,受损一方可向另一方当事人要求损失赔偿。

经济法基础

二、合同的转让

合同的转让是指合同的当事人将其合同的权利和义务全部或者部分转让给第三人。合同的转让分为权利转让、义务转移及权利、义务一并转让三种情形。

（一）权利转让

权利转让是指不改变合同的内容，权利人将其合同的权利全部或部分转让给第三人。其中，权利人称为让与人，第三人称为受让人。

根据我国《民法典》的规定，权利人可以将合同的权利全部或者部分转让给第三人，但有下列情形之一的除外：

1. 根据合同性质不得转让

这主要指合同是基于当事人身份关系而订立的合同，合同权利转让给第三人，会使合同的内容发生变化，违反了订立合同的目的。如当事人基于信任关系而订立的赠与合同、委托合同、雇佣合同等都属于合同权利不得转让的合同。

2. 按照当事人约定不得转让

合同当事人在订立合同时，对权利的转让作出特别的约定，只要意思表示真实并且不违反法律规定，那么禁止合同权利转让的特别约定就具有法律约束力。

3. 依照法律规定不得转让

某些合同的债权涉及国家及社会的公共利益，因而法律禁止该合同的债权转让或债权转让须经国家有关部门批准。

当事人约定非金钱债权不得转让的，不得对抗善意第三人。当事人约定金钱债权不得转让的，不得对抗第三人。

必须指出的是，债权人转让权利的，无须债务人同意，但应当通知债务人。未经通知，该转让对债务人不发生效力。债权人转让权利不得损害债务人的利益，不应影响债务人的权利。债务人对债权人享有的抵消权，不受债权转让的影响。

案例分析 5-25

刘某向某财务公司借款购买了一辆平头大货车，偿还借款后，又以该车为抵押向该财务公司贷款 15 万元，约定 2 年还清。2 年后，刘某未偿还贷款本息，财务公司将其诉至法院。法院判决刘某败诉，应偿还贷款本息，财务公司享有货车的抵押权。由于刘某在外地从事运输工作无法实现抵押权，财务公司与某运输公司签订了转让该债权和抵押权的合同，运输公司支付给财务公司 16 万元转让费。随后，财务公司通知刘某家人转告其债权转让一事。刘某得知后，不同意财务公司的转让行为，拒绝向运输公司履行债务。运输公司只好向法院起诉，要求刘某偿还债务。

请问：法院应如何处理此案？

（二）义务转移

义务转移是指不改变合同的内容，债务人将其合同的义务全部或部分转移给第三人。义务转移分为两种情况：

（1）合同义务的全部转移，即新债务人取代了合同原债务人的地位，原债务人脱离合同的债务关系。

（2）合同义务的部分转移，即第三人加入债务关系与原债务人共同负担合同债务，原债务人并未脱离合同的债务关系。

我国《民法典》规定：债务人将债务的全部或者部分转移给第三人的，应当经债权人同意。债务人或者第三人可以催告债权人在合理期限内予以同意，债权人未作表示的，视为不同意。

（三）权利、义务一并转让

权利、义务一并转让是指当事人与第三人协议，将其合同的权利和义务一并转让给第三人。当事人将合同的权利、义务一并转让，除了取得第三人同意以外，还应该遵守以下法律规定：不得转让依照法律规定禁止转让的权利；转让合同权利和义务时，从权利和从义务一并转让，但该从权利或从义务专属于当事人自身的除外；法律、行政法规规定转让权利或者转移义务应当办理批准、登记等手续的，应依照其规定办理相应手续。当事人订立合同后合并的，由合并后的法人或者其他组织行使合同权利，履行合同义务。当事人订立合同后分立的，除债权人和债务人另有约定的以外，由分立的法人或者其他组织对合同的权利和义务享有连带债权，承担连带债务。

小思考 5-6

债权人转让合同权利是否需要经债务人的同意？

第七节　合同的解除与终止

一、合同的解除

合同的解除是指合同成立生效后，因发生了法定、约定情况或当事人协商一致，而使合同关系消灭的行为。合同的解除分为约定解除和法定解除两种情况。

（一）约定解除

约定解除是指当事人通过行使约定解除权或者当事人协商一致而解除合同。在订立合同时，可以约定当事人一方或双方拥有合同解除权。约定合同解除权必须符合合同生效的条件，即不得违反法律、损害国家利益和社会公共利益。当解除合同的条件成就时，解除权人可以解除合同。法律规定或者当事人可以约定解除权行使期限，期限届满时当事人不行使的，该权利消灭；法律未规定或者当事人未约定解除权行使期限的，经对方催告后在合理期限内不行使的，该权利消灭。合同生效后，未履行或未完全履行前，当事人也可以协议解除合同，但解除合同协议也必须符合合同生效的条件。

（二）法定解除

法定解除是指合同成立生效后，当事人根据法律规定解除合同。我国《民法典》规定，有下列情形之一的，当事人可以解除合同：

（1）因不可抗力致使不能实现合同目的。

（2）在履行期限届满之前，当事人一方明确表示或者以自己的行为表明不履行主要债务。

（3）当事人一方迟延履行主要债务，经催告后在合理期限内仍未履行。

（4）当事人一方迟延履行债务或者有其他违约行为致使不能实现合同目的。

（5）法律规定的其他情形。

此外，《民法典》还规定：以持续履行的债务为内容的不定期合同，当事人可以随时解除合同，但是应当在合理期限之前通知对方。当事人一方主张解除合同的，应当通知对方。合同自通知到达对方时解除。对方有异议的，可以请求人民法院或者仲裁机构确认解除合同的效力。当事人解除合同，法律、行政法规规定应当办理批准、登记等手续的，应依照其规定办理。合同解除后，尚未履行的，终止履行；已经履行的，根据履行情况和合同性质，当事人可以要求恢复原状、采取其他补救措施，并有权要求赔偿损失。合同的权利义务终止，不影响合同中结算和清理条款的效力。

案例分析 5-26

甲百货公司（以下简称"甲"）与乙皮货厂（以下简称"乙"）于 2020 年 3 月 5 日签订买卖合同。合同约定：如果 8 月 10 日前甲完成商场装修，甲即向乙订购貂皮大衣 1 000 件；貂皮大衣须于 2020 年 11 月 1 日前交货，以备甲冬季销售之用；违约支付总货款 5% 的违约金。7 月 10 日，甲完成商场装修，并于当日电话通知了乙。由于乙的原料供应商丙未能如期向乙提供制作貂皮大衣所需的原料，导致乙直至 2021 年 3 月才将合同约定的 1 000 件貂皮大衣准备好。

请问：（1）乙、丙当中应由谁向甲承担违约责任？说明理由。

（2）甲能否提出解除合同？为什么？

二、合同的终止

合同的权利义务终止是指由于某种法律事实的发生，使当事人之间的权利义务关系消灭，即合同关系消灭。

根据我国《民法典》规定，有下列情形之一的，合同的权利义务终止：

（1）债务已经按照约定履行；

（2）合同解除；

（3）债务相互抵消；

（4）债务人依法将标的物提存；

（5）债权人免除债务；

（6）债权债务同归于一人；

（7）法律规定或者当事人约定终止的其他情形。

其中，提存是指债务人因债权人原因将无法清偿的标的物提交给提存机关保存以消灭合同的行为。我国的提存机关为公证机关。《民法典》规定，有下列情形之一的，债务人可以将标的物提存：债权人无正当理由拒绝受领；债权人下落不明；债权人死亡未确定继承人，或者丧失民事行为能力未确定监护人；法律规定的其他情形。

合同的权利义务终止后，当事人有时还负有后合同义务，即合同终止后，当事人应当遵循诚实信用原则，根据交易习惯履行通知、协助、保密等义务。

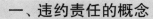

小思考5-7

对于不能存放的鲜活物品，提存机构如何处理？

第八节　违约责任

一、违约责任的概念

违约责任指当事人不履行合同义务或履行合同义务不符合约定时所应承担的法律责任。违约责任是民事责任的一种，主要表现为财产责任。它既具有明显的补偿性，又具有相对性。

二、违约责任的构成要件

违约责任的构成要件有二：

（1）有违约行为。违约行为是指当事人一方不履行合同义务或者履行合同义务不符合约定条件的行为。

（2）无免责事由。免责事由也称免责条件，是指当事人对其违约行为免于承担违约责任的事由。合同规定的免责事由可分为两大类，即法定免责事由和约定免责事由。法定免责事由是指由法律直接规定、不需要当事人约定即可援用的免责事由，主要指不可抗力；约定免责事由是指当事人约定的免责条款。

三、违约责任的形态

（一）实际违约

实际违约，即实际发生的违约行为。实际违约的具体形态包括：

（1）不履行。包括履行不能和拒绝履行。履行不能是指债务人在客观上已经没有履行能力。如在提供劳务的合同中，债务人丧失了劳动能力；在以特定物为标的的合同中，该特定物灭失。拒绝履行是指合同履行期到来后，一方当事人能够履行而故意不履行合同规定的全部义务。

（2）迟延履行。迟延履行是指合同债务已经到期，债务人能够履行而未履行。

（3）不适当履行。不适当履行是指债务人虽然履行了债务，但其履行不符合合同的约定,包括瑕疵给付(即履行有瑕疵,侵害对方履行利益,如给付数量不完全、给付质量不符合约定、给付时间和地点不当等)和加害给付(即因不适当履行造成对方履行利益之外的其他损失,如出售不合格产品导致买受人的损害)。

案例分析5-27

某县种子供应站(以下简称"供种站")从本省种子研究所原种场购进一批西瓜种子,分别销售给当地 500 户农民。该 500 户农民按照原种场提供的技术资料对种植的西瓜种子实施了田间管理,但西瓜的生长情况却与资料介绍的数据不符,出现了大量减产的现象。供种站多次电告原种场派人处理,原种场均以各种借口推卸责任。经市农业局的高级农艺师核实,用户的西瓜产量无法达到原种场技术资料提供的数据,总损失达 15 余万元。后经查明,该种子在批量生产时,由于操作人员疏忽,致使种子的品质无法达到试种的技术水平。村民向供种站要求索赔,供种站以不知种子存在质量问题进行抗辩,拒绝赔偿,村民遂起诉到人民法院。

请问:本案应如何处理?

（二）预期违约

预期违约也称先期违约,是指在合同履行期限到来之前,一方无正当理由但明确表示其在履行期到来后将不履行合同,或者其行为表明其在履行期到来后将不可能履行合同。

预期违约包括两种形态,即明示预期违约(明示毁约)和默示预期违约(默示毁约)。

（1）明示毁约是指一方当事人无正当理由,明确地向对方表示将在履行期届至时不履行合同。

（2）默示毁约是指在履行期到来之前,一方以自己的行为表明其将在履行期届至后不履行合同。其特点为:债务人虽然没有表示不履行合同,但其行为表明将不履行合同或不能履行合同。例如,特定物买卖合同的出卖人在合同履行期届至前将标的物转卖给第三人,或买受人在付款期到来之前转移财产和存款以逃避债务。

四、承担违约责任的主要形式

我国《民法典》规定,违约的当事人承担违约责任的方式主要有以下几种:

（一）支付违约金

违约金是指合同当事人在合同中约定,一方当事人不履行合同义务或履行合同义务不符合约定时,应当根据情况向对方支付一定数额的货币。

我国《民法典》规定:当事人可以约定一方违约时应当根据违约情况向对方支付一定数额的违约金,也可以约定因违约产生的损失赔偿额的计算方法。约定的违约金低于造成的损失的,当事人可以请求人民法院或者仲裁机构予以增加;约定的违约金过分高于造成的损失的,当事人可以请求人民法院或者仲裁机构予以适当减少。

经济法基础

甲与乙订立了一份苹果购销合同,约定:甲向乙交付 20 万千克苹果,货款为 40 万元,乙向甲付定金 4 万元;如任何一方不履行合同,应支付违约金 6 万元。甲因将苹果卖与丙而无法向乙交付苹果。

请问:假如你是乙,如何既能最大限度地保护自己的利益,又能获得法院支持?

(二)赔偿损失

当事人一方不履行合同义务或者履行合同义务不符合约定的,在履行义务或者采取补救措施后,对方还有其他损失的,应当赔偿损失。损失赔偿额应当相当于因违约所造成的损失,包括合同履行后可以获得的利益,但不得超过违反合同一方订立合同时预见到或者应当预见到的因违反合同可能造成的损失。

当事人一方违约后,对方应当采取适当措施防止损失的扩大;没有采取适当措施致使损失扩大的,不得就扩大的损失要求赔偿。当事人因防止损失扩大而支出的合理费用由违约方承担。

(三)继续履行

继续履行是指债权人在债务人不履行合同义务时,可请求人民法院或者仲裁机构强制债务人实际履行合同义务。继续履行虽然是一种承担违约责任的方式,但其实质是为了实现合同的目的,所以对违约方来说并不具有惩罚性。

依据《民法典》的规定,当事人一方未支付价款或者报酬的,对方可以要求其支付价款或者报酬。当事人一方不履行非金钱债务或者履行非金钱债务不符合约定的,对方可以要求履行,但有下列情形之一的除外:

(1)法律上或者事实上不能履行。

(2)债务的标的不适于强制履行或者履行费用过高。

(3)债权人在合理期限内未要求履行。

(四)采取补救措施

《民法典》规定:当事人履行合同义务时,质量不符合约定的,应当按照当事人的约定承担违约责任。对违约责任没有约定或者约定不明确,受损害方根据标的的性质以及损失的大小,可以合理选择要求对方承担修理、更换、重作、退货、减少价款或者报酬等违约责任。

(五)给付或双倍返还定金

根据我国《民法典》规定,当事人可以约定一方向对方给付定金作为债权的担保。给付定金的一方不履行约定的债务的,无权要求返还定金;收受定金的一方不履行约定的债务的,应当双倍返还定金。

定金、违约金与损害赔偿金能同时使用吗

定金、违约金与损害赔偿金是三种不同的责任形式。我国《民法典》规定,针对同一违约行为既约定定金又约定违约金的,可以且也只能由非违约方选择一种对自己最有利的责任形式。这从法律上明确了针对同一违约行为的定金与违约金竞合时不能同时使用。同时我国《民法典》规定了违约金可以与损害赔偿并用,并有一定的限制,但没有规定定金与损害赔偿金能否同时使用的问题。从理论上讲,两者并用是符合《民法典》原理的,因为定金具有非补偿性的特点,其适用不以实际损害的发生为前提,是独立于损害赔偿责任的,故两者可并用。

五、违约责任的免除

如果当事人的违约是由于免责事由的出现而造成的,可根据情况免除违约方的违约责任。《民法典》规定了三种免责事由:不可抗力、免责条款、法律的特殊规定。

(一)不可抗力

不可抗力是指不能预见、不能避免并不能克服的客观情况,如自然灾害、战争等。不可抗力是违约责任免除的法定事由。

《民法典》规定:因不可抗力不能履行合同的,根据不可抗力的影响,部分或者全部免除责任,但法律另有规定的除外。当事人迟延履行后发生不可抗力的,不能免除责任。当事人一方因不可抗力不能履行合同的,应当及时通知对方,以减轻可能给对方造成的损失,并应当在合理期限内提供证明。

刘某在某摩托车经销部购买了一辆×型号的电动车,该型号的电动车销路很好。刘某预先交了车款,并与店主约定第二天中午准时来提车,店主为其开具了领车单。刘某第二天因突然出差而未能准时提车,刘某出差回来后听说该摩托车经销部近日因仓库起火而停业,遂立即找到该摩托车经销部店主,要求提车,店主称电动车已被烧毁,刘某又要求返还车款,被店主拒绝。刘某将店主起诉至人民法院,要求店主返还车款。

请问:刘某的请求是否合理?为什么?

(二)免责条款

免责条款是合同双方当事人在合同中约定的,当出现指定的事由或条件时,可免除违约方违约责任的规定。但是免责条款须符合法律规定的有效条件。

(三)法律的特殊规定

在法律有特殊规定时,可以免除违约方的违约责任。如《民法典》在分则中规定:承运人对运输过程中货物的毁损、灭失承担赔偿责任,但承运人证明货物的毁损、灭失是因不可抗力、货物本身的自然性质或合理损耗以及托运人、收货人的过错造成的,不承担损害赔偿责任。

(1) 百货公司发布的招租启事属于要约,由于此要约通过新闻媒体发布,发布之日就应视为到达受要约人,要约生效,因此不存在要约撤回问题。

(2) 我国《民法典》规定,要约可以撤销,但对撤销要约有限制,以下两种要约不得撤销:要约人确定了承诺期限或者以其他形式明示要约不可撤销;受要约人有理由认为要约是不可撤销的,并已经为履行合同作了准备工作。本案中,一方面,通过新闻媒体这种特殊介质发布要约,已经使人确信该要约是不可撤销的;另一方面,就周某来说,他已经为履行合同作了相当多的准备工作,并付出了一定的经济支出,因此对他来说,该要约也是不可撤销的。所以,百货公司宣布撤销要约的行为无效,实际上合同已经成立。

(3) 周某的损失百货公司应该赔偿。但是,赔偿的范围应该有限制,包括直接损失和间接损失两种。

★★★★★ 课后测试 ★★★★★

一、判断题

(   )1. 采用合同书形式订立合同,在签字或盖章前,合同在任何情况下都不会成立。

(   )2. 对于所有具有可撤销情形的合同,任何一方当事人均可申请撤销。

(   )3. 合同生效后,一方当事人的法定代表人变动的,应当变更合同。

(   )4. 合同当事人给付定金的,如果接受定金的一方违约,应当向给付方原数返还定金,但需要加付利息。

(   )5. 合同的中止和终止其含意是一样的。

二、单项选择题

(   )1. 一般说来,合同成立的时间是_____。
    A. 要约生效的时间　　　　　　　　B. 发出承诺通知的时间
    C. 承诺生效的时间　　　　　　　　D. 公证的时间

(   )2. 甲公司与乙公司签订了购买 10 辆汽车的合同。就在乙公司将汽车交付甲公司时,被市场监管部门查出该汽车是走私物品而予以查封。根据我国《民法典》关于合同效力的规定,该买卖汽车合同属于_____。
    A. 有效合同　　　B. 无效合同　　　C. 可撤销合同　　　D. 效力待定合同

(   )3. 张三误以为李四家的花瓶是文物(而实际仅是普通花瓶)而与李四订立了以高价买卖此花瓶的协议,该协议属于_____。
    A. 无效合同　　　B. 效力待定合同　　C. 有效合同　　　　D. 可撤销合同

(   )4. 债权人应当自知道或应当知道撤销事由之日起_____内行使撤销权。
    A. 一个月　　　B. 3 个月　　　C. 一年　　　　D. 5 年

(   )5. 根据《民法典》的规定,下列各项财产中,不得用于抵押的是_____。
    A. 抵押人所有的房屋和其他地上定着物
    B. 抵押人所有的交通工具

C. 土地所有权

D. 抵押人依法有处分权的国有土地使用权

三、多项选择题

（　　）1. 合同履行有先后顺序的，后履行义务一方当事人出现下列情况时，另一方当事人可以行使其不安抗辩权：_____。

　　A. 经营状况严重恶化的

　　B. 转移债务、抽逃资金，以逃避债务的

　　C. 严重丧失商业信誉的

　　D. 其他丧失或者可能丧失债务履行能力的情形

（　　）2. 下列关于定金的说法，正确的有_____。

　　A. 定金担保合同的履行

　　B. 定金是违约责任的一种

　　C. 定金不得超过主合同标的的 20%

　　D. 收受定金的一方不履行约定的债务的，应当双倍返还定金

（　　）3. 我国合同法律制度规定当事人承担的违约责任主要有_____。

　　A. 支付定金　　　　　　　　　　B. 赔偿损失

　　C. 中止履行合同　　　　　　　　D. 继续履行合同

　　E. 采取补救措施

（　　）4. 《民法典》规定的构成缔约过失责任的情形有_____。

　　A. 假借订立合同，进行恶意磋商

　　B. 故意隐瞒与订立合同有关的重要事实或提供虚假情况

　　C. 其他违背诚实信用原则的行为

　　D. 乘人之危订立合同的

（　　）5. 关于质押，下列说法正确的有_____。

　　A. 原则上，除不动产及法律禁止流通的动产外，其他一切动产都可设定质押

　　B. 汇票、支票、本票、债券、存款单、仓单、提单等也可以设定质押

　　C. 质押合同自质物移交质权人占有之日起生效

　　D. 主合同债务人因其提供了质物，而成为质押合同中的质权人

四、实训题

实训一

甲某与乙某签订了一份租房合同。合同约定：甲某租给乙某一室两厅的房屋一套；每月租金 1 200 元，按季度支付，每季度的第一个星期一交付本季度的租金；租期两年，从 2019 年 10 月 1 日至 2021 年 9 月 30 日止，并约定甲某于 2019 年 9 月 20 日前付定金 5 000 元。合同签订后，甲某于 2019 年 9 月 15 日按照合同付了定金给乙某，乙某当即交房给了甲某，甲某打开房屋查看后，用自己买的锁锁了门。2019 年 10 月 8 日，甲某找到乙某，提出不租房的要求，并要求乙某退还 5 000 元定金。乙某只同意甲某不租住自己的房屋，但不同意退还定金给甲某。

本案中,甲某的行为是否违约,理由是什么? 定金应该如何处理?

实训二

某地农民贾某的父母收藏了一幅齐白石的画,秘而不宣。其父去世后,贾某在整理遗物时发现了该画。由于贾某文化水平不高,不知道齐白石的画的价值。一日,某市国家干部刘某下乡检查工作,住在贾某家,发现了这幅画,于是以极低的价格买下了这幅画。后来,贾某通过电视知道了齐白石的画的价值,便通过十分曲折的途径找到刘某,要求刘某退还该画。刘某以双方都是自愿买卖,不存在威胁、欺骗为由,拒绝退回。于是贾某向法院起诉,要求刘某归还该画。

请分析刘某与贾某订立的买卖合同的效力如何? 理由是什么? 对于贾某的诉讼请求,法院能否支持? 为什么?

实训三

通过合同书的写作,进一步了解合同的概念、原则、条款,以及关于合同的相关法律规定,进而掌握合同的写作技巧。

五、思考题

1. 订立合同应当采用什么形式?
2. 合同的内容应当包括哪些主要条款?
3. 在什么情况下合同无效?
4. 合同中的哪些免责条款是无效的?
5. 在什么情况下当事人可以解除合同?
6. 当事人承担违约责任的方式主要有哪几种?
7. 当事人在哪些事由出现时可以部分或全部免除违约责任?

第六章　工业产权法律制度

【知识目标】

1. 学习了解我国工业产权的一般原理与基本制度。

2. 掌握商标权和专利权的取得条件和申请的程序。

3. 掌握商标权和专利权主体、客体、内容的权利和义务的有关规定。

【能力目标】

1. 学会如何利用工业产权有关法律知识保护企业的工业产权及商业秘密。

2. 能够运用所学的工业产权知识分析解决实践中的有关基础性法律问题。

案例导引

甲企业为北京生产乳胶漆的老厂，从 2019 年 2 月开始在商品上使用"天神"商标。2021 年 4 月 16 日，甲企业向商标局申请在漆类商品上注册"天神"商标；同日，浙江某漆厂也向商标局申请注册同一商标。此间，天津一颜料厂已在颜料上使用"天神"这一未注册商标达三年。

问：（1）谁能取得"天神"商标的专用权？为什么？

（2）天津颜料厂能否继续使用该商标？为什么？

一、工业产权的概念

工业产权是指人们对应用于商品生产和流通中的创造发明和显著标记等智力成果享有的专有权利。工业产权的范围十分广泛,主要包括发明、实用新型、外观设计、商标、服务标记、厂商名称、货源标记、原产地名称以及制止不正当竞争的权利。在我国,工业产权主要指专利权和商标权。

工业产权属于知识产权的范畴,是一种无形财产权,是人们对自己的脑力劳动所创造出的精神财富依法享有的权利。它与有形财产权相比,具有下列法律特征:

1. **专有性**

专有性,又称"排他性",是指依照法律规定取得的专利权和商标权专属于权利人所有,排除他人享有同样权利的可能性。享有该项权利的人有权使用或依其意志进行转让,其他任何人非经权利人同意不得使用,否则即为侵权。

2. **地域性**

地域性是指工业产权的法律保护具有域内效力,即一国授予的专利权和商标权只在该国领域内有效,对其他国家没有任何效力。一国的发明创造或商标要在他国获得专利权或商标权,必须依照他国的法律程序去申请并获得批准,否则,得不到他国法律的保护。

3. **时间性**

时间性是指工业产权的法律保护是有一定期限的,即权利人在法定期限内享有专有权,有效期限届满后,工业产权就不再受法律保护,成为社会财富,任何人都可以自由地使用而不发生侵权问题。

二、工业产权法的概念

工业产权法是指调整因确认、保护和使用工业产权而发生的各种社会关系的法律规范的总称。

工业产权法并不是一部单独的法,而是对主要包括专利法和商标法以及与此相关的条例、细则等的总称。我国调整工业产权的法律、法规主要有《中华人民共和国商标法》《中华人民共和国商标法实施细则》《中华人民共和国专利法》《中华人民共和国专利法实施细则》等。《中华人民共和国民法典》对有关著作权、专利权、商标权、发现权、发明权或者其他科技成果权作了原则性规定。

法律驿站 6-1

工业产权与知识产权相同吗

工业产权与知识产权是有区别的。知识产权是指智力成果的创造人依法所享有的权利和生产经营活动中标记所有人依法所享有的权利的总称,包括著作权和工业产

经济法基础

权。工业产权是指人们对应用于商品生产和流通中的创造发明和显著标记等智力成果享有的专有权。在我国,工业产权主要包括专利权和商标权。知识产权的范畴要比工业产权的范畴广。

三、工业产权的国际保护

工业产权的效力是有地域限制的,只能在授予这种权利的国家内存在和行使。知识产权国际保护的界定主要看它有没有跨国性。知识产权国际保护非常重要:首先,对于一国的经济有重要的作用,特别是高新科技,核心技术,通常国家都会限制其交易。其次,对于企业来说,可以排除自己的知识产权在国外被侵犯。但在各国对外经济、政治、文化等方面交流日益增强的情况下,如果缺乏国家之间的有力协作,跨国界的侵权行为势必泛滥,如抢注商标、盗版软件等。为此,有关工业产权保护的国际性、地区性国际条约先后出台。保护工业产权的条约主要有《保护工业产权巴黎公约》、《巴黎公约》、《商标国际注册马德里协定》、《为商标注册目的而使用的商品与服务的国际分类协定》、《保护原产地名称及其国际注册协定》、《专利合作条约》、《商标注册条约》等。

我国已经加入的有关工业产权的国际公约主要有《成立世界知识产权组织公约》(1980年加入)、《巴黎公约》(1985年加入)、《商标注册马德里协定有关协定书》(1989年加入)、《专利合作条约》(1993年加入)、《关于供商标注册用的商品和服务的国际分类的尼斯协定》(1994年加入)、《国际植物新品种保护公约》(1999年加入)、《与贸易有关的知识产权协议》(TRIPs)(2001年加入)。

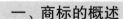

小思考6-1
你知道发明与发现的区别吗?

第二节 商标法

一、商标的概述

（一）商标与《商标法》

商标是指生产经营者使用于商品或服务上与其他商品或服务区别开的标志,包括文字、图形、字母、数字、三维标志、颜色组合和声音等,以及上述要素的组合。商标具有区别经营者、指示质量、广告宣传等功能。例如,"怡宝"、"乐百氏"、"雀巢"、"康师傅"等,是不同生产者使用在它们所生产的矿泉水这一商品上的标志,用以区别不同的矿泉水生产厂家,便于消费者认识和购买。

商标的作用

（1）商标是区别商品或服务来源的标志；

（2）注册商标是取得专用权的前提，只有注册商标才能受到法律保护；

（3）商标是企业的无形资产，是信誉的载体；

（4）注册商标有利于企业品牌的宣传、推广及加大市场竞争的优势。

商标法是在调整确认、保护商标专有权和商标使用过程中发生的社会关系的法律规范的总称。

你了解"同仁堂"商标吗

"同仁堂"品牌创建于清康熙八年（公元 1669 年）。作为清宫的御膳房，"同仁堂"与清宫有着密切的渊源。"同仁堂"作为商品商标和服务商标，不仅为企业带来了可观的经济效益，还为国家赢得了荣誉，其中医草药、中成药及各种饮片已成为中华民族的文化遗产，不仅为国人所赞誉，在海外也深受欢迎。"同仁堂"商标所有人欲在日本申请注册"同仁堂"商标以保护自己的利益时，却发现早在 1983 年"同仁堂"商标就在日本被他人抢注了。

小思考 6-2

请大家查阅资料，议一议商标与商号的区别。

（二）商标的分类

1. 注册商标和未注册商标

按照商标是否被主管部门核准注册，可以分为注册商标和未注册商标。注册商标是指由当事人申请，经国家主管机关审查核准予以注册的商标。未注册商标是指其使用人未申请注册或者注册申请未被核准、未给予注册的商标。在我国，只有注册商标能够取得商标专用权，未注册商标的使用人不享有商标专用权，也不能禁止他人就同样的商标提起注册申请。

案例分析 6-1

某市水果罐头甲厂生产菠萝罐头使用"常乐"牌未注册商标。没过多久，本市的另一家水果罐头乙厂派人找到甲厂领导，指责甲厂使用的"常乐"商标与他们厂使用的"长乐"商标发音相同，要求甲厂停止使用，否则就构成侵权，要到法院起诉。后经了解，乙厂使用的"长乐"商标也是未经注册的商标。

请问：（1）未注册商标是否具有专用权？

（2）乙厂对甲厂提出的要求是否合法？

（3）如果你是甲厂厂长，应对此采取何种措施，保护自己"常乐"商标的使用权？

2. 商品商标和服务商标

根据商标使用对象的不同，商标可分为商品商标和服务商标。商品商标是生产经营者在生产、制造、加工、拣选或经销的有形商品上使用的标记，如"可口可乐"、"海尔"、"长虹"、"耐克"、"佳能"等。服务商标是服务业经营者在其提供的服务项目上使用的标记，如"中国工商银行"、"中国移动通信"、"南方航空"、"汉莎航空公司"等就是服务商标。

3. 平面商标和立体商标

平面商标指以文字、图形或者文字、图形组合而成的标志。平面商标包括文字商标、图形商标和文字图形组合而成的商标等。平面商标是最为常见的商标类型。立体商标指以商品形状或者其容器、包装的形状构成的三维标志。例如，可口可乐的饮料瓶和麦当劳的金黄色"M"，就是立体商标。

4. 集体商标和证明商标

集体商标是指工商业团体或其他行业组织依据共同制定的章程进行注册并由全体成员共同使用，以表明使用者在该组织中的成员资格的商标，如"龙口粉丝"、"南京盐水鸭"。证明商标是指由对某种商品或者服务具有检测和监督能力的组织注册，而由注册人之外的人使用于其商品或者服务，用以证明该商品或者服务的原产地、原料、制造方法、质量或者其他特定品质的标志。例如，纯羊毛标志、绿色食品标志等都是市场上常见的证明商标。

二、商标的构成条件

（一）具有显著特征，便于识别

商标的显著性可以通过两种方式获得：

（1）商标本身具有显著性，即商标所使用的文字、图形、字母、数字、三维标志或颜色组合和声音等新颖、醒目，富有个性，与指定使用的商品没有直接联系，可以起到区别商品和服务的作用。例如，"柯达"、"尼康"等都是本身具有显著性的商标，能够直接作为商标注册。

（2）通过长期的使用获得商标的显著性。这种商标本身不具有显著性，但经过长时间使用，使得消费者事实上已经将该标记同特定的商品联系在一起，则该商标就被认为起到了区别商品和服务来源的作用，从而获得了显著性，也可以作为商标注册。

法律驿站6-4

你知道"声音"商标吗

"声音"商标是以音符编成的一组音乐或以某种特殊声音作为商品或服务的标志。微软和英特尔的声音对很多人来说都很熟悉，两段声音是已经被微软和英特尔作为商标在美国商标局注册了的。2012年12月12日，美国专利和商标署正式批准了苹果公司把它经典的Macintosh电脑的开机声音作为商标注册的申请。

（二）不得与他人在先取得的合法权利相冲突

作为商标的标志可能涉及他人的著作权、肖像权等权利，法律对这些权利同样给予保护,因此要求作为商标的标志不得与他人在先取得的权利相冲突。在先取得的合法权利是指在商标注册申请人提出商标注册申请以前,他人已经依法取得或者依法享有并受法律保护的权利,通常包括著作权、专利权、姓名权、肖像权、商号权、地理标志权、域名权等权利。

（三）不得违反法律的禁止性规定

根据《商标法》第10条的规定,下列标志不得作为商标使用:

（1）同中华人民共和国的国家名称、国旗、国徽、国歌、军旗、军徽、军歌、勋章等相同或者近似的,以及同中央国家机关的名称、标志、所在地特定地点的名称或者标志性建筑物的名称、图形相同的。

（2）同外国的国家名称、国旗、国徽、军旗相同或者近似的,但该国政府同意的除外。

（3）同政府间国际组织的名称、旗帜、徽记相同或者近似的,但经该组织同意或者不易误导公众的除外。

（4）与表明实施控制、予以保证的官方标志、检验印记相同或者近似的,但经授权的除外。

（5）同"红十字""红新月"的名称、标志相同或者近似的。

法律驿站 6-5

"红新月"的来历

1864年8月签订的《日内瓦公约》确定所有国家都使用白底红十字作为保护性标志的原则,在1876—1878年俄土战争爆发时受到挑战。奥斯曼帝国宣布将使用白底红新月标志代替原来的红十字标志,在尊重红十字标志的同时,奥斯曼当局认为红十字本身的特性冒犯了穆斯林士兵。在冲突发生期间,红十字国际委员会提出暂时接受红新月标志,战争结束即终止使用。然而,与红十字国际委员会的愿望相反,俄土战争结束了,红新月标志并未终止使用。2007年1月14日,红新月标志成为新增保护性标志。

（6）带有民族歧视性的。

（7）带有欺骗性,容易使公众对商品的质量等特点或者产地产生误认的,如:健康牌香烟、有益牌感冒灵。

（8）有害于社会主义道德风尚或者有其他不良影响的。

小思考 6-3

有人说:"十大元帅"肖像可以做商标标识。你如何看?

（9）县级以上行政区划的地名或者公众知晓的外国地名,不得作为商标。但是,地名具有其他含义或者作为集体商标、证明商标组成部分的除外;已经注册的使用地名的商标继续有效。

案例分析 6-2

长寿县灯具厂于2021年4月向商标局申请为其产品注册"长寿"商标。4月10日,商标局审查后认为"长寿"系县级以上行政区划名称而驳回申请。4月14日,灯具厂收到驳回通知。某邻县灯泡厂一直使用未注册的"长寿"商标。

请问:(1)如灯具厂不服商标局驳回申请的决定,应在何月何日前向谁申请复审?

(2)你认为复审应当得到什么结果?请说明理由。

(3)如果复审结果改变初审决定,予以初步审定并最后核准注册,发给商标注册证,那么邻县灯泡厂能否再使用未注册的"长寿"商标?

根据《商标法》第11条规定,下列标志不得作为注册商标:

(1)仅有本商品的通用名称、图形、型号的;

(2)仅直接表示商品的质量、主要原料、功能、用途、重量、数量及其他特点的;

(3)其他缺乏显著特征的。

前款所列标志经过使用取得显著特征,并便于识别的,可以作为商标注册。

案例分析 6-3

甲厂去年以来生产土豆片、锅巴等小食品,使用"香脆"二字做未注册商标。现甲厂决定提出"香脆"商标注册申请,使用商品仍为土豆片、锅巴。

请问:(1)该商标注册申请能否被核准?为什么?

(2)如果商标局驳回该注册申请,甲厂不服,应在何时向谁提出复审请求?

小思考 6-4

"酸酸乳"能否申请酸奶的注册商标而获得保护?为什么?

三、商标注册的申请

（一）商标注册的原则

1.自愿注册原则

根据自愿注册原则,当事人是否申请商标注册,由商标使用人自己决定。任何能够将自然人、法人或者其他组织的商品与他人的商品区别开的标志,包括文字、图形、字母、数字、三维标志、颜色组合和声音等,以及上述要素的组合,均可以作为商标申请注册。但需要注意的是,自愿注册原则有其例外情况。例如,人用药品和烟草制品就必须使用注册商标,未经核准注册的,不得在市场上销售。申请商标注册不得损害他人现有的在先权利,也不得以不正当手段抢先注册他人已经使用并有一定影响的商标。

小思考 6-5

为什么人用药品和烟草制品就必须使用注册商标?

张某开办了一家雪糕厂,生产各种雪糕。为了扩大产品的销量,张某决定在本厂的产品使用一个别致的商标,考虑到本厂的主打产品是一种双棒的雪糕,张某遂在雪糕的外包装上使用了"小蜜伴大款"这一商标,但未就该商标进行注册申请。该产品销向市场后受到了工商部门的查处。

请问:(1)张某使用的商标是否一定要申请注册?为什么?

(2)张某使用的商标是否合法?为什么?

2. 先申请原则

两个以上的申请人先后就同一种类的商品以相同或类似的商标申请注册的,商标局对申请在先者予以审核和注册,并驳回其他人的申请。申请先后的确定以申请日为准,申请日的确定以商标局收到的申请文件为准。如果申请人是同一天提出申请的,则以使用在先原则作为补充。不以使用为目的的恶意商标注册申请,应当予以驳回。

海南省某公司于 2014 年在其乳制品上使用"花花妞"商标,该产品在当地有一定知名度。三亚市某牛奶公司于 2018 年将"花花妞"申请注册为该公司所产的牛奶的商标,2020 年由国家商标局核准注册。2021 年三亚市某牛奶公司向法院起诉,状告海南省某公司使用的"花花妞"商标侵犯了其注册商标权,请求法院判令被告停止侵权、赔偿损失。被告抗辩声称自己是"花花妞"商标的最先使用人,有权利继续使用自己的商标。

请问:被告的抗辩是否有道理?

3. 优先权原则

商标注册申请的优先权是指商标注册申请人在外国第一次提出商标注册申请之日起 6 个月内,若向中国提出同样申请的,将优先于他人在该申请日后提出的申请,取得申请在先的地位。《商标法》第 24 条规定,商标注册申请人自其商标在外国第一次提出商标注册申请之日起 6 个月内,又在中国就相同商品以同一商标提出商标注册申请的,依照该外国同中国签订的协议或者共同参加的国际条约,或者按照相互承认优先权的原则,可以享有优先权。

除了申请优先权,我国《商标法》还规定了展览优先权,是指商标在展览会展出的商品上首次使用的，可以享有优先权。《商标法》第25条规定，商标在中国政府主办的或者承认的国际展览会展出的商品上首次使用的，自该商品展出之日起6个月内，该商标的注册申请人可以享有优先权。

案例分析 6-6

某地方国有企业专门从事食品加工，最近购买了新的机器设备，准备生产肉类罐头。该厂销售部门建议使用"春都"商标，有人说："春都"商标是洛阳肉联厂（现春都集团）的注册商标，不能随便使用。赞成的人则说：他们在火腿肠上使用，我们在罐头食品上使用，互不影响。

请问：该厂能否在肉类罐头上使用"春都"商标？为什么？

（二）商标注册申请人

根据《商标法》第4条、第5条的规定，商标注册申请人可以是自然人、法人或者其他组织，两个以上的自然人、法人或者其他组织可以共同向商标局申请注册同一商标，共同享有和行使该商标专用权。而且同一商标可以由几个主体共同向商标局提起申请，获得的商标专用权由几个主体共有。如果是集体商标或者证明商标，则有关法规要求申请人必须是具有法人资格的组织。申请证明商标的，还应当是对某种商品或服务的特定质量具备检测和监督能力的机构。

四、商标注册申请的审查与核准

（一）申请日的确定

申请日是确定商标权归属的法律依据。根据《商标法实施条例》第18条的规定，商标注册的申请日期，以商标局收到申请文件的日期为准。申请人享有优先权的，以优先权日为申请日。

申请手续基本齐备或者申请文件基本符合规定，但是需要补正的，商标局通知申请人予以补正，限其自收到通知之日起30日内，按照指定内容补正并交回商标局。在规定期限内补正并交回商标局的，保留申请日期；期满未补正的，视为放弃申请，商标局应当书面通知申请人。

（二）商标注册申请的审查

商标注册申请的审查包括形式审查和实质审查两个方面。形式审查是商标局在收到注册申请后，对申请文件、申请人资格等做出的审查。实质审查是对商标是否具备注册条件的审查，由商标局就其是否具有显著性、是否含有禁止性内容以及是否与他人注册商标相混同等事项，进行审查并作出判断。

（三）核准注册

公告后3个月内无人提出异议的，或者有人提出异议但经裁定异议不成立的，予以核准注册，发给商标注册证，并予公告。核准注册日是商标注册申请人取得商标专用权的时间，申请人自核准注册之日起成为商标权人。经裁定异议不能成立而核准注册的，商标注册申请人取得商标专用权的时间自初审公告3个月期满之日起计算。

商标注册证长什么样

五、商标权的内容

商标权的内容,即商标法律关系的权利和义务。

（一）商标权人的主要权利

其具体内容包括使用权、禁止权、转让权和许可权。

1. 使用权

使用权是指注册商标所有人在核定使用的商品上使用核准注册的商标的权利。商标有很多种使用方式,例如,将商标用于商品、商品包装或者容器以及商品交易文书上,或者将商标用于广告宣传、展览以及其他商业活动中。使用权的行使必须符合法律规定,即必须在核准注册的商标和核定使用的商品上使用。

2. 禁止权

禁止权是指商标所有人禁止任何第三人未经其许可在相同或类似商品上使用与其注册商标相同或近似的商标的权利。禁止权的效力范围大于使用权的效力范围,它不仅包括与核准注册的商标、核定使用的商品相同的商标或商品,而且可以扩大到近似商标和类似商品上。

某市美乐化妆品有限责任公司(以下简称"美乐公司")自 2016 年起开始生产"美乐"牌系列化妆品,2019 年 1 月经国家工商行政管理局核准注册发给了商标注册证,取得了"美乐"牌系列化妆品的商标专用权。2021 年 3 月,该市另一生产化妆品的公司——康佳公司,在一次商品交易会上与香港某贸易公司洽谈,由香港贸易公司提供生产原料和"美乐"牌商标标识,

由康佳公司组织生产"美乐"牌化妆品,并于 2021 年 9 月开始发货,致使仿冒的"美乐"牌化妆品涌入市场。由于该公司生产的化妆品用后会产生副作用,使人脸上留下黑斑,不少用户给美乐公司来信反映,有的客户要求退货、赔偿,致使该公司遭受严重经济损失,信誉也受到很大损害。美乐公司弄清原委后,向人民法院提起诉讼,要求康佳公司和香港贸易公司共同承担侵权责任。而康佳公司辩称:其生产的"美乐"牌化妆品系按港商定牌生产,不是故意仿冒原告的"美乐"商标,不同意承担侵权责任。

请问:康佳公司并非故意仿冒他人商标,是否应承担侵权责任?为什么?

3. 转让权

转让权是指商标权人有权将其所有的注册商标转让给他人。转让注册商标应当签转让协议,并由转让人与受让人共同向商标局提出申请。注册商标转让经商标局核准并公告,受让人自公告之日起享有商标专用权。为了防止混淆、误认或其他不良影响,类似商品使用同一商标的,应当同时转让。转让可能产生误认、混淆或者其他不良影响的,商标局驳回转让申请。注册商标转让不影响转让前已经生效的商标使用许可合同的效力,但商标使用许可合同另有约定的除外。

4. 许可权

许可权是指商标权人可以通过签订使用许可合同,许可他人使用注册商标。经许可使用他人的注册商标的,必须在使用该注册商标的商品上标明被许可人的名称和商品产地。许可人应当监督被许可人使用其注册商标的商品的质量,被许可人应当保证使用该注册商标的商品质量。

许可合同应在合同签订之日起 3 个月内由许可人报商标局备案,但备案不是许可合同的生效条件。未在商标局备案的,不得对抗善意第三人。

案例分析 6-8

2020 年初,健力保足球俱乐部与南京体育用品厂合作开发纪念足球等系列用品,使用"健力保"商标,但未就该商标向国家申请注册。2020 年 12 月,天津体育用品厂依法申请并获准注册了在体育用品上的"健力保"商标。2021 年 3 月,天津体育用品厂要求健力保足球俱乐部、南京体育用品厂同其签订注册商标使用许可合同,否则,追究其商标侵权责任。

请问:天津体育用品厂的要求是否合法?为什么?

（二）商标权人的主要义务

1. 使用注册商标的义务

使用注册商标的,应当标明"注册商标"或者注册标记。商标注册后必须使用,即注册商标用于商品、商品的包装或容器以及商品交易文书上或将商标用于广告宣传、展览及其他业务活动。连续 3 年停止使用注册商标,任何人都可以向商标局申请予以撤销。

2. 确保商品质量的义务

商标注册人、受让人、被许可使用人应当保证注册商标的商品质量,不得粗制滥造、以次充好,欺骗消费者。商标使用许可人对被许可人使用其注册商标的商品质量负有监督义务。

3. 交纳规费的义务

商标权人按规定在申请商标注册和办理其他商标事宜时,缴纳费用,否则,商标局不予注册。

4. 其他义务

商标权人负有遵守商标管理规定的义务,如不得自行改变注册商标、注册事项,不得自行转让注册商标的义务等。

法律驿站6-8

商品包装上的®是何意

为了便于商标管理,法律规定使用注册商标的,应当在商标上加印"注册商标"字样或商标标记。国际上通行的注册标记是一个圆圈中印一个大写的 R 字母。我国注册标记采用的是一个圆圈中印一个"注"字或英文字母"R"。未注册的商标不可加印"注册商标"或者用注册标记。

六、商标权的取得

商标权取得方式分为原始取得和继受取得。

（一）原始取得

原始取得,又称"直接取得",在我国,经商标局核准注册的商标才享有注册商标专用权。

（二）继受取得

它是指商标所有人享有商标权是以原商标所有人的商标权及其意志为依据而产生的,主要有两种情况:一是根据转让合同受让人取得出让人的商标权;二是根据继承程序由继承人继承被继承人的商标权。商标权中的财产权可以通过继承而取得。

七、注册商标的期限、续展和终止

（一）注册商标的期限和续展

注册商标的有效期为 10 年,自核准注册之日起计算。注册商标有效期满,需要继续使用的,商标注册人应当在期满前 12 个月内按照规定办理续展手续;在此期间未能办理的,可以给予 6 个月的宽展期。每次续展注册的有效期为 10 年,自该商标上一届有效期满次日起计算。期满未办理续展手续的,注销其注册商标。商标局应当对续展注册的商标予以公告。

小思考6-6

企业注册商标的好处有哪些?

（二）注册商标的终止

注册商标的终止是指由于法定事由的发生,注册商标所有人丧失其商标权,法律不再对该注册商标给予保护。根据我国《商标法》的规定,注册商标因注销或者撤销而终止。

1. 注册商标因注销而终止

注销是指注册商标所有人自动放弃注册商标或商标局依法取消注册商标的程序。商标权可以自动放弃，放弃权利时须办理注销手续。商标注册人死亡或者终止，自死亡或者终止之日起一年期满，该注册商标没有办理移转手续的，任何人可以向商标局申请注销该注册商标。

2. 注册商标因撤销而终止

撤销是指商标主管机关或商标仲裁机构对违反《商标法》有关规定的行为予以处罚，使注册商标专用权归于消灭的程序。根据《商标法》的规定，撤销事由主要有：

（1）违法使用注册商标。这包括：自行改变注册商标，自行改变注册商标的注册人名称、地址或者其他注册事项，自行转让注册商标，连续3年停止使用等行为。

（2）使用注册商标的商品质量不符合要求。使用注册商标，其商品粗制滥造、以次充好，欺骗消费者的，由各级市场监管部门分不同情况责令限期改正，并可以予以通报或者处以罚款，或者由商标局撤销其注册商标。

（3）因注册不当而撤销注册商标。已经注册的商标，违反《商标法》第10条、第11条、第12条规定的，或者是以欺骗手段或者其他不正当手段取得注册的，由商标局撤销该注册商标；其他单位或者个人可以请求商标评审委员会裁定撤销该注册商标。已经注册的商标，违反《商标法》第13条、第15条、第16条、第31条规定的，自商标注册之日起5年内，商标所有人或者利害关系人可以请求商标评审委员会裁定撤销该注册商标。对恶意注册的，驰名商标所有人不受5年的时间限制。

（4）因争议而撤销注册商标。在先注册的商标所有人对他人在后注册的商标有争议的，可以自该商标经核准注册之日起5年内，向商标评审委员会申请裁定撤销后注册的商标。

八、商标权的保护

（一）商标权的保护范围

根据《商标法》第51条规定："注册商标专用权，以核准注册的商标和核定使用的商品为限。"这一规定表明《商标法》对注册商标专用权的保护有很强的确定性，以登记注册的事项为准。超出核定范围的商品或者改变核准注册的商标形态的使用行为，法律不予保护。

（二）侵犯商标专用权的行为

（1）未经商标注册人的许可，在同一种商品上使用与其注册商标相同的商标的；

（2）未经商标注册人的许可，在同一种商品上使用与其注册商标近似的商标，或者在类似商品上使用与其注册商标相同或者近似的商标，容易导致混淆的；

（3）销售侵犯注册商标专用权的商品的；

（4）伪造、擅自制造他人注册商标标识或者销售伪造、擅自制造的注册商标标识的；

（5）未经商标注册人同意，更换其注册商标并将该更换商标的商品又投入市场的；

（6）故意为侵犯他人商标专用权行为提供便利条件，帮助他人实施侵犯商标专用权行为的；

（7）给他人的注册商标专用权造成其他损害的。

案例分析 6-9

甲鞋厂和乙鞋厂于2019年初签订商标许可使用合同,甲鞋厂将已被核准注册的大象牌商标转让给乙鞋厂使用3年,并报送商标局备案。2021年1月,乙鞋厂向甲鞋厂表示愿提前归还"大象"商标,甲厂同意。从2021年6月起,乙厂对外宣传,将已打开销路的"大象"鞋改为"狮子"鞋,并敬告消费者谨防假冒。

请问:乙厂的行为是否构成侵权? 为什么?

（5）给他人的商标权造成其他损害的行为,主要有:

① 在同一或类似商品上将与他人注册商标相同或近似的文字、图形作为商品名称或商品装潢使用,误导公众的。

案例分析 6-10

邯郸某食品厂是"乐华"注册商标的商标权人,该商标使用在罐头商品上。沧州某厂在罐头上使用未注册商标"月华"牌,且包装是用与"乐华"商标相似的装潢。北京某仓储公司帮助沧州某厂运输、存储"月华"牌罐头并在北京某商场销售。

请问:

（1）"月华"与"乐华"是否构成商标近似? 为什么?

（2）沧州某厂的商标是否侵犯了"乐华"的商标权? 为什么?

（3）北京某仓储公司是否应承担责任?

（4）北京某商场是否应承担责任?

② 故意为侵犯他人注册商标专用权行为提供仓储、运输、邮寄、隐匿等便利条件的。

③ 将与他人注册商标相同或者近似的文字作为企业的字号在相同或者类似的商品上突出使用,容易使相关公众产生误认的。

④ 复制、摹仿、翻译他人注册的驰名商标或者其主要部分在不相同或者不相类似的商品上作为商标使用,误导公众,致使该驰名商标注册人的利益可能受到损害的。

⑤ 将与他人注册商标相同或者近似的文字注册为域名,并且通过该域名进行相关商品交易的电子商务,容易使相关公众产生误认的。

案例分析 6-11

2021年1月,厨师某甲与乙饭店签订合作开办饭店协议一份。同年3月,乙饭店开业后,未悬挂店名,但在该店门上方悬挂"正宗狗不理包子第四代传人赵某第五代传人甲"为内容的牌匾一块,其中"狗不理包子"为大字,其余为小字,并聘请甲为该店厨师。该店自2021年3月起经营包子。2021年12月,多年经营狗不理包子的丙饮食公司(已取得"狗不理"牌商标注册证)发现乙饭店及甲的行为后,即向法院提起诉讼,要求保护其商标专用权。甲与乙饭店辩称,制作悬挂的牌匾是对"狗不理"创始人及传人赵某和甲个人身份的宣传,且丙公司的商标已过有效期,所以法院应驳回。

请问:

1. 丙公司是否具有"狗不理"牌商标专用权? 为什么?

2. 甲与乙饭店的行为是否侵权？为什么？

（三）侵犯商标专用权的法律责任

侵犯商标权应承担的法律责任分为民事责任、行政责任和刑事责任。

1. 民事责任

商标专用权遭受侵害的，有权要求停止侵害、消除影响、赔偿损失等。

侵犯商标专用权的赔偿数额，为侵权人在侵权期间因侵权所获得的利益，或者被侵权人在被侵权期间因被侵权所受到的损失，包括被侵权人为制止侵权行为所支付的合理开支。

侵权人因侵权所得利益，或者被侵权人因被侵权所受损失难以确定的，由人民法院根据侵权行为的情节判决给予50万元以下的赔偿。

2. 行政责任

因侵犯商标专用权行为引起纠纷的，由当事人协商解决。不愿协商或协商不成的，商标注册人或利害关系人可以向人民法院起诉，也可向侵权人所在地或侵权行为地县级以上市场监管部门控告或检举。市场监管部门依照《商标法》及其他相关规定查处侵犯商标专用权的行为。

市场监管部门认定侵权行为成立的，可采取责令立即停止侵权行为，没收、销毁侵权商品和专门用于制造侵权商品、伪造注册商标标识的工具，并可处以罚款，以制止侵犯商标权的行为。

3. 刑事责任

根据《商标法》第59条和《刑法》第213条、第214条、第215条的规定，侵犯注册商标专用权构成犯罪的有：假冒注册商标罪；非法制造他人注册商标标识或销售非法制造注册商标标识罪；销售假冒注册商标商品罪。这些犯罪都是为牟取非法利益，故意违反《商标法》，严重侵犯商标注册人的合法权益，破坏社会经济正常秩序的行为。

> **小思考6-7**
>
> 别人侵犯了我的注册商标专用权，我该怎么办呢？
>
> 你可以请求当地县级以上市场监管部门进行行政处理，也可以向人民法院起诉。向市场监管部门请求处理的，要出具书面请求。请求书应当写明请求的事由、请求的法律依据，请求人的名称、地址，侵权人的名称及侵权行为发生地等内容。

九、驰名商标的认定和保护

（一）驰名商标的概念

驰名商标通常是指那些在市场享有较高声誉、为相关公众所熟知，并且有较强竞争力的商标。驰名商标依据是否为注册商标，可分为注册的驰名商标和未注册的驰名商标。

（二）驰名商标的认定

认定驰名商标的机关是商标局、商标评审委员会或者人民法院。商标局和商标评审委员会对依法行政过程中所涉及的争议商标是否驰名作出认定。人民法院在审理商标纠纷案件中,对涉案商标是否驰名依法认定。

《商标法》第14条规定了认定驰名商标的条件,认定驰名商标应当考虑下列因素:

1. 相关公众对商标的知晓程度

相关公众包括与使用商标所标示的某类商品或者服务有关的消费者,生产前述商品或者提供服务的其他经营者以及经销渠道中所涉及的销售者和相关人员等。比如,使用某商标的商品或者服务是属于计算机信息技术领域,而与计算机信息技术领域相联系的众多人员对该商标的知晓程度就是"相关公众对该商标的知晓程度"。不与计算机信息技术领域相联系的众多人员知晓或者不知晓该商标,并不影响该商标被认定为驰名商标。也就是说,驰名不是指为所有人所认知或者在所有社会公众中均有很高的知名度,而是指在相关的消费者中驰名就可以,即不必"广为人知"。

2. 该商标使用的持续时间

商标不论注册与否,只有使用才能在交易中体现其价值,才能把商标的无形财产权转化为物质财富。驰名商标的持续使用历史均较长。如"王致和""索尼""同仁堂""万宝路"等,已经使用几十年,甚至上百年。

3. 该商标的任何宣传工作的持续时间、程度和地理范围

在市场竞争日益激烈的今天,不论是商品的生产商还是服务的经营者,都把宣传、推销自己的产品作为重中之重。社会公众对某个品牌(商标)的知晓,来源于生产商或者经营者的各种广告宣传。因此,通过了解对一个商标任何宣传工作的持续时间、程度和地理范围,就可以比较明确地得知该商标在一定区域内公众的知晓程度。

4. 该商标作为驰名商标受保护的记录

如果一个商标曾经作为驰名商标在我国保护过,那么,该商标的所有人就可以提供相关证明文件,这对于认定该商标是否具备驰名商标有非常重要的参考价值。如果一个商标在国外曾经作为驰名商标受过保护,那么该商标所有人也可以提供认定该商标为驰名商标的各种证明文件。这些文件在我国认定驰名商标时同样有重要的参考作用。

5. 该商标驰名的其他因素

根据《驰名商标认定和保护规定》第3条的规定,证明该商标驰名的其他证据材料,包括使用该商标的主要商品近3年的产量、销售量、销售收入、利税、销售区域等有关材料。

生产者、经营者不得将"驰名商标"字样用于商品、商品包装或者容器上,或者用于广告宣传、展览以及其他商业活动中。

(三)对驰名商标的保护

1. 对未注册的驰名商标予以保护

一般而言,商标专用权的取得应通过注册程序,但是驰名商标专用权却可以通过使用而获得。根据《商标法》第13条第一款的规定,就相同或者类似商品申请注册商标是复制、模仿或者翻译他人未在中国注册的驰名商标,容易导致混淆的,不予注册并禁止使用。

法律驿站6-9

驰名商标的保护范围

驰名商标保护水平高于普通商标之处就在于扩大了保护范围,普通商标的保护范围以类似商品为限,驰名商标的保护范围扩展到不相类似的商品;普通商标的保护限于商标注册和使用,驰名商标的保护扩展到作为企业名称、域名的注册和使用。简言之,驰名商标的保护范围,从标示对象看,扩展到没有竞争关系的商品或服务;从标志看,扩展到商标外其他商业标志。

2. 扩大驰名商标的保护范围

为了有效地保护驰名商标,许多国家的商标法都规定对驰名商标的保护范围要大于一般注册商标的保护范围。我国《商标法》第13条第二款也作出了扩大驰名商标保护范围的规定,就不相同或者不相类似商品申请注册商标是复制、模仿或者翻译他人已经在中国注册的驰名商标,误导公众,致使该驰名商标注册人的利益可能受到损害的,不予注册并禁止使用。

案例分析 6-12

2020年甲公司生产的雨伞,商标为"杏花村"。其外包装的正面图形、字体、色彩与山西杏花村汾酒股份有限公司的"杏花村"驰名商标图案一致。2021年底,山西杏花村汾酒股份有限公司找到该公司,要求其停止使用"杏花村"商标销售产品,未能阻止。杏花村汾酒股份有限公司只能请求工商机关处理。

请问:案中所涉及的商品不属于同类,山西杏花村汾酒股份有限公司的商标权能否得到保护?理由是什么?

第三节　专利法

为了保护发明创造专利权,鼓励发明创造。《中华人民共和国专利法》,简称《专利法》,通过第四次修正,于2021年6月1日起施行。

一、专利、专利权与《专利法》

(一)专利的概念

广义的"专利"一词,通常有三种含义:一是指专利局授予的专利权;二是指取得专利权的发明创造,一般包括发明、实用新型、外观设计三种形式;三是指专利文献。狭义的专利指专利权,从这个意义上说,专利就是专利权的简称。

(二)专利权的概念

专利权是指专利权人在法律规定的期限内对其发明创造所享有的一种独占权或专有权。

(三)《专利法》的概念

为了保护专利权人的合法权益,鼓励发明创造,推动发明创造的应用,提高创新能力,促进科学技术进步和经济社会发展,故制定《专利法》。

二、专利权的主体、客体和内容

（一）专利权主体

专利权的主体是指有权提出专利申请并获得专利权的单位和个人。当一项发明创造依法取得专利权后，专利申请人就成了专利权所有人。

我国《专利法》对专利权主体的主要规定如下：

1. 发明人、申请人和专利权人

发明人（设计人）是指真正完成发明创造的人，即对发明创造的实质性特点作出创造性贡献的人。申请人是指就一项发明创造向专利局申请专利的人。除了发明人可以作为申请人外，通过合同从发明人那里取得发明专利申请权的其他人，从发明人那里继承发明专利申请权的继承人，职务发明创造中按规定享有申请权的单位，都可以成为专利申请人。专利权人即指依法享有专利权的人。发明人（设计人）、申请人依法申请被批准后，成为专利权人。

2. 职务发明和非职务发明

执行本单位的任务或者主要利用本单位的物质技术条件所完成的发明创造为职务发明创造。职务发明创造申请专利的权利属于该单位。申请被批准后，该单位为专利权人，可以依法处置其职务发明创造申请专利的权利和专利权，促进相关发明创造的实施和运用。

非职务发明创造申请专利的权利属于发明人或者设计人；申请被批准后，该发明人或设计人为专利权人。利用本单位的物质技术条件所完成的发明创造，单位与发明人或者设计人订有合同，对申请专利的权利和专利权的归属做出约定的，从其约定。

另外，对发明人或者设计人的非职务发明创造专利申请，任何单位或者个人不得压制。这里，执行本单位的任务是指：①在从事本职工作时作出的发明创造。②履行本单位交付的本职工作之外的任务所作出的发明创造。③退职、退休或者调动工作后一年内作出的，与其在原单位承担的本职工作或者分配的任务有关的发明创造。主要利用本单位的物质技术条件是指利用本单位的资金、设备、零部件、原材料或者不对外公开的技术资料等。

3. 共同发明和委托发明

两个以上单位或者个人合作完成的发明创造、一个单位或者个人接受其他单位或者个人委托所完成的发明创造，除另有协议的以外，申请专利的权利属于完成或者共同完成的单位或者个人；申请被批准后，申请的单位或者个人为专利权人。

同样的发明创造只能授予一项专利权。但是，同一申请人同日对同样的发明创造既申请实用新型专利又申请发明专利，先获得的实用新型专利权尚未终止，且申请人声明放弃该实用新型专利权的，可以授予发明专利权。

4. 外国人待遇

在中国没有经常居所或者营业所的外国人、外国企业或者外国其他组织在中国申请专利的，依照其所属国同中国签订的协议或者共同参加的国际条约，或者依照互惠原则，根据《专利法》办理。

另外，任何单位或者个人将在中国完成的发明或者实用新型向外国申请专利的，应当事先报经国务院专利行政部门进行保密审查。保密审查的程序、期限等按照国务院的规定执行。

王某在董某、吴某和张某的协助下成功研制了一台交流稳压器。王某向中国专利局提出实用新型专利申请。此后，董某等三人提出异议，认为专利申请的发明创造系王某和他们三位集体构思研制成功的，专利权应为四人共有。董某等三人请求某专利管理机关调查处理。某专利管理机关做出处理决定书，认定：王某专利申请文件的五项权利要求中，王某提出第一、三、四、五共四个发明点，董某提出第一、二共两个发明点。因此，王某、董某是此项专利申请的共同发明人，应作为共同申请人。另外两人虽在该项发明创造中曾提供制造过程中的帮助，但不作为共同发明人。

请问：王某、董某是否可以成为共同发明人？为什么？

（二）专利权的客体

专利权的内容，即专利法律关系的权利和义务。

专利权的客体是指《专利法》规定的予以专利保护的发明创造。具体而言，不同的国家有不同的规定。我国《专利法》所称的发明创造是指发明、实用新型和外观设计。发明是指对产品、方法或其改进所提出的新的技术方案。发明可分为产品发明和方法发明。实用新型是指对产品的形状、构造或其结合所提出的适于实用的新的技术方案。因实用新型专利的创造性要求比发明专利低，人们又称其为"小发明"。外观设计是指对产品的形状、图案或其结合以及色彩与形状、图案所作出的富有美感并适合于工业上应用的新设计。

《专利法》还规定，下列各项不授予专利权：①科学发现；②智力活动的规则和方法；③疾病的诊断和治疗方法；④动物和植物品种；⑤原子核变换方法以及用原子核变换方法获得的物质；⑥对平面印刷品的图案、色彩或者二者的结合作出的主要起标识作用的设计。另外，对违反法律、社会公德或者妨害公共利益的发明创造，不授予专利权；对违反法律、行政法规的规定获取或者利用遗传资源，并依赖该遗传资源完成的发明创造，不授予专利权。

（三）专利权人的主要权利

根据《专利法》有关规定，专利权人享有以下权利：

1. 实施权

专利权人在专利有效期限内享有为生产经营目的专有制造、使用和销售其专利产品或专有使用其专利方法的权利。除法律另有规定外，任何单位或个人未经专利权人许可，都不得实施其专利，即不得以生产经营为目的制造、使用、许诺销售、销售、进口其专利产品，或者使用专利方法以及使用、许诺销售、销售、进口依照该专利方法直接获得的产品。

外观设计专利权被授予后，任何单位和个人未经专利权人许可，都不得实施其专利，即不得为生产经营目的制造、销售、进口其外观设计专利产品。

2. 许可权

专利权人有权许可他人使用其专利权，并收取专利使用费。任何单位或者个人实施他人专利的，除《专利法》另有规定的以外，都应当与专利权人订立书面使用许可合同，向专利权人支付专利使用费。被许可人无权允许合同规定以外的任何单位或者个人实施该专利。

3. 转让权

专利申请权和专利权可以转让。转让专利申请权或者专利权的，当事人应当订立书面合同，并向国务院专利行政部门登记，由国务院专利行政部门予以公告。专利申请权或者专利权的转让自登记之日起生效。中国单位或者个人向外国人、外国企业或者外国其他组织转让专利申请权或者专利权的,应当依照有关法律、行政法规的规定办理手续。

4. 标记权

专利权人有权在其专利产品或该产品的包装上标明专利标记和专利号;发明人或设计人有在专利文件中写明自己是发明人或者设计人的权利。

5. 阻止权

除《专利法》另有规定外,任何单位或者个人未经专利权人许可,都不得实施其专利,即不得以营利为目的制造、使用、许诺销售、销售、进口其专利产品或者使用该专利方法直接获得的产品。

(四)专利权人的主要义务

专利权人在享有上述权利的同时,应当履行下列义务:

1. 实施专利

专利权被授予后,专利权人有义务实施该专利,有义务以生产经营为目的在中国境内制造、使用、销售其专利产品或者使用其专利方法。

2. 按期缴纳专利年费

专利权人应当自被授予专利权的当年开始缴纳年费。年费缴纳方式为一年一次,在前一年度期满前一个月缴纳。专利权人如希望维持专利权,必须缴纳年费。

三、取得专利权的条件和程序

(一)取得专利权的条件

授予专利权的发明、实用新型应当具备新颖性、创造性和实用性。新颖性,是指该发明或者实用新型不属于现有技术;也没有任何单位或者个人就同样的发明或者实用新型在申请日以前向国务院专利行政部门提出过申请,并记载在申请日以后公布的专利申请文件或者公告的专利文件中。但是申请专利的发明创造在申请日以前六个月内,有下列情形之一的,不丧失新颖性:①在国家出现紧急状态或者非常情况时,为公共利益目的首次公开的;②在中国政府主办或者承认的国际展览会上首次展出的;③在规定的学术会议或者技术会议上首次发表的;④他人未经申请人同意而泄露其内容的。创造性,是指与现有技术相比,该发明具有突出的实质性特点和显著的进步,该实用新型具有实质性特点和进步。实用性,是指该发明或实用新型能制造或使用,并且能够产生积极效果。本法所称现有技术,是指申请日以前在国内外为公众所知的技术。

法律驿站 6-10

外观设计同发明、实用新型的区别是,它只涉及美化产品的外表和形状,而不涉及产品的制造和设计技术。

关于授予专利权的外观设计,应当不属于现有设计;也没有任何单位或者个人就同样的外观设计在申请日以前向国务院专利行政部门提出过申请,并记载在申请日以后公告的专利文件中。授予专利权的外观设计与现有设计或者现有设计特征的组合相比,应当具有明

显区别。授予专利权的外观设计不得与他人在申请日以前已经取得的合法权利相冲突。该法所称现有设计,是指申请日以前在国内外为公众所知的设计。

案例分析 6-14

天津某日用品厂研制出一种"太阳能多功能电动牙刷"。这种产品的特征是既可作微型手电筒,又可作牙刷。该产品设计独特,结构良好。日用品厂向知识产权局提出实用新型专利申请。知识产权局经审查发现,该产品在国内虽属首创,但是在日用品厂申请专利以前,该产品在美国、日本等国家已经生产、销售,深受消费者青睐。

请问:该产品是否具有新颖性?为什么?

(二)专利的申请

1. 专利申请应遵循的原则

申请专利和行使专利权应当遵循诚实信用原则。不得滥用专利权损害公共利益或者他人合法权益。在专利申请公布或者公告前,国务院专利行政部门的工作人员及有关人员对其内容负有保密责任。

(1)一件创造发明一项申请原则。一件发明或者实用新型专利申请应当限于一项发明或者实用新型。属于一个总的发明构思的两个以上的发明或者实用新型,可以作为一件申请提出。一件外观设计专利申请应当限于一种产品所使用的一项外观设计。用于同一类别并且成套出售或者使用的产品两项以上的外观设计,可以作为一件申请提出。

(2)申请在先原则。同样的发明创造只能授予一项专利权。但是,同一申请人同日对同样的发明创造既申请实用新型专利又申请发明专利,先获得的实用新型专利权尚未终止,且申请人声明放弃该实用新型专利权的,可以授予发明专利权。在两个以上的申请人分别就同样的发明创造申请专利的情况下,专利权授予最先提出申请的申请人。

(3)优先权原则。申请人自发明或者实用新型在外国第一次提出专利申请之日起 12 个月内,或者自外观设计在外国第一次提出专利申请之日起 6 个月内,又在中国就相同主题提出专利申请的,依照该外国同中国签订的协议或者共同参加的国际条约,或者依照相互承认优先权的原则,可以享有优先权。申请人自发明或者实用新型在中国第一次提出专利申请之日起 12 个月内,或者自外观设计在中国第一次提出专利申请之日起六个月内,又向国务院专利行政部门就相同主题提出专利申请的,可以享有优先权。

申请人要求发明、实用新型专利优先权的,应当在申请的时候提出书面声明,并且在第一次提出申请之日起十六个月内,提交第一次提出的专利申请文件的副本。申请人要求外观设计专利优先权的,应当在申请的时候提出书面声明,并且在三个月内提交第一次提出的专利申请文件的副本。

2. 专利申请手续

申请发明或实用新型专利的,应当提交请求书、说明书及其摘要、权利要求书等文件。

请求书应当写明发明或者实用新型的名称,发明人或者设计人的姓名,申请人姓名或者名称、地址以及其他事项。说明书应当对发明或者实用新型作出清楚、完整的说明,以所属技术领域的技术人员能够实现为准;必要的时候应当有附图。摘要应当简要说明发明或者实用新型的技术要点。权利要求书应当以说明书为依据,清楚、简要地限定要求专利保护的范围。依赖遗传资源完成的发明创造,申请人应当在专利申请文件中说明该遗传资源的直接来源和原始来源;申请人无法说明原始来源的,应当陈述理由。

申请外观设计专利的,应当提交请求书、该外观设计的图片或者照片以及对该外观设计的简要说明等文件。申请人提交的有关图片或者照片应当清楚地显示要求专利保护的产品的外观设计。

3. 专利的审查和批准

专利局对发明专利采取早期公开、迟延审查制度,对实用新型和外观设计采取登记制度。发明专利的审查、批准主要程序为:

(1)初审和早期公开。专利局收到发明专利申请后,经初步审查认为符合《专利法》要求的,自申请之日起满18个月,即行公布。专利局可以根据申请人的请求提前早日公布其申请。

(2)实质审查。实质审查是对发明专利的新颖性、创造性、实用性的全面审查。自发明专利申请之日起3年内,国务院专利行政部门可以根据申请人随时提出的请求,对其进行实质审查;申请人无正当理由逾期未请求实质审查的该发明专利的申请被视为撤回。国务院专利行政部门认为有必要时,也可以对发明专利申请进行实质审查。

发明专利的申请人请求实质审查的时候,应当提交在申请日前与其发明有关的参考资料。发明专利已经在外国提出过申请的,申请人应当提交该国为审查其申请进行检索的资料或者审查结果的资料;无正当理由逾期不提交的,该申请即被视为撤回。

国务院专利行政部门对发明专利申请进行实质审查后,认为不符合《专利法》规定的,应当通知申请人,要求其在指定的期限内陈述意见,或者对其申请进行修改;无正当理由逾期不答复的,该申请即被视为撤回。发明专利申请经申请人陈述意见或者修改后,国务院专利行政部门仍然认为不符合《专利法》规定的,应当予以驳回。

(3)审定公告。发明专利申请,经实质审查没有发现驳回理由的,由国务院专利局行政部门作出授予发明专利权的决定,发给发明专利证书,并予以登记和公告。发明专利权自公告之日起生效。

(4)复审制度。专利局设立专利复审委员会。专利申请人对国务院专利行政部门驳回申请的决定不服的,可以自收到通知之日起3个月内,向专利复审委员会请求复审。专利复审委员会复审后,作出决定,并通知专利申请人。专利申请人对专利复审委员会决定不服的,可以自收到通知之日起3个月内向人民法院起诉。

4. 实用新型和外观设计的审查、批准程序

实用新型和外观设计专利申请经初步审查没有发现驳回理由的,由国务院专利行政部门作出授予实用新型专利权或者外观设计专利权的决定,发给相应的专利证书,并予以登记和公告。实用新型专利权和外观设计专利权自公告之日起生效。专利申请人对国务院专利行政部门驳回申请的决定不服的,可以自收到通知之日起三个月内向国务院专利行政部门请求复审。国务院专利行政部门复审后,作出决定,并通知专利申请人。

经济法基础

四、专利权的期限、终止和无效

（一）专利权的期限

专利权的期限即专利权有效期间。发明专利权的期限为二十年，实用新型专利权的期限为十年，外观设计专利权的期限为十五年，均自申请日起计算。自发明专利申请日起满四年，且自实质审查请求之日起满三年后授予发明专利权的，国务院专利行政部门应专利权人的请求，就发明专利在授权过程中的不合理延迟给予专利权期限补偿，但由申请人引起的不合理延迟除外。

为补偿新药上市审评审批占用的时间，对在中国获得上市许可的新药相关发明专利，国务院专利行政部门应专利权人的请求给予专利权期限补偿。补偿期限不超过五年，新药批准上市后总有效专利权期限不超过十四年。

小思考6-8

为什么商标专用权可以申请续展，而专利权却不能续展？

（二）专利权的终止

有下列情形之一的，专利权在期限届满前终止：

（1）没有按照规定缴纳年费的。

（2）专利权人以书面声明放弃其专利权的。

（3）专利权在期限届满前终止的，由国务院专利行政部门登记和公告。

（三）专利权的无效

自国务院专利行政部门公告授予专利权之日起，任何单位或者个人认为该专利权的授予不符合《专利法》有关规定的，都可以请求专利复审委员会宣告该专利权无效。

专利复审委员会对宣告专利权无效的请求进行审查，作出决定，并通知请求人和专利权人。宣告专利权无效的决定，由国务院专利行政部门登记和公告。宣告无效的专利权视为自始即不存在。

对专利复审委员会宣告发明专利权无效或者维持发明专利权的决定不服的，可以在收到通知之日起 3 个月内向人民法院起诉。

五、专利的实施

专利的实施是指专利权人或者他人为生产经营的目的而制造、使用、许诺销售、销售、进口专利产品或者使用专利方法。专利实施有以下几种方式：

（一）专利权人自行实施

专利权人将已经获得专利权的发明创造用于制造、使用、许诺销售、销售、进口的活动中，以取得经济效益。专利权人可以自己单独实施，也可以将专利权作为投资，与他人合作实施。

王某在美国学习期间完成了一项产品发明,于2018年12月2日在美国提出了专利申请,并于2019年5月7日就相同产品在我国提出专利申请,同时提交了要求优先权的书面声明及相关文件。甲企业2018年10月开始在北京制造相同产品,王某获得专利权后,甲企业在原有范围内继续制造。2022年2月,王某许可乙企业在北京独家生产该产品;同年,王某自己也在北京建厂生产该产品。

请问:(1)王某的申请日是哪一天?为什么?

(2)甲企业是否侵犯了乙企业的独家实施权?为什么?

(3)王某是否侵犯了乙企业的独家实施权?为什么?

(二)许可他人实施

这是指专利权人通过订立使用许可合同,许可他人实施其专利,获得使用费。使用许可合同可分为普通许可、排他许可、独占许可。

普通许可,即专利权人有权通过使用许可合同,除授予被许可人在特定地区范围内使用其专利技术的权利外,还有权在该特定地区再授权给其他第三人使用其专利技术。

排他许可,即在特定地区范围内,专利权人除自己和使用许可合同确定的被许可人之外,不再许可任何第三人使用该专利技术。

独占许可,即在特定地区范围内,仅仅允许使用许可合同确定的被许可人使用该专利技术,专利权人在该特定地区不得使用该专利技术,也不得授权任何第三人在该特定地区使用该专利技术。

(三)将专利权转让给他人实施

专利权人在专利有效期内,将专利权转让给他人,原专利权人即丧失其专利权,受让人成为新专利权人。

(四)专利实施的强制特别许可

国务院专利行政部门、地方人民政府管理专利工作的部门应当会同同级相关部门采取措施,加强专利公共服务,促进专利实施和运用。

有下列情形之一的,国务院专利行政部门根据具备实施条件的单位或者个人的申请,可以给予实施发明专利或者实用新型专利的强制许可:

(1)专利权人自专利权被授予之日起满三年,且自提出专利申请之日起满四年,无正当理由未实施或者未充分实施其专利的。

(2)专利权人行使专利权的行为被依法认定为垄断行为,为消除或者减少该行为对竞争产生的不利影响的。

(3)在国家出现紧急状态或者非常情况时,或者为了公共利益的目的,国务院专利行政部门可以给予实施发明专利或者实用新型专利的强制许可。

(4)为了公共健康目的,对取得专利权的药品,国务院专利行政部门可以给予制造并将其出口到符合中华人民共和国参加的有关国际条约规定的国家或者地区的强制许可。

(5)一项取得专利权的发明或者实用新型比前已经取得专利权的发明或者实用新型具有显著经济意义的重大技术进步,其实施又有赖于前一发明或者实用新型的实施的,国务院专利行政部门根据后一专利权人的申请,可以给予实施前一发明或者实用新型的强制许可。

在依照前款规定给予实施强制许可的情形下,国务院专利行政部门根据前一专利权人的申请,也可以给予实施后一发明或者实用新型的强制许可。

应予注意,除上述规定外,还应遵守下列规定:申请实施强制许可的单位或者个人,应当提出未能以合理条件与专利权人签订实施许可合同的证明;取得强制许可的当事人不享有独占实施权,也无权允许他人实施;强制许可并不妨碍专利权人自己实施或授权他人实施;获得强制许可的实施人必须付给专利权人专利使用费;国务院专利行政部门作出的给予强制许可的决定,应当及时通知专利权人,并予以登记和公告;给予实施强制许可的决定,应当根据强制许可的理由规定实施的范围和时间。强制许可的理由消除并不再发生时,国务院专利行政部门应当根据专利权人的请求,经审查后作出终止实施强制许可的决定。

六、专利权的保护

(一)专利权保护的范围

发明或者实用新型专利权的保护范围以其权利要求的内容为准,说明书及附图可以用于解释权利要求;外观设计专利权的保护范围以表示在图片或者照片中的该外观设计专利产品为准。

(二)专利侵权

专利侵权是指受《专利法》保护的有效专利权遭到侵害的行为。我国《专利法》规定的专利侵权行为主要是假冒他人专利行为,表现为:

(1)未经专利权人许可,以生产经营为目的,制造、使用、许诺销售、销售专利产品或者使用专利方法及使用、许诺销售、销售、依照该专利方法直接获得的产品,以及擅自制造、销售外观设计专利产品的行为;

(2)未经专利权人许可,以生产经营为目的,进口其专利产品或进口依照其专利方法直接获得的产品的行为;

(3)非专利权人未经专利权人许可,在其产品或产品包装上标注专利权人的专利标记和专利号、在合同中使用他人专利号,使人误认为他人专利的行为;

(4)伪造或变造他人的专利证书、专利文件或专利申请文件。

案例分析 6-16

甲未经专利申请人乙的许可,将其从乙处盗取的实用新型技术付诸实施,并公开在市场上销售。

请问:(1)乙如何保护自己的合法权益? 详细说明。

(2)乙的该项技术能否取得专利权? 说明理由。

(三)对驳回专利申请不视为侵权的实施专利的行为

为社会整体利益,需对专利权作出适当限制。《专利法》规定,有下列情形之一的,不视为侵犯专利权:

(1)专利权人制造、进口或者经专利权人许可制造、进口的专利产品或依照专利方法直接取得的产品售出后,使用、许诺销售或销售该产品的;

（2）在专利申请日以前已经制造相同产品、使用相同方法或已经做好准备制造、使用的必要准备，并且仅在原有范围内继续制造、使用的；

（3）临时通过中国领陆、领水、领空的外国运输工具，依照其所属国同中国签订的协议或者共同参加的国际条约，或者依照互惠原则，为运输工具自身需要而在其装置和设备中使用有关专利的；

（4）专为科学研究和实验而使用有关专利的。

（5）为提供行政审批所需要的信息，制造、使用、进口专利药品或者专利医疗器械的，以及专门为其制造、进口专利药品或者专利医疗器械的。

为生产经营目的使用或者销售不知道是未经专利权人许可制造并销售的专利产品或者依照专利方法直接获得的产品，能证明其产品合法来源的，不承担赔偿责任。

案例分析 6-17

甲厂于 2018 年研制出一种 N 型多功能绞肉机，2018 年 9 月获得实用新型专利权。乙厂于 2018 年 7 月自行研制出这种 N 型多功能绞肉机。乙厂在 2018 年底前已生产了 80 台 N 型多功能绞肉机，2019 年 3 月开始在市场销售。2019 年乙厂又生产了 70 台 N 型多功能绞肉机。2020 年初，甲厂发现乙厂销售行为后，认为乙厂未经自己同意，擅自实施专利技术，侵犯了自己的专利权，遂与乙厂交涉，但乙厂认为自己的行为并不构成侵权。

请问：乙厂是否侵犯了甲厂的专利权？为什么？

（四）专利权的保护措施

1. 专利权的保护方法

对未经专利权人许可，实施其专利的侵权行为，专利权人或者利害关系人可以请求专利管理机关进行处理，也可以直接向人民法院起诉。

专利管理机关处理时，认定侵权行为成立的，可以责令侵权人立即停止侵权行为。当事人不服的，可以自收到处理通知之日起 15 日内依照《行政诉讼法》向人民法院起诉；侵权人期满不起诉又不停止侵权行为的，专利管理机关可以申请人民法院强制执行。

进行处理的专利管理机关应当事人的请求，可以就侵犯专利权的赔偿数额进行调解；调解不成的，当事人可以依照《民事诉讼法》向人民法院起诉。侵犯专利权的赔偿数额，按照权利人因被侵权所受到的损失或者侵权人因侵权所获得的利益确定；难以确定的，参照该专利许可使用费的倍数合理确定。专利权人或利害关系人有证据证明他人正在实施或即将实施侵犯专利权的行为，如不及时制止将会使其合法权益受到难以弥补的损害的，可以在起诉前向人民法院申请采取责令停止有关行为和财产保全的措施。

2. 专利权纠纷的诉讼时效

侵犯专利权的诉讼时效为 3 年，自专利权人或者利害关系人知道或者应当知道侵权行为以及侵权人之日起计算。

发明专利申请公布后至专利权授予前使用该发明未支付适当使用费的，专利权人要求支付使用费的诉讼时效为 3 年，自专利权人知道或者应当知道他人使用其发明之日起计算，但是，专利权人于专利权授予之日前即已知道或者应当知道的，自专利权授予之日起计算。

3. 假冒专利的行政责任和刑事责任

假冒专利的，除依法承担民事责任外，由负责专利执法的部门责令改正并予公告，没收违法所得,可以处违法所得五倍以下的罚款;没有违法所得或者违法所得在5万元以下的,可以处25万元以下的罚款;构成犯罪的,依法追究刑事责任。

案例导引分析

（1）甲企业能取得"天神"商标的专用权。法律规定:"两个或者两个以上的商标注册申请人,在同一种商品或者类似商品上,以相同或者近似的商标申请注册的,初步审定并公告申请在先的商标;同一天申请的,初步审定并公告使用在先的商标,驳回其他人的申请,不予公告。"

（2）不能继续使用。法律规定:"有下列行为之一的,均属侵犯注册商标专用权:（一）未经商标注册人的许可,在同一种商品或者类似商品上使用与其注册商标相同或者近似的商标的;（二）……"

★★★★★ 课后测试 ★★★★★

一、判断题

（　）1. 我国《工业产权法》规定:药品和食品必须使用注册商标,否则,不得在市场上销售。

（　）2. 我国对商标和专利的保护期限相同,均为20年。

（　）3. 专利权的保护期限是自申请日起计算。

（　）4. 在原单位承担本职工作,退职、退休后一年内作出的发明,应当认定为职务发明。

（　）5. 侵犯专利权的诉讼时效为一年,自专利权人或者利害关系人得知或者应当得知侵权行为之日起计算。

二、单项选择题

（　）1. 根据我国《专利法》的规定,授予专利权的外观设计,必须具有显著特征,能适用于工业产品上,并且符合_____的要求。

　　A. 新颖性　　　　B. 创造性　　　　C. 实用性　　　　D. 显著性

（　）2. 某地工商局在审查某皮革制品厂拟使用在其生产的皮制品上的商标时,发现其中有不符合法律规定的商标,该商标是_____。

　　A. "千里"牌商标　　　　　　　　B. "七匹狼"牌商标

　　C. "羊皮"牌商标　　　　　　　　D. "耐斯"牌商标

（　）3. 两个以上的申请人分别就同样的发明创造申请专利的,专利权授权_____。

　　A. 最先发明的人　　　　　　　　B. 最先申请的人

　　C. 所有申请的人　　　　　　　　D. 协商后的申请人

（　）4. 根据《商标法》的规定,以下不属于商标注册应当遵循的基本原则是_____。

　　A. 一份申请、一件商标、一类商品的原则

　　B. 自愿注册与强制注册相结合的原则

　　C. 申请在先原则

　　D. 使用在先原则

（ ）5. 下列情形中可以授予专利权的是_____。
  A. 科学发现
  B. 智力活动的规则和方法
  C. 动物和植物品种
  D. 疾病的诊断和治疗机械

三、多项选择题

（ ）1. 下列选项中_____属于我国《专利法》规定不授予专利权的发明创造。
  A. 动物新品种
  B. 新烹饪调料
  C. 高血压治疗新方法
  D. 超导新技术

（ ）2. 专利权的内容主要是指专利权人依法取得专利后享有的权利,其主要有_____。
  A. 专利专有权
  B. 转让权
  C. 许可使用权
  D. 投资权

（ ）3. 下列文字或图形中不能作为商标的有_____。
  A. 同我国名称、国旗、国徽相同或相近的
  B. 同外国名称、国旗、国徽、军旗相同或相近的,该政府同意的除外
  C. 同"红十字"、"红新月"的标志名称相同或相近的
  D. 带有民族歧视的

（ ）4. 甲公司许可乙公司使用其注册商标"爱丽斯",乙公司必须_____。
  A. 在使用"爱丽斯"商标的商品上注明商品的产地
  B. 在使用"爱丽斯"商标的商品上注明乙公司的名称
  C. 将商标使用许可合同报商标局核准
  D. 将商标使用许可合同报商标局备案

（ ）5. 我国《商标法》规定,商标可以是_____。
  A. 文字、字母或数字
  B. 气味或音响
  C. 颜色的组合
  D. 文字和图形的组合

四、实训题

实训一

2020 年 4 月,李智依法申请并取得了"编织式活动地板"的实用新型专利。2021 年 1 月,李智与昆明机房地板厂签订了该专利的普通许可使用合同,允许其在中国境内生产销售该专利产品。2022 年 3 月,李智在市场上发现了成都福利电线厂的产品与其专利产品完全相同。李智认为,成都福利电线厂未经其许可使用其专利生产销售专利产品,属于侵权行为。在诉讼中,成都福利电线厂辩称其是根据合同从昆明机房厂取得了李智的专利的生产和销售权,不存在侵权。

请问：成都福利电线厂是否存在侵权行为？ 为什么？

实训二

2021 年 12 月,大都高科公司(以下称"原告")取得了"高效能电炒勺"专利权。2022 年初,原告在与一家公司洽谈其专利许可合同时,发现当地市场上已有相同产品在出售。原告购回后,查明该产品技术与其专利产品相同。于是,原告将该产品生产者明新公司(以下称"被告")起诉到法院,要求追究其专利侵权责任。被告辩称,该产品已在 2020 年批量生产,并在中央电视台做了广告宣传。

请问：被告的抗辩理由是否成立？为什么？

实训三

甲卷烟厂使用注册商标生产"蓝鸟牌"香烟，一年后发现乙乡镇卷烟厂未经注册也生产销售"蓝鸟牌"香烟，且其香烟质量比甲厂低，甲厂认为乙厂的行为严重损害了自己的产品信誉，遂委托某律师事务所丙律师，拟诉请法院求偿。乙厂得知此事后找到甲厂，申明本厂使用该商标已有两年之久，无假冒侵权之意，并主张通过许可使用协议，取得甲厂的注册商标使用权。甲厂同意订立商标许可使用协议，但坚持要求乙厂先行赔偿，后双方找到律师进行咨询。

请问：（1）乙厂的行为违反了我国《商标法》的哪些规定？

（2）如果甲乙双方事后同意订立商标许可使用协议，双方应该遵循哪些规定？

五、思考题

1. 我国《专利法》对专利权的限制主要体现在哪些方面？

2. 当事人在转让注册商标权时应注意哪些法律行为？

3. 专利权人享有哪些权利？

4. 商标人的主要权利是什么？

5. 商标局对使用注册商标的，针对哪些行为可以责令限期改正或者撤销其注册商标？

第七章 税收法律制度

【知识目标】

1. 学习了解我国税收的基本制度。

2. 掌握流转税和所得税的征收范围。

3. 掌握流转税、所得税的计税方法。

【能力目标】

1. 明确税收的基本特征及构成要素,分析并思考税收对于我国的经济建设发展和人民生活的改善究竟起到哪些作用。

2. 能够运用所学的税收基本知识分析解决实践中的有关基础性法律问题。

案例导引

　　2021 年甲公司职员李某全年取得工资、薪金收入 180 000 元。当地规定的社会保险和住房公积金个人缴存比例为：基本养老保险 8％，基本医疗保险 2％，失业保险 0.5％，住房公积金 12％。李某缴纳社会保险费核定的缴费工资基数为 10 000 元。李某正在偿还首套住房贷款及利息；李某为独生女，其独生子正在就读大学 3 年级；李某父母均已年过 60 岁。李某夫妻约定由李某扣除贷款利息和子女教育费。

　　李某 2021 年应缴纳的个人所得税税额是多少？

第一节　税法概述

一、税收和税法的概念

（一）税收的概念

税收是国家为了实现其职能,依据政治权力,按照法律规定的标准,强制地向纳税人无偿征收货币或实物所形成的特定分配关系。在这一分配关系中,权力主体是国家,客体是人民创造的国民收入和积累的社会财富,其目的是为了实现国家的职能。税收具有强制性、无偿性和固定性的特点。

> **小思考 7-1**
>
> 　　在经济生活中,税收、罚款、没收财产都形成财政收入,但就特征而言,税收与后两者有哪些相同点和不同点?

（二）税法的概念

税法是国家制定的用以调整国家与纳税人之间在征纳税方面的权利与义务关系的法律规范的总称。作为国家制定的特殊行为规范,是税收的法律形式,按照税法内容的不同,可以将税法分为税收实体法和税收程序法。税收实体法是规定税收法律关系主体的实体权利、义务的法律规范的总称,我国税收实体法的内容主要包括流转税法、所得税法、财产税法和行为税法。税收程序法是以国家税收活动中所发生的程序关系为调整对象的税法,是规定国家征税权行使程序和纳税人纳税义务履行程序的法律规范的总称,税收征收管理法即属于税收程序法。

> **法律驿站 7-1**
>
> ### 税收的作用
>
> 　　马克思指出:"赋税是政府机器的经济基础,而不是其他任何东西。"恩格斯指出:"为了维持这种公共权力,就需要公民缴纳费用——捐税。"19 世纪,美国大法官霍尔姆斯说:"税收是我们为文明社会付出的代价。"这些都说明了税收对于国家经济生活和社会文明的重要作用。

二、税收的构成要素

税法的构成要素也称"税法的基本结构"。一般来说,税收的构成要素包括税收主体、征税客体、税率、纳税环节、纳税期限、纳税地点、税收优惠以及法律责任等共八项内容。

（一）税收主体

税收主体是指税法规定享有权利和承担义务的当事人,包括征税主体和纳税主体。征税主体是代表国家行使税收管理权的各级征税机关,如:国家各级税务机关、财政机关和海关。纳税主体则是指依税法负有纳税义务的纳税人和负有代扣代缴、代收代缴税款义务的扣缴义务人。

(二) 征税客体

征税客体又称"征税对象""征税范围",是征纳税主体权利与义务指向的对象。它包括物和行为。例如,增值税的征税对象是销售或者进口的货物以及加工、修理、修配劳务。与征税客体有关的概念还有税目和计税依据。税目是税法上规定应征税的具体项目,是征税对象的具体化。计税依据是指计算应纳税额所根据的标准,例如,从价计算的税收以计税金额为计税依据,而从量计征的税收则以征税对象的重量、容积、体积、数量为计税依据。

(三) 税率

税率是指应征税额与征税对象数额之间的比率。目前,我国的税率形式主要有比例税率、累进税率和定额税率。

1. 比例税率

比例税率是指应征税额与征税客体数量为等比关系。比例税率又可分为单一比例税率、差别比例税率和幅度比例税率。

2. 累进税率

累进税率是随着征税客体数量的增加,其适用的税率也随之提高的一种税率形式。累进税率在具体运用时,又分为全额累进税率和超额累进税率。全额累进税率是指征税对象都按其相应等级的累进税率计算征收。超额累进税率则是指征税对象数额超过某一等级时,仅就其超过的部分按高一级税率计算征税。根据我国个人所得税法的规定,工资薪金所得就是按照九级超额累进税率计算征税的。

3. 定额税率

定额税率是按单位征税对象直接规定固定税额的一种税率形式。

(四) 纳税环节

纳税环节是指应税商品在整个流转过程中税法规定应当缴纳税款的环节。按照缴纳税款环节的多少,税收的纳税环节可分为一次课征制、二次课征制和多次课征制。例如,消费税就是一次课征制的税种,增值税则采用多次课征制。

(五) 纳税期限

纳税期限是指税法规定的纳税人应纳税款的期限。税法明确规定了每种税的纳税期限,纳税人必须依法如期纳税,逾期纳税者将受到加收滞纳金等处罚。

(六) 纳税地点

纳税地点是纳税人申报缴纳税款的场所。

(七) 税收优惠

税收优惠是国家为了体现鼓励和扶持政策,在税收方面采取的鼓励和照顾措施。目前,我国税法规定的税收优惠形式主要有减税、免税、退税、加速折旧、延缓纳税和亏损结转抵补等。

(八) 法律责任

法律责任是税法规定的纳税人和征税工作人员违反税法规范应当受到的惩罚措施。例如,责令纳税人限期缴纳税款、加收滞纳金、处以罚款等行政责任,情节严重构成犯罪的,依法追究刑事责任。

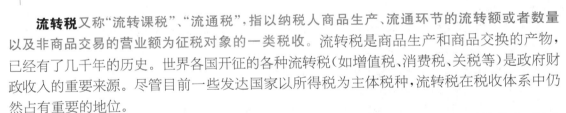

第二节　流转税

流转税又称"流转课税"、"流通税"，指以纳税人商品生产、流通环节的流转额或者数量以及非商品交易的营业额为征税对象的一类税收。流转税是商品生产和商品交换的产物，已经有了几千年的历史。世界各国开征的各种流转税（如增值税、消费税、关税等）是政府财政收入的重要来源。尽管目前一些发达国家以所得税为主体税种，流转税在税收体系中仍然占有重要的地位。

新中国成立以来，流转税在我国税制结构中一直处于主导地位，是政府税收收入、财政收入的主要来源。现行税制中的增值税、消费税、关税是我国流转税的主体税种。

一、增值税

增值税是以商品（含应税劳务）在流转过程中产生的增值额作为计税依据而征收的一种流转税。从计税原理上说，增值税是对商品生产、流通、劳务服务中多个环节的新增价值或商品的附加值征收的一种流转税，实行价外税，也就是由消费者负担，有增值才征税，没增值不征税。增值税已经成为我国最主要的税种之一，增值税的收入占我国全部税收的 60% 以上，是最大的税种。增值税由国家税务局负责征收，税收收入中 50% 为中央财政收入，50% 为地方收入。进口环节的增值税由海关负责征收，税收收入全部为中央财政收入。

2019 年 3 月 15 日，十三届全国人大二次会议表决通过了关于政府工作报告的决议。其中提出了将于 2019 年 4 月 1 日减增值税，5 月 1 日降社保费。

增值税是对销售货物、提供劳务或者发生应税行为过程中实现的增值额征收的一种流转税。

法律驿站 7-3

你知道什么是营改增吗

营业税改增值税，简称营改增，是指以前缴纳营业税的应税项目改成缴纳增值税。营改增的最大特点是减少重复征税，可以促使社会形成更好的良性循环，有利于企业降低税负。

自 2016 年 5 月 1 日起，中国将全面推开营改增试点，将建筑业、房地产业、金融业、生活服务业全部纳入营改增试点，至此，营业税退出历史舞台，增值税制度将更加规范。

改革之后，原来缴纳营业税的改缴增值税，增值税增加两档低税率 6%（现代服务业）和 9%（交通运输业）。

（一）增值税的纳税人

根据《增值税暂行条例》的规定，增值税纳税人是指税法规定负有缴纳增值税义务的单位和个人。在我国境内销售、进口货物或者提供加工、修理、修配劳务以及应税服务的单位和个人，都是增值税纳税人。

由于增值税实行凭增值税专用发票抵扣税款的制度，《中华人民共和国增值税暂行条例》将纳税人按其经营规模大小以及会计核算是否健全划分为一般纳税人和小规模纳税人。

1. 小规模纳税人

生产企业，年应税销售和 50 万元以下的；商贸型企业，年应税销售和 80 万元以下的；现代服务业，年应税销售额 500 万元以下的为小规模纳税人。此外个人、非企业性单位以及不经常发生增值税应税行为的企业也被认定为小规模纳税人。小规模纳税人在达到标准后经申请被批准后可以成为一般纳税人。

对小规模纳税人实现简易办法征收增值税，其进项税不允许抵扣。小规模纳税人销售货物或应税劳务的增值税税率为 3%。

2. 一般纳税人

从事货物生产或者提供应税劳务的纳税人或以该业务为主的，并兼营货物批发和零售的纳税人，年应征增值税销售额超过 50 万元的；从事销售服务、无形资产、不动产年应征增值税销售额超过 500 万元的；其他行业年应税销售额超过 80 万元的为一般纳税人。

案例分析 7-1

小张是年销售额为 100 万元的从事货物批发的个人，小李是年销售额为 60 万元的从事货物生产的企业，小赵是年销售额为 60 万元的从事货物生产的个体经营者。

请思考：三人均认为自己是小规模纳税人，你如何看？

分析增值税专用发票的特殊作用

（1）对购销双方来说，专用发票既是纳税的依据，又是扣税的凭证。专用发票是销售方记载销项税额和购货方记载进项税额并进行税款抵扣的合法凭证，而普通发票则不具备这一功能。

（2）增值税专用发票的特殊性还表现在它可以将一种货物从最初生产到最终消费之间的各个环节联结起来，具体体现在：按专用发票上注明的税额，逐环节征税、扣税，可以明确、清楚、简便地把税额从一个经营环节传递到下一个经营环节，直到把货物销售给最终消费者，从而将税款逐环节地传递到最终消费者身上。

（二）增值税的征税范围

增值税的征税范围为销售货物、提供加工、修理修配劳务和进口货物。

（1）销售货物，是指有偿转让货物的所有权。这里的"货物"是指有形动产，包括电力、热力、气体在内。

（2）提供加工、修理修配劳务（以下称"应税劳务"），是指有偿提供加工修理修配劳务。单位或者个体工商户聘用的员工为本单位或者雇主提供的加工、修理修配劳务，不包括在内。所谓"加工"，是指受托加工货物，即委托方提供原料及主要材料，受托方按照委托方的要求，制造货物并收取加工费的业务。所谓"修理修配"，则是指受托对损伤和丧失功能的货物进行修复，使其恢复原状和功能的业务。

（3）进口货物，只要是报关进口的应税货物，均属于增值税的征税范围，除享受免税政策外，在进口环节缴纳增值税。

（4）视同销售货物，单位或者个体工商户的下列行为视同销售货物：①将货物交由他人代销；②代他人销售货物；③将货物从一地移送至另一地（同一县市除外）；④将自产或委托加工的货物用于非应税项目；⑤将自产、委托加工或购买的货物作为对其他单位的投资；⑥将自产、委托加工或购买的货物分配给股东或投资者；⑦将自产、委托加工的货物用于职工福利或个人消费；⑧将自产、委托加工或购买的货物无偿赠送他人。

（5）兼有不同税率的销售货物、提供应税劳务的混业经营。应按兼营行为的税务处理规定进行处理，因销售货物的增值税税率是13%，交通运输业的增值税试点税率是9%，两种行为的税率不同，企业应进行分别核算，分别以各自的税率计征增值税，不分别核算的，从高适用税率。

混合销售和兼营行为的区别

相同点：都涉及销售货物和应税服务。

不同点：混合销售是在同一项销售行为中同时存在货物和服务的混合，二者有从属关系。兼营是既销售货物、加工修理修配劳务，又销售服务、无形资产、不动产，不发生在同一项销售行为中，各类业务并无必然的从属关系（可以同时发生，也可以不同时发生）。

营业税改增值税主要涉及的范围是交通运输业以及部分现代服务业。交通运输业包括：陆路运输、水路运输、航空运输、管道运输。现代服务业包括：研发和技术服务、信息技术服务、文化创意服务、物流辅助服务、有形动产租赁服务、鉴证咨询服务。

（三）税率和征收率

增值税是我国第一大税种，近年来增值税改革一直以来备受社会和企业关注，在2019年两会上增值税税率又有了最新规定：增值税基本税率将由目前的16%降至13%，10%降至9%，保持6%不变，确保所有行业税负只减不增。重点降低制造业和小微企业税收负担，将制造业等行业原有16%增值税税率降为13%，将交通运输、建筑、房地产等行业现行10%税率降为9%，保持6%一档税率不变。

法律驿站 7-5

新修改的增值税三档变两档的差别

1. 如果A公司卖了一批16%税率的货物给B公司，合同约定含税售价为580万元。

（1）16%税率下：

B公司则需要支付给A公司：580万元；

A公司的销项税额为：$580 \div (1 + 16\%) \times 16\% = 80$（万元）。

（2）税率降至13%后：

B公司仍需要支付给A公司：580万元；

A公司的销项税额变成：$580 \div (1 + 13\%) \times 13\% \approx 66.7$（万元）；

A公司获利 $80 - 66.7 = 13.3$（万元）。

2. 同样的A、B公司，如果合同约定不含税售价为500万元。

（1）16%税率下，B公司支付A公司金额为：580万元。

（2）13%税率下，B公司只需支付A公司：565万元。

B公司可少支付 $580 - 565 = 15$（万元）。

（1）一般纳税人适用的税率共有四档：13%、9%、6%、0%。

增值税适用13%税率的主要范围有：部分销售或进口货物、提供加工、修理、修配劳务、提供有形动产租赁服务。而销售或进口货物中的粮食、自来水、图书、饲料等为9%。销售无形资产、电信服务、金融服务、生活服务、现代服务为6%；出口货物税率为0。具体见表7-1所示。

表7-1　一般纳税人适用的前两档税率

序号	应 税 行 业	税率
一、	销售货物、加工、修理修配劳务	13%
1.	销售或进口货物（除适用9%的货物外）	13%
2.	提供加工、修理、修配劳务	13%

序号	应 税 行 业	税率
3.	提供有形动产租赁服务	13%
二、	销售或进口货物中的低税率	9%
1.	粮食、食用植物油	9%
2.	自来水、暖气、冷气、热水、煤气、石油液化气、天然气、沼气、居民用煤炭制品	9%
3.	图书、报纸、杂志	9%
4.	饲料、化肥、农药、农机、农膜、农业产品	9%
5.	国务院规定的其他货物	9%

小思考7-2

你知道一般纳税人提供的服务中,下列哪些适用的是9%的税率?
(1) 邮政服务;(2) 建筑服务;(3) 金融服务;(4) 提供有形动产租赁服务。

(2) 小规模纳税人增值税征收率为3%,国务院另有规定的除外。

小规模纳税人会计核算健全,能够提供准确税务资料的,可以向主管税务机关办理登记,不作为小规模纳税人,依照法律有关规定计算应纳税额。

（四）增值税的计算

1. 一般纳税人应纳增值税的计算

纳税人销售货物或者提供应税劳务,应纳税额为当期销项税额抵扣当期进项税额后的余额。应纳税额计算公式:

$$应纳税额＝当期销项税额－当期进项税额$$

(1) 销项税额。一般纳税人销售货物或者应税劳务,按照销售额和适用税率计算并向购买方收取的增值税额,为销项税额。销项税额计算公式:

$$销项税额＝（不含税）销售额×税率$$

销售额为纳税人销售货物或者应税劳务向购买方收取的全部价款和价外费用,但是不包括收取的销项税额。价外费用包括价外向购买方收取的手续费、补贴、基金、集资费、返还利润、奖励费、违约金、滞纳金、延期付款利息、赔偿金、代收款项、代垫款项、包装费、包装物租金、储备费、优质费、运输装卸费以及其他各种性质的价外收费。

一般纳税人销售货物或者应税劳务,采用销售额和销项税额合并定价方法的,按下列公式计算销售额:

$$销售额＝（含税）销售额 /（1＋税率）$$

常见的含税销售额有普通发票、零售价、价外费用、预期的包装物押金。常见的不含税销售额有增值税专用发票列示价款、组价（组成的计算价格）。

案例分析 7-2

某钢铁公司向某机械公司出售一批钢材，出厂价格为 1 000 万元人民币（不含税），增值税适用税率为 13%。

请问：钢铁公司应当向机械公司收取的销项税额为多少？

案例分析 7-3

某百货商店为增值税一般纳税人，本月向消费者销售洗衣机 100 台，零售价为 1160 元/台。已知洗衣机适用的增值税税率为 13%。

请问：该百货商店上述业务增值税销项税额是多少？

（2）增值税专用发票的特殊性还表现在它可以将一种货物从最初生产到最终消费之间的各个环节联结起来，具体体现在：按专用发票上注明的税额，逐环节征税、逐环节扣税，可以明确、清楚、简便地把税额从一个经营环节传递到下一个经营环节，直到把货物销售给最终消费者，从而将税款也逐环节地传递。

（3）进项税额。纳税人购进货物或者接受应税劳务支付或者负担的增值税额，为进项税额。

下列进项税额准予从销项税额中抵扣：①从销售方取得的增值税专用发票上注明的增值税额；②从海关取得的海关进口增值税专用缴款书上注明的增值税额；③购进农产品，除取得增值税专用发票或者海关进口增值税专用缴款书外，按照农产品收购发票或者销售发票上注明的农产品卖价和 9% 的扣除率计算的进项税额，国务院另有规定的除外。进项税额计算公式：进项税额 = 买价 × 扣除率；④自境外单位或者个人购进劳务、服务、无形资产或者境内的不动产，从税务机关或者扣缴义务人取得的代扣代缴税款的完税凭证上注明的增值税额。

准予抵扣的项目和扣除率的调整，由国务院决定。另外，纳税人购进货物、劳务、服务、无形资产、不动产，取得的增值税扣税凭证不符合法律、行政法规或者国务院税务主管部门有关规定的，其进项税额不得从销项税额中抵扣。

下列项目的进项税额不得从销项税额中抵扣：①用于简易计税方法计税项目、免征增值税项目、集体福利或者个人消费的购进货物、劳务、服务、无形资产和不动产；②非正常损失的购进货物，以及相关的劳务和交通运输服务；③非正常损失的在产品、产成品所耗用的购进货物（不包括固定资产）、劳务和交通运输服务；④国务院规定的其他项目。

案例分析 7-4

粮油厂向某农场购进粮食，收购凭证上注明的价格为 6 000 元人民币。

请问：准予抵扣的进项税额是多少？

2. **小规模纳税人应纳增值税的计算**

小规模纳税人销售货物、劳务、服务、无形资产和不动产,实行按照销售额和征收率计算应纳税额的简易办法,不得抵扣进项税额。小规模纳税人增值税征收率为3%,国务院另有规定的除外。应纳税额的计算公式如下:

$$应纳税额 = 不含税销售额 \times 征收率(3\%)$$
$$= 含税销售额 \div (1 + 征收率) \times 征收率$$

案例分析 7-5

某商店为增值税小规模纳税人,2021年4月销售商品,取得含税收入5.15万元;将外购的一批商品无偿捐赠给某慈善机构,该批商品的含税价格为1.03万元;购进商品,取得增值税普通发票注明金额为2万元,增值税为0.32万元。已知征收率为3%。

请问:该商店当月应纳增值税税额是多少?

3. **纳税人进口货物应纳增值税的计算**

纳税人进口货物,按照组成计税价格和适用的税率计算应纳税额。组成计税价格和应纳税额计算公式(值得注意的是,当进口货物属于消费税应税消费品时,其组成计税价格中还应包括消费税税额):

$$应纳税额 = 组成计税价格 \times 税率$$
$$组成计税价格 = 关税完税价格 + 关税 + 消费税$$
$$= 关税完税价格 \times (1 + 关税率) + 消费税$$
$$= 关税完税价格 \times (1 + 关税率) \div (1 - 消费税)$$

案例分析 7-6

某单位本月从国外购入一批货物,货物到岸的完税价格为800万元,经计算缴纳关税100万元。

请计算某单位该批货物应当缴纳的增值税额是多少?

案例分析 7-7

某公司为增值税一般纳税人,2021年9月从国外进口一批高档化妆品,海关核定的关税完税价格为300万元,已知关税40万元。已知消费税税率为15%,增值税税率为13%。

请问:该公司进口环节应纳增值税税额是多少?

(五)增值税的税收优惠

根据新法规定,对托儿所、幼儿园提供的保育和教育服务;养老机构提供的养老服务;残疾人福利机构提供的育养服务;婚姻介绍服务;殡葬服务;残疾人员本人为社会提供的服务;医疗机构提供的医疗服务;从事学历教育的学校(不包括职业培训机构)提供的教育服务;学生勤工俭学提供的服务;农业机耕、排灌、病虫害防治、植物保护、农牧保险以及相关技术培训业务,家禽、牲畜、水生动物的配种和疾病防治;纪念馆、博物馆、文化馆、文物保护单位管理机构、美术馆、展览馆、书画院、图书馆在自己的场所提供文化体育服务取得的第一道门票收入;个人转让著作权;个人销售自建自用住房;利息收入;被撤销金融机构以货物、不动产、无形资产、有价证券、票据等财产清偿债务;政府举办的从事学历教育的高等、中等和初等学校(不含下属单位),举办进修班、培训班取得的全部归该学校所有的收入等40种项目免征增值税。

增值税的免税、减税项目由国务院规定。任何地区、部门均不得规定免税、减税项目。

法律驿站 7-7

小微企业的免税规定

(1)增值税小规模纳税人,月销售额不超过3万元(按季纳税,季销售额不超过9万元)免征。

(2)其他个人采取一次性收取租金形式出租不动产,取得的租金收入,可在租金对应的租赁期内平均分摊,分摊后的月租金收入不超过3万元的,可享受小微企业免征增值税的优惠政策。

(六)增值税的征税管理

1. 增值税纳税义务、扣缴义务发生时间

(1)发生应税销售行为,为收讫销售款项或者取得索取销售款项凭据的当天;先开具发票的,为开具发票的当天。

(2)进口货物,为报关进口的当天。

增值税扣缴义务发生时间为纳税人增值税纳税义务发生的当天。

2. 增值税纳税期限

增值税的纳税期限分别为1日、3日、5日、10日、15日、一个月或者一个季度。纳税人的具体纳税期限由主管税务机关根据纳税人应纳税额的大小分别核定;不能按照固定期限纳税的,可以按次纳税。纳税人以一个月或者一个季度为一个纳税期的,自期满之日起15日内申报纳税;以1日、3日、5日、10日或者15日为一个纳税期的,自期满之日起5日内预缴税款,于次月1日起15日内申报纳税并结清上月应纳税款。

扣缴义务人解缴税款的期限,依照前两款规定执行。

纳税人进口货物,应当自海关填发海关进口增值税专用缴款书之日起15日内缴纳税款。

3. 增值税的纳税地点

(1)固定业户应当向其机构所在地的主管税务机关申报纳税。总机构和分支机构不在同一县(市)的,应当分别向各自所在地的主管税务机关申报纳税;经国务院财政、税务主管部门或者其授权的财政、税务机关批准,可以由总机构汇总向总机构所在地的主管税务机关申报纳税。

(2)固定业户到外县(市)销售货物或者劳务,应当向其机构所在地的主管税务机关报告外出经营事项,并向其机构所在地的主管税务机关申报纳税;未报告的,应当向销售地或者劳务发生地的主管税务机关申报纳税;未向销售地或者劳务发生地的主管税务机关申报纳税的,由其机构所在地的主管税务机关补征税款。

(3)非固定业户销售货物或者劳务,应当向销售地或者劳务发生地的主管税务机关申报纳税;未向销售地或者劳务发生地的主管税务机关申报纳税的,由其机构所在地或者居住地的主管税务机关补征税款。

(4) 进口货物,应当向报关地海关申报纳税。

扣缴义务人应当向其机构所在地或者居住地的主管税务机关申报缴纳其扣缴的税款。

二、消费税

消费税是对在我国境内从事生产、委托加工和进口法定消费品的单位和个人,就其销售额和销售数量,在特定环节征收的一种税。

小思考7-3

消费税和增值税的不同点有哪些?

（一）消费税的纳税主体

消费税的纳税主体是在我国境内从事生产、委托加工和进口法定消费品的单位和个人。

（二）消费税的征税范围

我国现行的消费税税目共 15 个,具体征税范围税率如表 7-2 所示。

表 7-2 消费税税目税率表

税 目	税 率
一、烟	
1. 卷烟	
(1) 甲类卷烟	56%加 0.003 元/支
(2) 乙类卷烟	36%加 0.003 元/支
(3) 批发环节	11% + 0.005 元/支
2. 雪茄烟	36%
3. 烟丝	30%
二、酒及酒精	
1. 白酒	20%加 0.5 元/500 克(或者 500 毫升)
2. 黄酒	240 元/吨
3. 啤酒	
(1) 甲类啤酒	250 元/吨
(2) 乙类啤酒	220 元/吨
4. 其他酒	10%

经济法基础

税　目	税　率
三、高档化妆品	15%
四、贵重首饰及珠宝玉石	
1. 金银首饰、铂金首饰和钻石及钻石饰品	5%
2. 其他贵重首饰和珠宝玉石	10%
五、鞭炮、焰火	15%
六、成品油	
1. 汽油	1.52元/升
2. 柴油	1.2元/升
3. 航空煤油	1.2元/升
4. 石脑油	1.52元/升
5. 溶剂油	1.52元/升
6. 润滑油	1.52元/升
7. 燃料油	1.2元/升
七、摩托车	
1. 气缸容量250毫升的	3%
2. 气缸容量在250毫升（不含）以上的	10%
八、小汽车	
1. 乘坐用车	
(1) 气缸容量（排气量，下同）在1.0升（含1.0升）以下的	1%
(2) 气缸容量在1.0升以上至1.5升（含1.5升）的	3%
(3) 气缸容量在1.5升以上至2.0升（含2.0升）的	5%
(4) 气缸容量在2.0升以上至2.5升（含2.5升）的	9%
(5) 气缸容量在2.5升以上至3.0升（含3.0升）的	12%
(6) 气缸容量在3.0升以上至4.0升（含4.0升）的	25%
(7) 气缸容量在4.0升以上的	40%
2. 中轻型商用客车	5%
3. 超豪华小汽车［每辆零售价格130万元（不含增值税）及以上的乘用车和中轻型商用客车］	10%
九、高尔夫球及球具	10%

税　目	税　率
十、高档手表	20％
十一、游艇	10％
十二、木制一次性筷子	5％
十三、实木地板	5％
十四、涂料	4％
十五、电池	4％

小思考 7-4

电动汽车和农用拖拉机专用轮胎是否征收消费税？实木复合地板和高尔夫球杆是否征收消费税？调味料酒和影视演员化妆用的油彩是否征收消费税？你能说出理由吗？

（三）消费税的税率

消费税的税率有两种形式：一种是比例税率，另一种是定额税率，以适应不同应税消费品的实际情况。最高税率为 56％，最低税率为 1％；定额税率为 8 档，适用定额税率的应税消费品包括黄酒、啤酒和成品油类等。

（四）消费税的计算

1. 消费税实行从量定额计征办法的计税依据

我国消费税对卷烟、白酒、黄酒、啤酒、汽油、柴油等实行定额税率，采用从量定额的办法征税，其计税依据是纳税人销售应税消费品的数量，计税公式为：

$$应纳税额＝应税消费品的数量×消费税单位税额$$

案例分析 7-8

某啤酒厂 2021 年 4 月份销售甲类啤酒 1 000 吨，取得不含增值税销售额 295 万元，增值税税款 50.15 万元，另收取包装物押金 23.4 万元。

请计算 4 月该啤酒厂应纳消费税税额。

2. 消费税实行从价定率计征办法的计税依据

实行从价定率办法征税的应税消费品，计税依据为应税消费品的销售额。计算公式为：

$$应纳税额＝应税消费品的销售额×比例税率$$

案例分析 7-9

甲企业向 A 企业销售一批烟丝，含税销售额为 117 万元，消费税率为 30％，增值税税率为 13％。

请计算应交消费税和增值税分别是多少？

3. 自产自用应税消费品应纳税额的计算

（1）用于连续生产应税消费品的，不纳税；

（2）用于其他方面的：有同类消费品销售价格的，按照纳税人生产的同类消费品销售价格计算纳税，应纳税额＝同类消费品销售价格×自产自用数量×适用税率；没有同类消费品销售价格的，按组成计税价格计算纳税。

$$组成计税价格＝（成本＋利润）÷（1－消费税税率）$$
$$应纳税额＝组成计税价格×适用税率$$

案例分析 7-10

某卷烟厂生产企业本月加工一批卷烟作为礼品送给关系户及分发给本企业职工，该批卷烟共200箱，成本为400万元，该企业无同类产品。

计算该批卷烟应征消费税额。

4. 委托加工应税消费品应纳税额的计算

委托加工应税消费品的，由受托方交货时代扣代缴消费税，按照受托方的同类消费品销售价格计算纳税；没有同类消费品销售价格的，按组成计税价格计算纳税。

$$组成计税价格＝（材料成本＋加工费）÷（1－消费税税率）$$
$$应纳税额＝组成计税价格×适用税率$$

案例分析 7-11

甲企业为增值税一般纳税人，8月接受某烟厂委托加工烟丝，甲企业自行提供烟叶的成本为35 000元，代垫辅助材料2 000元（不含税），发生加工支出4 000元（不含税）；甲企业当月允许抵扣的进项税额为340元。烟丝的成本利润率为5%，适用消费税税率30%。

计算甲企业应纳消费税、增值税各是多少？

5. 进口应税消费品应纳税额的计算

进口应税消费品，按照组成计税价格计算纳税。

$$组成计税价格＝（关税完税价格＋关税）÷（1－消费税税率）$$
$$应纳税额＝组成计税价格×消费税税率$$

案例分析 7-12

某企业本月从国外进口一批应税消费品，海关核定的关税完税价格为100万元。进口关税税率为40%，适用消费税税率为30%，增值税税率为13%。

计算该批货物进口应纳增值税和消费税额。

（五）消费税的征收管理办法

1. 消费税纳税义务发生时间

除委托加工纳税义务发生时间是消费税的特有规定之外，消费税的纳税义务发生时间与增值税基本一致。

2. 消费税纳税地点

纳税人销售的应税消费品以及自产自用的应税消费品,除国务院另有规定外,应当向纳税人核算地主管税务机关申报纳税。

委托加工的应税消费品,除委托个人加工以外,由受托方向所在地主管税务机关代收代缴消费税税款。委托个人加工的应税消费品,由委托方向其机构所在地或者居住地主管税务机关申报纳税。

进口的应税消费品由进口人或者其代理人向报关地海关申报纳税。

纳税人到外县(市)销售或者委托外县(市)代销自产应税消费品的,于应税消费品销售后,向机构所在地或者居住地主管税务机关申报纳税。

纳税人的总机构与分支机构不在同一县(市)的,应当分别向各自机构所在地的主管税务机关申报纳税(卷烟批发除外);经财政部、国家税务总局或者其授权的财政、税务机关批准,可以由总机构汇总向总机构所在地的主管税务机关申报纳税。

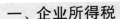

法律驿站 7-7

消 费 税

消费税是对特定货物与劳务征收的一种间接税。消费税可以根据国家产业政策和消费政策的要求,调节消费行为,促进节能环保,正确引导消费需求,间接引导投资流向,补偿部分商品和消费行为为负的外部性,缓解收入分配不公。

第三节 所得税

一、企业所得税

企业所得税是指企业和其他取得收入的组织,就其生产、经营所得和其他所得依法征收的一种税。

(一)纳税主体

根据企业所得税法的规定,在中华人民共和国境内,企业和其他取得收入的组织(以下统称"企业")为企业所得税的纳税人。个人独资企业、合伙企业不适用企业所得税法,而征收个人所得税。

(二)征收客体

企业所得税的征税客体有两类:一是纳税人每一纳税年度的生产、经营所得,二是其他所得。生产、经营所得是指纳税人从事物质生产、交通运输、商品流通、劳务服务和经国务院财政部门确认的其他营利事业取得的所得。其他所得是指股息、利息、租金、转让各类资产、特许权使用费以及营业外收益等所得。

(三)税率

企业所得税的税率为25%。但是非居民企业在中国境内未设立机构、场所的,或者虽设立机构、场所但取得的所得与其所设机构、场所没有实际联系的,就其来源于中国境内的所得缴纳企业所得税时,适用税率为 20%。

(四) 应纳税所得额的计算

企业每一纳税年度的收入总额,减除不征税收入、免税收入、各项扣除以及允许弥补的以前年度亏损后的余额为应纳税所得额。

1. 收入总额

企业以货币形式和非货币形式从各种来源取得的收入,为收入总额。包括:①销售货物收入;②转让财产收入;③股息、红利等权益性投资收益;④利息收入;⑤租金收入;⑥特许权使用费收入;⑦接受捐赠收入;⑧其他收入。

2. 不征税收入

下列收入为不征税收入:①财政拨款;②依法收取并纳入财政管理的行政事业性收费、政府性基金;③国务院规定的其他不征税收入。

小思考 7-5

某企业 2021 年获取几项收入,分别是:国家财政拨款、企业厂房租金收入、产品销售收入和国债利息收入。

在缴纳企业所得税时,哪些收入不属于征收范围?

---

3. 允许扣除的项目

企业实际发生的与取得收入有关的、合理的支出,包括成本、费用、税金、损失和其他支出,准予在计算应纳税所得额时扣除。按照法律规定和扣除比例的不同规定,准予扣除的项目包括:①工资、薪金支出;②社会保险费;③借款费用;④利息费用;⑤汇兑损失;⑥职工福利费支出;⑦工会经费;⑧职工教育经费支出;⑨业务招待费;⑩广告费和业务宣传费支出;⑪环境保护专项资金;⑫财产保险费;⑬租赁费;⑭劳动保护费;⑮总机构分摊的费用;⑯公益性捐赠;⑰依照有关法律、行政法规和国家有关税法规定准予扣除的其他项目。

4. 不得扣除的项目

在计算应纳税所得额时,下列支出不得扣除:①向投资者支付的股息、红利等权益性投资收益款项;②企业所得税税款;③税收滞纳金;④罚金、罚款和被没收财物的损失;⑤超过规定标准的捐赠支出;⑥赞助支出;⑦未经核定的准备金支出;⑧企业之间支付的管理费、企业内营业机构之间支付的租金和特许权使用费,以及非银行企业内营业机构之间支付的利息;⑨与取得收入无关的其他支出。

5. 亏损弥补

企业纳税年度发生的亏损,准予向以后年度结转,用以后年度的所得弥补,但结转年限最长不得超过 5 年。

(五) 应纳税额的计算

1. 应纳税额的计算公式

企业的应纳税所得额乘以适用税率,减除依照企业所得税法关于税收优惠的规定减免和抵免的税额后的余额,为应纳税额。其计算公式为:

$$应纳税额＝应纳税所得额×适用税率－减免税额－抵免税额$$

2. 税收抵免

企业取得的下列所得已在境外缴纳的所得税税额,可以从其当期应纳税额中抵免,抵免限额为该项所得依照企业所得税法规定计算的应纳税额;超过抵免限额的部分,可以在以后5个年度内,用每年度抵免限额抵免当年应抵税额后的余额进行抵补:

(1) 居民企业来源于中国境外的应税所得;

(2) 非居民企业在中国境内设立机构、场所,取得发生在中国境外但与该机构、场所有实际联系的应税所得。

案例分析 7-13

刘某拥有三处房屋:一套住房价值200万元供自己居住;一套住房价值150万元,租给他人居住,租金每年60 000元;还有商铺一处,每年租金24万元。

请计算刘某当年应纳房产税。

(六) 税收优惠

国家对重点扶持和鼓励发展的产业和项目,给予企业所得税优惠。

1. 免税收入

企业的下列收入为免税收入:①国债利息收入,即企业持有国务院财政部门发行的国债取得的利息收入;②符合条件的居民企业之间的股息、红利等权益性投资收益;③在中国境内设立机构、场所的非居民企业从居民企业取得与该机构、场所有实际联系的股息、红利等权益性投资收益;④符合条件的非营利组织的收入。

2. 税款的减免

企业的下列所得,可以免征、减征企业所得税:①从事农、林、牧、渔业项目的所得;②从事国家重点扶持的公共基础设施项目投资经营的所得;③从事符合条件的环境保护、节能节水项目的所得;④符合条件的技术转让所得;⑤非居民企业在中国境内未设立机构、场所的,或者虽设立机构、场所但取得的所得与其所设机构、场所没有实际联系的所得。

3. 降低税率

根据《企业所得税法》第28条的规定,在下列两种情况下,可以降低税率:①符合条件的小型微利企业,减按20%的税率征收企业所得税;②国家需要重点扶持的高新技术企业,减按15%的税率征收企业所得税。

案例分析 7-14

某软件企业是国家需要重点扶持的高新技术企业,2021年度该企业的应纳税所得额为200万元。

请问:该企业2021年应纳的企业所得税额应为多少?

4. 加计扣除额、减计收入额

企业的下列支出,可以在计算应纳税所得额时加计扣除:①开发新技术、新产品、新工艺发生的研究开发费用;②安置残疾人员及国家鼓励安置的其他就业人员所支付的工资。

企业综合利用资源,生产符合国家产业政策规定的产品所取得的收入,可以在计算应纳税所得额时减计收入。

5. 抵扣应纳税所得额

创业投资企业从事国家需要重点扶持和鼓励的创业投资,可以按投资额的一定比例抵扣应纳税所得额。

6. 抵免税额

企业购置用于环境保护、节能节水、安全生产等专用设备的投资额,可以按一定比例实行税额抵免。

7. 加速折旧

企业的固定资产由于技术进步等原因,确需加速折旧的,可以缩短折旧年限或者采取加速折旧的方法。

法律驿站 7-8

你知道固定资产计算折旧的最低年限吗

(1) 房屋、建筑物,为 20 年;

(2) 飞机、火车、轮船、机器、机械和其他生产设备,为 10 年;

(3) 与生产经营活动有关的器具、工具、家具等,为 5 年;

(4) 飞机、火车、轮船以外的运输工具,为 4 年;

(5) 电子设备,为 3 年。

---

8. 过渡期优惠

《企业所得税法》公布前已经批准设立的企业,依照当时的税收法律、行政法规规定,享受低税率优惠的,可以在该法施行后 5 年内,逐步过渡到该法规定的税率;享受定期减免税优惠的,可以在该法施行后继续享受到期满为止,但因未获利而尚未享受优惠的,优惠期限从该法施行年度起计算。

(七) 企业所得税的征收管理

1. 纳税地点

除税收法律、行政法规另有规定外,居民企业以企业登记注册地为纳税地点;但登记注册地在境外的,以实际管理机构所在地为纳税地点。

非居民企业在中国境内设立机构、场所的,以机构、场所所在地为纳税地点。非居民企业在中国境内设立两个或者两个以上机构、场所的,经税务机关审核批准,可以选择由其主要机构、场所汇总缴纳企业所得税。

在中国境内未设立机构、场所的,或者虽设立机构、场所但取得的所得与其所设机构、场所没有实际联系的非居民企业,以扣缴义务人所在地为纳税地点。

2. 纳税期限

企业所得税的纳税年度,自公历 1 月 1 日起至 12 月 31 日止。企业在一个纳税年度的中间开业,或者由于合并、关闭等原因终止经营活动,使该纳税年度的实际经营期不足 12 个月的,应当以其实际经营期为一个纳税年度。企业清算时,应当以清算期间作为一个纳税年度。

自年度终了之日起 5 个月内,向税务机关报送年度企业所得税纳税申报表,并汇算清缴,结清应缴应退税款。

企业在年度中间终止经营活动的，应当自实际经营终止之日起 60 日内，向税务机关办理当期企业所得税汇算清缴。

案例分析 7-15

某企业 2021 年实现销售收入 1 800 万元，当年发生销售成本 1 400 万元，管理费用 200 万元（其中业务招待费 40 万元，为研究新产品发生研究开发费 100 万元），财务费用 60 万元，企业中有残疾人员 15 人，每月工资 1 000 元。

请计算该企业 2021 年应纳企业所得税。

二、个人所得税法

个人所得税法是调整征税机关与自然人（居民、非居民个人）之间在个人所得税的征纳与管理过程中所发生的社会关系的法律规范的总称。

2018 年 6 月 19 日，个人所得税法修正案草案提请十三届全国人大常委会第三次会议审议，这是个税法自 1980 年出台以来第七次大修。2018 年 8 月 31 日，修改个人所得税法的决定通过，起征点每月 5 000 元，新法于 2019 年 1 月 1 日起施行，2018 年 10 月 1 日起施行最新起征点和税率。

（一）个人所得税的纳税人

我国个人所得税的纳税义务人是在中国境内居住有所得的人，以及不在中国境内居住而从中国境内取得所得的个人，包括中国国内公民，在华取得所得的外籍人员和港、澳、台同胞。

个人所得税法所称在中国境内有住所，是指因户籍、家庭、经济利益关系而在中国境内习惯性居住；所称从中国境内和境外取得的所得，分别是指来源于中国境内的所得和来源于中国境外的所得。

下列所得，不论支付地点是否在中国境内，均为来源于中国境内的所得：①因任职、受雇、履约等在中国境内提供劳务取得的所得；②将财产出租给承租人在中国境内使用而取得的所得；③许可各种特许权在中国境内使用而取得的所得；④转让中国境内的不动产等财产或者在中国境内转让其他财产取得的所得；⑤从中国境内企业、事业单位、其他组织以及居民个人取得的利息、股息、红利所得。

1. 居民纳税义务人

在中国境内有住所，或者无住所而一个纳税年度内在中国境内居住累计满 183 天的个人，为居民个人。居民个人从中国境内和境外取得的所得，依法缴纳个人所得税。

2. 非居民纳税义务人

在中国境内无住所又不居住，或者无住所而一个纳税年度内在中国境内居住累计不满 183 天的个人，为非居民个人。非居民个人从中国境内取得的所得，依法缴纳个人所得税。

小思考 7-6

外籍人员约翰 2020 年 2 月 24 日受邀来中国工作，2021 年 2 月 15 日结束在中国的工作。想一想：约翰是否属于我国居民纳税人？

（二）个人所得的纳税范围

个人所得税的征税对象是个人取得的应税所得。我国《个人所得税法》采用分类所得税制,明确列举了九项应纳税的个人所得。

（1）工资、薪金所得,是指个人因任职或者受雇取得的工资、薪金、奖金、年终加薪、劳动分红、津贴、补贴以及与任职或者受雇有关的其他所得。

小思考 7-7

退休人员再任职取得的收入还需要缴纳个人所得税吗?

案例分析 7-16

2021 年 12 月,甲公司职员王某取得的下列收入：(1)劳动分红 2 000 元；(2)差旅费津贴 200 元；(3)独生子女补贴 3 元；(4)误餐补助 50 元。

请问：王某的哪些收入应计入"工资、薪金所得"缴纳个人所得税?

（2）劳务报酬所得,是指个人从事劳务取得的所得,包括从事设计、装潢、安装、制图、化验、测试、医疗、法律、会计、咨询、讲学、翻译、审稿、书画、雕刻、影视、录音、录像、演出、表演、广告、展览、技术服务、介绍服务、经纪服务、代办服务以及其他劳务取得的所得。

法律驿站 7-10

如何区分劳务报酬所得和工资、薪金所得,主要看是否存在雇佣与被雇佣的关系。

案例分析 7-17

中国公民叶某任职国内甲企业,2021 年为乙公司设计营销方案,取得一次性设计费 10 000 元。

请问：该收入应适用哪一项个人所得税税目?

（3）稿酬所得,是指个人因其作品以图书、报刊等形式出版、发表而取得的所得。

小思考 7-8

根据个人所得税法律制度的有关规定,你能找出按照"稿酬收入"征收个人所得税的是哪一项吗? (1)作品出版或发表；(2)审稿收入；(3)任职公司董事；(4)讲课收入。

（4）使用费所得,是指个人提供专利权、商标权、著作权、非专利技术以及其他特许权的使用权取得的所得；提供著作权的使用权取得的所得,不包括稿酬所得。

案例分析 7-18

2021 年李某共有四项收入：提供商标使用权取得收入；转让土地使用权取得收入；转让

著作权取得收入;转让专利权取得收入。

请问:根据个人所得税法律制度的规定,能够按照"特许权使用费所得"税目征收个人所得税的有哪些?

(5)经营所得,是指:①个体工商户从事生产、经营活动取得的所得,个人独资企业投资人、合伙企业的个人合伙人来源于境内注册的个人独资企业、合伙企业生产、经营的所得;②个人依法从事办学、医疗、咨询以及其他有偿服务活动取得的所得;③个人对企业、事业单位承包经营、承租经营以及转包、转租取得的所得;④个人从事其他生产、经营活动取得的所得。

(6)利息、股息、红利所得,是指个人拥有债权、股权等而取得的利息、股息、红利所得。

(7)财产租赁所得,是指个人出租不动产、机器设备、车船以及其他财产取得的所得。

(8)财产转让所得,是指个人转让有价证券、股权、合伙企业中的财产份额、不动产、机器设备、车船以及其他财产取得的所得。

(9)偶然所得,是指个人得奖、中奖、中彩以及其他偶然性质的所得。

个人取得的所得,难以界定应纳税所得项目的,由国务院税务主管部门确定。

个人所得的形式,包括现金、实物、有价证券和其他形式的经济利益;所得为实物的,应当按照取得的凭证上所注明的价格计算应纳税所得额,无凭证的实物或者凭证上所注明的价格明显偏低的,参照市场价格核定应纳税所得额;所得为有价证券的,根据票面价格和市场价格核定应纳税所得额;所得为其他形式的经济利益的,参照市场价格核定应纳税所得额。

案例分析 7-19

2021年12月,甲公司职员王某取得下列收入:劳动分红2 000元;国债利息收入200元;独生子女补贴3元;午餐补助50元。

请思考:应计入"工资、薪金所得"缴纳个人所得税的有哪项?

(三)个人所得税的税率

个人所得税根据不同的征税项目,分别规定了三种不同的税率。

(1)综合所得,包括工资、薪金所得,劳务报酬所得,稿酬所得,特许权使用费所得四项。劳务报酬所得、稿酬所得、特许权使用费所得以收入减除20%的费用后的余额为收入额。稿酬所得的收入额减按70%计算。工资、薪金所得,适用超额累进税率。该税率按个人月工资、薪金应税所得额划分为7个级距,最低一级为3%,最高一级为45%,如表7-3所示。

表7-3 综合所得适用税率3%—45%的超额累进税率

级数	全年应纳税所得额	税率(%)
1	不超过36 000元的	3
2	超过36 000元至144 000元的部分	10
3	超过144 000元至300 000元的部分	20
4	超过300 000元至420 000元的部分	25

级数	全年应纳税所得额	税率(%)
5	超过 420 000 元至 660 000 元的部分	30
6	超过 660 000 元至 960 000 元的部分	35
7	超过 960 000 元的部分	45

注1：本表所称全年应纳税所得额是指依照《个人所得税法》第六条的规定,居民个人取得综合所得以每一纳税年度收入额减除费用六万元以及专项扣除、专项附加扣除和依法确定的其他扣除后的余额。

注2：非居民个人取得工资、薪金所得,劳务报酬所得,稿酬所得和特许权使用费所得,依照本表按月换算后计算应纳税额。

（2）经营所得适用 5 级超额累进税率。适用按年计算、分月预缴税款的个体工商户的生产、经营所得和对企事业单位的承包经营、承租经营的全年应纳税所得额划分级距,最低一级为 5％,最高一级为 35％,共 5 级,如表 7 - 4 所示。

表 7 - 4　经营所得适用税率 3％—45％的超额累进税率

级数	全年应纳税所得额	税率(%)
1	不超过 30 000 元的	5
2	超过 30 000 元至 90 000 元的部分	10
3	超过 90 000 元至 300 000 元的部分	20
4	超过 300 000 元至 500 000 元的部分	30
5	超过 500 000 元的部分	35

注：本表所称全年应纳税所得额是指依法规定,以每一纳税年度的收入总额减除成本、费用以及损失后的余额。

（3）比例税率。对个人的利息、股息、红利所得,财产租赁所得,财产转让所得,偶然所得和其他所得,按次计算征收个人所得税,适用 20％的比例税率。

（四）征收管理

1. 个人所得税的征收方式

个人所得税的征收方式实行源泉扣缴与自行申报并用法,注重源泉扣缴。

个人所得税的征收方式可分为按月计征和按年计征。个体工商户的生产、经营所得,对企业事业单位的承包经营、承租经营所得,特定行业的工资、薪金所得,从中国境外取得的所得,实行按年计征应纳税额,其他所得应纳税额实行按月计征。

2. 计算方法

应纳税所得额 = 月度收入 - 5 000 元(起征点) - 专项扣除(三险一金等) - 专项附加扣除 - 依法确定的其他扣除。

【案例分析 7-20】

中国公民王某 2021 年 9 月取得工资、薪金收入 8 500 元、社保缴纳 105 元。

请计算王某当月应缴纳的个人所得税税额为多少?

3. 个人所得税专项附加扣除

（1）子女教育：纳税人的子女接受全日制学历教育的相关支出，按照每个子女每月1 000元的标准定额扣除。

（2）继续教育：纳税人在中国境内接受学历（学位）继续教育的支出，在学历（学位）教育期间按照每月400元定额扣除。同一学历（学位）继续教育的扣除期限不能超过48个月。纳税人接受技能人员职业资格继续教育、专业技术人员职业资格继续教育的支出，在取得相关证书的当年，按照3 600元定额扣除。

（3）大病医疗：在一个纳税年度内，纳税人发生的与基本医保相关的医药费用支出，扣除医保报销后个人负担（指医保目录范围内的自付部分）累计超过15 000元的部分，由纳税人在办理年度汇算清缴时，在80 000元限额内据实扣除。

（4）住房贷款利息：纳税人本人或者配偶单独或者共同使用商业银行或者住房公积金，个人住房贷款为本人或者其配偶购买中国境内住房，发生的首套住房贷款利息支出，在实际发生贷款利息的年度，按照每月1 000元的标准定额扣除，扣除期限最长不超过240个月。纳税人只能享受一次首套住房贷款的利息扣除。

（5）住房租金：纳税人在主要工作城市没有自有住房而发生的住房租金支出。

（6）赡养老人：纳税人赡养一位及以上被赡养人的赡养支出，统一按以下标准定额扣除：①纳税人为独生子女的，按照每月2 000元的标准定额扣除；②纳税人为非独生子女的，由其与兄弟姐妹分摊每月2 000元的扣除额度，每人分摊的额度不能超过每月1 000元。可以由赡养人均摊或者约定分摊，也可以由被赡养人指定分摊。约定或者指定分摊的须签订书面分摊协议，指定分摊优先于约定分摊。具体分摊方式和额度在一个纳税年度内不能变更。

专项扣除、专项附加扣除和依法确定的其他扣除，以居民个人一个纳税年度的应纳税所得额为限额；一个纳税年度扣除不完的，不结转以后年度扣除。

法律驿站 7-11

纳税人子女接受全日制学历教育的相关支出，子女年满3岁至小学入学前处于学前教育的相关支出，按照每个子女每月1 000元的标准定额扣除。

案例分析 7-21

已婚人士小李在北京上班，月收入1万元，"三险一金"专项扣除为2 000元，每月租金4 000元，有一子女上幼儿园，同时父母已经60多岁。

请问：根据新政策，小李个税缴纳应是多少？

（五）个人所得税的税收优惠

1. 个人所得税免税项目

下列各项个人所得，免征个人所得税：

（1）省级人民政府、国务院部委和中国人民解放军军以上单位，以及外国组织、国际组织颁发的科学、教育、技术、文化、卫生、体育、环境保护等方面的奖金。

（2）国债和国家发行的金融债券利息。

（3）按照国家统一规定发给的补贴、津贴。

（4）福利费、抚恤金、救济金。

（5）保险赔款。

（6）军人的转业费、复员费、退役金。

（7）按照国家统一规定发给干部、职工的安家费、退职费、基本养老金或者退休费、离休费、离休生活补助费。

（8）依照有关法律规定应予免税的各国驻华使馆、领事馆的外交代表、领事官员和其他人员的所得。

（9）中国政府参加的国际公约、签订的协议中规定免税的所得。

（10）国务院规定的其他免税所得。

案例分析 7-22

2021年9月退休职工张某共取得四笔收入：退休工资4 000元，出租店铺取得租金6 000元，发表一篇论文取得稿酬1 000元，提供技术咨询取得一次性报酬2 000元。

请问：哪些项目张某可以免征个人所得税？

小思考 7-9

根据个人所得税法律制度的规定，财产租赁所得、退休工资，保险赔款和国债利息所得，哪项应该缴纳个人所得税？

2. 个人所得税减税项目

有下列情形之一的，可以减征个人所得税，具体幅度和期限，由省、自治区、直辖市人民政府规定，并报同级人民代表大会常务委员会备案：

（1）残疾、孤老人员和烈属的所得。

（2）因严重自然灾害造成重大损失的。

3. 个人所得额的扣减规定

（1）居民个人的综合所得，以每一纳税年度的收入额减除费用六万元以及专项扣除、专项附加扣除和依法确定的其他扣除后的余额，为应纳税所得额。

（2）非居民个人的工资、薪金所得，以每月收入额减除费用五千元后的余额为应纳税所得额；劳务报酬所得、稿酬所得、特许权使用费所得，以每次收入额为应纳税所得额。

（3）经营所得，以每一纳税年度的收入总额减除成本、费用以及损失后的余额，为应纳税所得额。

（4）财产租赁所得，每次收入不超过4 000元的，减除费用800元；4 000元以上的，减除20%的费用，其余额为应纳税所得额。

（5）财产转让所得，以转让财产的收入额减除财产原值和合理费用后的余额，为应纳税所得额。

（6）利息、股息、红利所得和偶然所得，以每次收入额为应纳税所得额。

劳务报酬所得、稿酬所得、特许权使用费所得以收入减除20%的费用后的余额为收入额。稿酬所得的收入额减按70%计算。

个人将其所得对教育、扶贫、济困等公益慈善事业进行捐赠，捐赠额未超过纳税人申报的应纳税所得额 30% 的部分，可以从其应纳税所得额中扣除；国务院规定对公益慈善事业捐赠实行全额税前扣除的，从其规定。

居民个人按照国家规定的范围和标准缴纳的基本养老保险、基本医疗保险、失业保险等社会保险费和住房公积金等；专项附加扣除，包括子女教育、继续教育、大病医疗、住房贷款利息或者住房租金、赡养老人等支出，具体范围、标准和实施步骤由国务院确定，并报全国人民代表大会常务委员会备案。

案例分析 7-23

中国某公司职员王某 2021 年 11 月取得工资、薪金收入 10 000 元。当地规定的社会保险和住房公积金个人缴存比例为：基本养老保险 8%，基本医疗保险 2%，失业保险 0.5%，住房公积金 12%。王某缴纳社会保险费核定的缴费工资基数为 8 000 元。

请计算：王某当月应缴纳的个人所得税税额是多少？

（六）个人所得税的税收管理

1. 纳税申报

（1）个人所得税以所得人为纳税人，以支付所得的单位或者个人为扣缴义务人。扣缴义务人向个人支付应税款项时，应当依照个人所得税法规定预扣或代扣税款，按时缴库，并专项记载备查。

税务机关对扣缴义务人按照所扣缴的税款，付给 2% 的手续费。个人应当凭纳税人识别号实名办税。

（2）有下列情形之一的，纳税人应当依法办理纳税申报：

①取得综合所得需要办理汇算清缴；②取得应税所得没有扣缴义务人；③取得应税所得，扣缴义务人未扣缴税款；④取得境外所得；⑤因移居境外注销中国户籍；⑥非居民个人在中国境内从两处以上取得工资、薪金所得；⑦国务院规定的其他情形。

（3）居民个人取得工资、薪金所得时，可以向扣缴义务人提供专项附加扣除有关信息，由扣缴义务人扣缴税款时办理专项附加扣除。

纳税人同时从两处以上取得工资、薪金所得，并由扣缴义务人办理专项附加扣除的，对同一专项附加扣除项目，纳税人只能选择从其中一处扣除。居民个人取得劳务报酬所得、稿酬所得、特许权使用费所得，应当在汇算清缴时向税务机关提供有关信息，办理专项附加扣除。暂不能确定纳税人为居民个人或者非居民个人的，应当按照非居民个人缴纳税款，年度终了确定纳税人为居民个人的，按照规定办理汇算清缴。

纳税人有下列情形之一的，税务机关可以不予办理退税：

① 纳税申报或者提供的汇算清缴信息，经税务机关核实为虚假信息，并拒不改正的。

② 法定汇算清缴期结束后申报退税的。

对不予办理退税的，税务机关应当及时告知纳税人。

2. 纳税期限

（1）居民个人取得综合所得，按年计算个人所得税，有扣缴义务人的，由扣缴义务人按月或者按次预扣预缴税款，需要办理汇算清缴的，应当在取得所得的次年 3 月 1 日至 6 月 30 日内办理汇算清缴。预扣预缴办法由国务院税务主管部门制定。

（2）非居民个人取得工资、薪金所得，劳务报酬所得，稿酬所得和特许权使用费所得，有扣缴义务人的，由扣缴义务人按月或者按次代扣代缴税款，不办理汇算清缴。

（3）纳税人取得经营所得，按年计算个人所得税，由纳税人在月度或者季度终了后15日内向税务机关报送纳税申报表，并预缴税款，在取得所得的次年3月31日前办理汇算清缴。

（4）纳税人取得利息、股息、红利所得，财产租赁所得，财产转让所得和偶然所得，按月或者按次计算个人所得税，有扣缴义务人的，由扣缴义务人按月或者按次代扣代缴税款。

（5）纳税人取得应税所得没有扣缴义务人的，应当在取得所得的次月15日内向税务机关报送纳税申报表，并缴纳税款。

（6）居民个人从中国境外取得所得的，应当在取得所得的次年3月1日至6月30日内申报纳税。

（7）非居民个人在中国境内从两处以上取得工资、薪金所得的，应当在取得所得的次月15日内申报纳税。

（8）纳税人因移居境外注销中国户籍的，应当在注销中国户籍前办理税款清算。

（9）扣缴义务人每月或者每次预扣、代扣的税款，应当在次月15日内缴入国库，并向税务机关报送扣缴个人所得税申报表。

3. 纳税地点

（1）在中国境内有任职、受雇单位的，应当向任职、受雇单位所在地税务机关申报。

（2）在中国境内有两处以上任职、受雇单位的，应当选择并固定向其中一处单位所在地税务机关申报。

（3）在中国境内无任职、受雇单位，年所得项目中有个体工商户的生产、经营所得或者对企事业单位的承包经营、承租经营所得的，应当向其中一处实际经营所在地税务机关申报。

（4）在中国境内无任职、受雇单位，年所得项目中无生产、经营所得的，应当向户籍所在地税务机关申报。在中国境内有户籍，但是户籍所在地与中国境内经常居住地不一致的，应当选择并固定向其中一地税务机关申报。在中国境内没有户籍的，应当向中国境内经常居住地税务机关申报。

纳税人不得随意变更个人所得税纳税申报地点。由于特殊情况变更的，须报原主管税务机关备案。

案例导引分析

（1）全年减除费用60 000元。

（2）专项扣除＝10 000×（8％＋2％＋0.5％＋12％）×12＝27 000（元）。

（3）专项附加扣除：

李某子女教育支出实行定额扣除，每年扣除12 000元；

首套住房贷款利息支出实行定额扣除，每年扣除12 000元；

李某赡养老人支出实行定额扣除，每年扣除24 000元；

专项附加扣除合计＝12 000＋12 000＋24 000＝48 000（元）。

（4）扣除项合计＝60 000＋27 000＋48 000＝135 000（元）。

（5）应纳税所得额＝180 000－135 000＝45 000（元）。

（6）应纳个人所得税额＝36 000×3％＋（45 000－36 000）×10％＝1 980（元）。

★★★★★ 课后测试 ★★★★★

一、判断题

（ ）1. 纳税人是指依法直接负有纳税义务的自然人、法人。

（ ）2. 扣缴义务人按照税法规定代扣税款项应归本单位所有。

（ ）3. 购买体育彩票取得中奖收入应缴纳个人所得税。

（ ）4. 个人所得税税率工资、薪金所得，适用5％至45％的超额累进税率。

（ ）5. 根据税法规定，我国征税机关只能是各级税务部门。

二、单项选择题

（ ）1. 下列不是我国税收特征的是_____。

    A. 固定性   B. 无偿性   C. 地域性   D. 强制性

（ ）2. 某高校退休职工夏某2019年4月份取得的下列收入中，应缴纳个人所得税的是_____。

    A. 退休工资2 750元

    B. 国债利息收入1 100元

    C. 稿费收入1 600元

    D. 省政府颁发的环保奖金20 000元

（ ）3. 2018年9月，退休职工刘某取得的下列收入中，免予缴纳个人所得税的是_____。

    A. 刘某原任职单位重阳节发放补贴800元

    B. 报刊上发表文章取得报酬1 000元

    C. 退休工资5 000元

    D. 商场有奖销售中奖210元

（ ）4. 企业所得税规定不得从收入中扣除的项目是_____。

    A. 职工福利费   B. 广告宣传费   C. 公益性捐赠   D. 赞助费支出

（ ）5. 根据个人所得税法律制度的规定，下列各项中，应当征收个人所得税的是_____。

    A. 个人举报犯罪行为而获得的奖金

    B. 个人购买赈灾彩票中奖1万元

    C. 国有企业职工因企业依法宣告破产，从破产企业取得的一次性安置费收入

    D. 个人取得单张有奖发票奖金900元

（ ）6. 由税务机关责令限期缴纳税款仍逾期未缴的可采取_____行为。

    A. 税收保全   B. 强制执行   C. 纳税担保   D. 阻止出境

三、多项选择题

( )1. 下列物品中属于消费税征收范围的有_____。
    A. 家用电器   B. 烟酒   C. 小汽车   D. 鞭炮、焰火
    E. 汽油和柴油

( )2. 税法规定下列项目中免征增值税的有_____。
    A. 对托儿所、幼儿园提供的保育和教育服务
    B. 养老机构提供的养老服务
    C. 残疾人福利机构提供的育养服务
    D. 婚姻介绍服务
    E. 残疾人员本人为社会提供的服务

( )3. 下列属于中央税收的有_____。
    A. 关税   B. 海关代征增值税
    C. 消费税   D. 金融企业所得税
    E. 个人所得税

( )4. 适用消费税复合税率的税目有_____。
    A. 卷烟   B. 雪茄   C. 烟丝   D. 粮食白酒
    E. 薯类白酒

( )5. 适用消费税定额税率的税目有_____。
    A. 白酒   B. 黄酒   C. 啤酒   D. 汽油
    E. 柴油

( )6. 根据个人所得税法律制度的规定,下列各项中,免征个人所得税的有_____。
    A. 退休人员再任职收入
    B. 省级人民政府颁发的教育方面的奖金
    C. 按国家统一规定发给职工的退休工资
    D. 按国务院规定发给的政府特殊津贴

四、实训题

实训一

分析下列形式多样的逃避企业所得税的行为。

某地税务机关在年末整理税务报告时,发现以下逃避税收的情况:

(1)纳税人支付给某个人经纪人的销售佣金为1万元,却让经纪人写了一张领取5万元佣金的收条。

(2)纳税人通过制造假象,谎称自己发生了损失或者夸大损失的数额。

(3)张某和李某共同设立了A公司,然后两人又拿出一定的资金,以王某和华某的名义设立了B公司。A公司将价值80万元的货物以60万元的价格卖给B公司。

(4)某种新办企业可以在前两年免纳企业所得税,张某和李某在2020年1月设立了这种企业A公司,2020年和2021年A公司因此免纳企业所得税。张某与李某在2021年底注销了A公司,随即又以A公司的资产设立了B公司。

(5)城镇劳动就业服务企业通过给待业人员少量费用的方法,在名义上安置待业人员

（实质为空挂）。

（6）纳税人到"老、少、边、穷"地区设立企业，然后以该企业的名义在经济繁华的地方从事经营活动。

（7）一个预期在本年度将盈利的企业购买一个小型亏损企业。

请问：以上案例是通过怎样的方法逃避税收的？请组织学生分组讨论，最后教师分析总结。

实训二

甲化妆品生产企业为增值税一般纳税人，11月份从另一化妆品生产企业购进高档保湿精华一批，取得增值税专用发票（当月经过认证并允许在当月抵扣进项税）上注明价款为200万元；当月领用其中的60%用于生产高档保湿粉底液并全部销售，向购买方开具增值税专用发票，注明销售额为1 000万元。已知高档化妆品适用消费税税率为15%。

请问：（1）甲化妆品生产企业应纳消费税是多少？

（2）甲化妆品生产企业应纳增值税是多少？

五、思考题

1. 税法的构成要素包括哪些？

2. 简述增值税、消费税的纳税人。

3. 简述目前我国的税率形式主要有哪些。

4. 增值税的纳税地点是如何规定的？

5. 简述应缴纳个人所得税的项目有哪些。

第八章 会计法律制度

【知识目标】

1. 了解会计法律制度的概念和构成。

2. 掌握有关会计管理体制、会计核算、会计监督、会计机构和会计人员的法律规定。

3. 掌握违反会计法律制度的法律规定。

【能力目标】

1. 对我国会计规范体系,如会计法、会计准则、会计制度的实践应用和掌握。

2. 对单位内部的会计工作管理,主要包括对会计人员的管理规定和对单位负责人的管理规定的案例分析、应用。

3. 对会计法律责任的种类,违反会计法律制度规定行为应承担的法律责任的案例分析、应用。

案例导引

　　某公司财务部的人员小张和小王交流。小张认为:《会计法》规定,单位负责人对单位会计资料的真实性、完整性负责。如果单位负责人要求违规处理财务账目,自己就没有必要说服、规劝,更不会检举揭发。小王则认为:本人是出纳岗位,每天工作枯燥,整天与钱打交道,只要钱不出错就行了,至于提高技能与自己的工作无关。

　　你能说出小张、小王违反会计法规之处吗?

第一节　会计法概述

一、会计法的概念

会计法是调整会计关系的法律规范的总称。所谓会计关系,是指企业、事业单位、国家机关、社会团体开展的经济活动和财务收支进行核算、分析、检查的一种经济管理关系。

二、会计法的适用

《会计法》规定:国家机关、社会团体、公司、企业、事业单位和其他组织(以下统称"单位")必须依照本法办理会计事务。根据《会计法》的规定,其适用范围是:国家机关、社会团体、公司、企业、事业单位和其他组织。这里的"企业、事业单位"既包括国有企业、事业单位,也包括集体所有制企业、事业单位和外商投资企业、在我国境内的外国企业。由于个体工商户在经营管理和会计核算上有一定的特殊性,《会计法》的适用范围不包括这些企业,但《会计法》的基本原则是适用的,对个体工商户会计核算的具体管理办法,由国务院专门规定。

三、会计工作的管理体制

(一)工作的领导体制

《会计法》规定,国务院财政部门主管全国的会计工作,县级以上地方各级人民政府财政部门管理本行政区域内的会计工作。

(二)制度的制定权限

国家实行统一的会计制度。国家统一的会计制度由国务院财政部门根据《会计法》制定并公布。国务院有关部门可以依照《会计法》和国家统一的会计制度制定对会计核算和会计监督有特殊要求的行业实施国家统一的会计制度的具体办法或者补充规定,报国务院财政部门审核批准。中国人民解放军总后勤部可以依照《会计法》和国家统一的会计制度,制定军队实施国家统一的会计制度的具体办法,报国务院财政部门备案。

(三)单位内部的会计工作管理

单位内部的会计工作管理主要包括对会计人员的管理规定和对单位负责人的管理规定两方面:

1. 对会计人员的管理规定

会计人员的管理主要包括对会计人员的业务管理和人事管理。根据《会计法》和有关法规的规定,财政部门负责会计人员的业务管理,包括会计从业资格管理、会计专业技术资格(职务)的管理、岗位会计人员评优表彰以及会计人员继续教育的管理等。

2. 对单位负责人的管理规定

单位负责人负责单位内部的会计工作管理,应当保证会计机构、会计人员依法履行职责,不得授意、指使、强令会计机构、会计人员违法办理会计事务。《会计法》规定,单位负责人对本单位的会计工作和会计资料的真实性、完整性负责。

第二节　会计核算

一、会计核算的概念

　　会计核算是会计的基本职能之一，是会计工作的重要环节。会计核算有广义和狭义之分。广义的会计核算是对国家机关、社会团体、公司、企业、事业单位和其他组织的经济活动全过程的核算，包括对经济活动全过程的记录、计算、预测、决策、控制、分析、考核等全部内容。狭义的会计核算是指以货币为主要计量单位，通过专门的程序和方法，对国家机关、公司、企业、事业单位等组织的经济活动和财务收支情况进行审核和计算。它只是对经济活动和财务收支情况进行连续、系统、全面、综合的记录、计算、分析，并根据记录和计算的资料编制会计报表，不包括预测、决策、控制等其他方面的内容。《会计法》规定，各单位必须根据实际发生的经济业务事项进行会计核算、填制会计凭证、登记会计账簿、编制财务会计报告。任何单位不得以虚假的经济业务事项或者资料进行会计核算。

法律驿站 8-1

会计人员的职业道德有哪些

　　爱岗敬业，诚实守信，廉洁自律，客观公正，坚持准则，提高技能，参与管理，强化服务。

二、会计核算的内容

　　《会计法》规定，下列经济业务事项，应当办理会计手续，进行会计核算：

　　（1）款项和有价证券的收付；

　　（2）财物的收发、增减和使用；

　　（3）债权债务的发生和结算；

　　（4）资本、基金的增减；

　　（5）收入、支出、费用、成本的计算；

　　（6）财务成果的计算和处理；

　　（7）需要办理会计手续、进行会计核算的其他事项。

三、会计年度与记账本位币

　　会计年度是指以年度为单位进行会计核算的时间区间。我国《会计法》规定，会计年度自公历1月1日起至12月31日止。记账本位币是指日常登记账簿和编制财务会计报告用以计量的货币,也就是单位进行会计核算业务时所使用的货币。《会计法》规定,会计核算以人民币为记账本位币。业务收支以人民币以外的货币为主的单位,可以选定其中一种货币作为记账本位币,但是编报的财务会计报告应当折算为人民币。

四、会计核算的方法、程序

(一)一般要求

会计凭证、会计账簿、财务会计报告和其他会计资料必须符合国家统一的会计制度的规定。使用电子计算机进行会计核算的,其软件及其生成的会计凭证、会计账簿、财务会计报告和其他会计资料也必须符合国家统一的会计制度的规定。任何单位和个人不得伪造、变造会计凭证、会计账簿及其他会计资料,不得提供虚假的财务会计报告。

案例分析 8-1

某法院对某股份有限公司(上市公司)涉嫌提供虚假财会报告案进行了公开审理。2016年6月至2021年12月,被告某股份有限公司在项目投资及利润指标均未达到上市公司配股条件的情况下,虚增利润4 500多万元,误导投资者,募集资金27 000多万元。同时,该公司采取虚列在建工程、长期股权投资等形式套取19亿元违规投入股市进行炒股。对此,该公司未在相应年度财务报告中如实披露,严重损害了股东和普通股民的利益。

请问:该公司违反了什么规定? 应受什么处罚?

案例分析 8-2

2021年4月,某市财政局派出检查组对市属某国有机械厂的会计工作进行检查,检查中了解到以下情况:①2020年10月,新厂长李某上任后,在未报经主管单位同意的情况下决定将原会计科科长冯某调到计划科任科长,提拔会计刘某任科长,并将厂长李某战友的女儿陈某调入该会计科任出纳,兼管会计档案保管工作。陈某没有会计证。②2020年11月,会计张某申请调离该厂人事部门,在其没有办清会计工作交接手续的情况下,即为其办理了调动手续。

请回答:以上行为是否合法? 说明理由。

(二)填制和审核会计凭证

会计凭证包括原始凭证和记账凭证。办理需要进行会计核算的经济业务事项,必须填制或者取得原始凭证并及时送交会计机构。

会计机构、会计人员必须按照国家统一的会计制度的规定对原始凭证进行审核,对不真实、不合法的原始凭证有权不予接受,并向单位负责人报告;对记载不准确、不完整的原始凭证予以退回,并要求按照国家统一的会计制度的规定更正、补充。

原始凭证记载的各项内容均不得涂改;原始凭证有错误的,应当由出具单位重开或者更正,更正处应当加盖出具单位印章。原始凭证金额有错误的,应当由出具单位重开,不得在原始凭证上更正。记账凭证应当根据经过审核的原始凭证及有关资料编制。

经济法基础

（三）会计账簿登记

会计账簿登记必须以经过审核的会计凭证为依据，并符合有关法律、行政法规和国家统一的会计制度的规定。会计账簿包括总账、明细账、日记账和其他辅助性账簿。

会计账簿应当按照连续编号的页码顺序登记。会计账簿记录发生错误或者隔页、缺号、跳行的，应当按照国家统一的会计制度规定的方法更正，并由会计人员和会计机构负责人（会计主管人员）在更正处盖章。使用电子计算机进行会计核算的，其会计账簿的登记、更正，应当符合国家统一的会计制度的规定。

（四）会计核算的规则要求

（1）各单位发生的各项经济业务事项应当在依法设置的会计账簿上统一登记、核算，不得违反《会计法》和国家统一的会计制度的规定私设会计账簿和登记、核算。各单位应当定期将会计账簿记录与实物、款项及有关资料相互核对，保证会计账簿记录与实物及款项的实有数额相符、会计账簿记录与会计凭证的有关内容相符、会计账簿之间相对应的记录相符、会计账簿记录与会计报表的有关内容相符。

（2）各单位采用的会计处理方法，前后各期应当一致，不得随意变更；确有必要变更的，应当按照国家统一的会计制度的规定变更，并将变更的原因、情况及影响在财务会计报告中说明。单位提供的担保、未决诉讼等或有事项，应当按照国家统一的会计制度的规定，在财务会计报告中予以说明。

（3）财务会计报告应当根据经过审核的会计账簿记录和有关资料编制，并符合《会计法》和国家统一的会计制度关于财务会计报告的编制要求、提供对象和提供期限的规定；其他法律、行政法规另有规定的，从其规定。财务会计报告由会计报表、会计报表附注和财务情况说明书组成。向不同的会计资料使用者提供的财务会计报告，其编制依据应当一致。有关法律、行政法规规定会计报表、会计报表附注和财务情况说明书须经注册会计师审计的，注册会计师及其所在的会计师事务所出具的审计报告应当随同财务会计报告一并提供。

（4）财务会计报告应当由单位负责人和主管会计工作的负责人、会计机构负责人（会计主管人员）签名并盖章；设置总会计师的单位，还须由总会计师签名并盖章。单位负责人应当保证财务会计报告真实、完整。

（5）会计记录的文字应当使用中文。在民族自治地方，会计记录可以同时使用当地通用的一种民族文字。在中国境内的外商投资企业、外国企业和其他外国组织的会计记录可以同时使用一种外国文字。

案例分析 8-3

2021年10月10日，甲公司收到一张应由甲公司与乙公司共同负担费用支出的原始凭证，甲公司会计人员张某以该原始凭证及应承担的费用进行账务处理，并保存该原始凭证；同时应乙公司要求，将该原始凭证复制件提供给乙公司用于账务处理。年终，甲公司拟销毁一批保管期满的会计档案，其中有一张未结清债权债务的原始凭证，会计人员李某认为只要保管期满的会计档案就可以销毁。

根据我国会计法制度的规定，请回答下列问题：

1. 会计人员张某将原始凭证复制件提供给乙公司用于账务处理的做法是否正确？简要

说明理由。

2. 会计人员李某的观点是否正确？简要说明理由。

（五）会计档案的保管

各单位每年形成的会计档案都应由财务会计部门按照归档要求，负责整理立卷或装订成册。档案部门接受保管的会计档案，原则上应当保持原卷册的封装，个别需要拆封重新整理的，应当会同原财务会计部门和经办人员共同拆封整理，以分清责任。向外单位提供时，档案原件原则上不得借出，如有特殊需要，须报经上级主管单位批准，但不得拆散卷册，并应限期归还。会计档案保管期满需要销毁时，由本单位档案部门提供销毁意见，会同财务会计部门共同鉴定，严格审查，编制会计档案销毁清册。

各种会计档案的保管期限，根据其特点分为永久、定期两类。定期保管期又分为 3 年、5 年、10 年、15 年、25 年五种。会计档案管理办法还按预算会计、银行会计、企业会计和建设单位会计，具体规定了会计档案保管期限，以适应不同专业会计特点的需要。

案例分析 8-4

A 有限责任公司是一家中法合资经营企业，2021 年 8 月 11 日，公司接到市财政局通知，市财政局将要来公司检查会计工作情况。公司董事长兼总经理胡某认为，公司作为中外合资经营企业，不应受《会计法》的约束，财政部门无权来检查。9 月 5 日，公司会计科一名档案管理人员生病临时交接工作，胡某委托单位出纳员李某临时保管会计档案。10 月 30 日，公司有一批保存期满的会计档案，按规定需要进行销毁，公司档案管理部门编制了会计档案销毁清册，档案管理部门的负责人在会计档案销毁清册上签了字，并于当天销毁。

请思考：

（1）公司董事长兼总经理胡某认为中外合资经营企业不受《会计法》约束的观点是否正确？

（2）该公司由出纳员临时保管会计档案的做法是否符合法律规定？

（3）该公司销毁会计档案的做法是否符合法律规定？

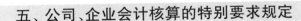

五、公司、企业会计核算的特别要求规定

公司、企业进行会计核算，除应当遵守《会计法》关于会计核算的规定外，还必须根据实际发生的经济业务事项，按照国家统一的会计制度的规定确认、计量和记录资产、负债、所有者权益、收入、成本费用和利润。

公司、企业进行会计核算不得有下列行为：①随意改变资产、负债、所有者权益的确认标准或者计量方法，虚列、多列、不列或者少列资产、负债、所有者权益；②虚列或者隐瞒收入，推迟或者提前确认收入;③随意改变费用、成本的确认标准或者计量方法,虚列、多列、不列或者少列费用、成本;④随意调整利润的计算、分配方法,编造虚假利润或者隐瞒利润;⑤违反国家统一的会计制度规定的其他行为。

第三节　会计监管

一、会计监管的概念

会计监督是指会计机构、会计人员在办理财务会计事务过程中,对本单位执行国家财政制度和财务制度的情况以及生产经营活动所实行的监察督促。会计监督是会计工作的又一重要职能。会计监督的机构和人员可分为内部和外部两种。内部监督机构和人员是指各单位的会计机构、会计人员对本单位实行会计监督。外部监督机构和人员是指本单位以外的负有监督职权的国家机关、部门和人员。

二、内部会计监督机构和人员

单位内部会计监督制度应当符合下列要求:①记账人员与经济业务事项和会计事项的审批人员、经办人员、财务保管人员的职责权限应当明确,并相互分离、相互制约;②重大对外投资、资产处置、资金调度和其他重要经济业务的决策和执行的相互监督、相互制约程序应当明确;③财产清查的范围、期限和组织程序应当明确;④对会计资料定期进行内部审计的办法和程序应当明确。

单位负责人应当保证会计机构、会计人员依法履行职责,不得授意、指使、强令会计机构、会计人员违法办理会计事项。会计机构、会计人员对违反《会计法》和国家统一的会计制度规定的会计事项,有权拒绝办理或者按照职权予以纠正。

案例分析 8-5

某胶粘剂厂为合伙制企业,原企业负责人(厂长)刘某为达到不缴或少缴税款的目的,指使企业内的会计人员采取设立两套账簿以及凭证的方法偷逃应纳增值税:一套记录真实的销售情况;另一套采取少列或不列收入的手段,记录虚假的经营销售情况,向税务机关进行虚假申报纳税。自 2018 年 9 月至 2021 年 10 月,该企业共隐匿销售数额 1 380.2 万元,其进项税已在税务机关申报抵扣完毕,共偷逃增值税 234.6 万元,这期间仅缴纳增值税 9.03 万元,偷税额占应纳税款数额的 96.29%。

请问:(1)单位负责人能否指使会计做假账?
(2)谁该对单位会计资料不真实负责?

会计机构、会计人员发现会计账簿记录与实物、款项及有关资料不相符的,按照国家统一的会计制度的规定有权自行处理的,应当及时处理;无权处理的,应当立即向单位负责人报告,请求查明原因,作出处理。

任何单位和个人对违反《会计法》和国家统一的会计制度规定的行为,有权检举。收到检举的部门有权处理的,应当依法按照职责分工及时处理;无权处理的,应当及时移送有权处理的部门处理。收到检举的部门、负责处理的部门应当为检举人保密,不得将检举人姓名和检举材料转给被检举单位和被检举人个人。

三、会计工作的国家监督

财政部门有权对会计师事务所出具审计报告的程序和内容进行监督。财政部门有权对各单位的下列情况实施监督:①是否依法设置会计账簿;②会计凭证、会计账簿、财务会计报告和其他会计资料是否真实、完整;③会计核算是否符合《会计法》和国家统一的会计制度的规定;④从事会计工作的人员是否具备从业资格。在对前述第②项所列事项实施监督,发现重大违法嫌疑时,国务院财政部门及其派出机构可以向与被监督单位有经济业务往来的单位和被监督单位开立账户的金融机构查询有关情况,有关单位和金融机构应当给予支持。

除财政部门的监督外,审计、税务、人民银行、证券监管、保险监管等部门也应当依照有关法律、行政法规规定的职责,对有关单位的会计资料实施监督检查。上述所列监督检查部门对有关单位的会计资料依法实施监督检查后,应当出具检查结论。有关监督检查部门已经做出的检查结论能够满足其他监督检查部门履行本部门职责需要的,其他监督检查部门应当加以利用,避免重复查账。

依法对有关单位的会计资料实施监督检查的部门及其工作人员对在监督检查中知悉的国家秘密和商业秘密负有保密义务。

各单位必须依照有关法律、行政法规的规定,接受有关监督检查部门依法实施的监督检查,如实提供会计凭证、会计账簿、财务会计报告和其他会计资料以及有关情况,不得拒绝、隐匿、谎报。

四、会计工作的社会监督

会计工作的社会监督主要是指由注册会计师及其所在的会计师事务所依法对受托单位的经济活动进行审计、鉴证的一种监督制度。

根据《会计法》的规定,有关法律、行政法规规定,须经注册会计师进行审计的单位,应当向受委托的会计师事务所如实提供会计凭证、会计账簿、财务会计报告和其他会计资料以及有关情况。任何单位或者个人不得以任何方式要求或者示意注册会计师及其所在的会计师事务所出具不实或者不当的审计报告。

第四节　会计机构和会计人员

一、会计机构和会计人员设置

各单位应当根据会计业务的需要,设置会计机构,或者在有关机构中设置会计人员并指定会计主管人员;不具备设置条件的,应当委托经批准设立从事会计代理记账业务的中介机构代理记账。国有的和国有资产占控股地位或者主导地位的大、中型企业必须设置总会计师。总会计师的任职资格、任免程序、职责权限由国务院规定。

会计机构内部应当建立稽核制度。出纳人员不得兼任稽核、会计档案保管和收入、支出、费用、债权债务账目的登记工作。

二、会计人员的资格

会计人员应当具备从事会计工作所需要的专业能力。担任单位会计机构负责人(会计主管人员)的,应当具备会计师以上专业技术职务资格或者从事会计工作3年以上经历。本法所称会计人员的范围由国务院财政部门规定。

因有提供虚假财务会计报告,做假账,隐匿或者故意销毁会计凭证、会计账簿、财务会计报告,贪污,挪用公款,职务侵占等与会计职务有关的违法行为被依法追究刑事责任的人员,不得再从事会计工作。会计人员应当遵守职业道德,提高业务素质。

三、会计人员的工作交接

会计人员调动工作或者离职,必须与接管人员办清交接手续。一般会计人员办理交接手续,由会计机构负责人(会计主管人员)监交;会计机构负责人(会计主管人员)办理交接手续,由单位负责人监交,必要时主管单位可以派人会同监交。这是对会计人员工作交接问题作出的法律规定。做好会计交接工作,可以使会计工作前后衔接,保证会计工作连续进行;做好会计交接工作,可以防止因会计人员的更换出现账目不清、财务混乱等现象;做好会计交接工作,也是分清移交人员和接管人员责任的有效措施。

《会计法》规定:会计人员在临时离职或其他原因暂时不能工作时,也应办理会计工作交接。

(1) 临时离职或因病不能工作、需要接替或代理的,会计机构负责人(会计主管人员)或单位负责人必须指定专人接替或者代理,并办理会计工作交接手续。

(2) 临时离职或因病不能工作的会计人员恢复工作时,应当与接替或代理人员办理交接手续。

(3) 移交人员因病或其他特殊原因不能亲自办理移交手续的,经单位负责人批准,可由移交人委托他人代办交接,但委托人应当对所移交的会计凭证、会计账簿、财务会计报告和其他有关资料的真实性、完整性承担法律责任。

会计交接是一项严肃认真的工作,这不仅涉及会计工作的连续性,而且关系到有关人员的法律责任。因此要求交接双方和监交人员以及其他的相关人员必须认真对待。

第五节　法律责任

一、违反会计核算规定的法律责任

有下列行为之一的,由县级以上人民政府财政部门责令限期改正,可以对单位并处3 000

元以上 5 万元以下的罚款;对其直接负责的主管人员和其他直接责任人员,可以处 2 000 元以上 2 万元以下的罚款;属于国家工作人员的,还应当由其所在单位或者有关单位依法给予行政处分:①不依法设置会计账簿的;②私设会计账簿的;③未按照规定填制、取得原始凭证或者填制、取得的原始凭证不符合规定的;④以未经审核的会计凭证为依据登记会计账簿或者登记会计账簿不符合规定的;⑤随意变更会计处理方法的;⑥向不同的会计资料使用者提供的财务会计报告编制依据不一致的;⑦未按照规定使用会计记录文字或者记账本位币的;⑧未按照规定保管会计资料,致使会计资料毁损、灭失的;⑨未按照规定建立并实施单位内部会计监督制度或者拒绝依法实施的监督或者不如实提供有关会计资料及有关情况的;⑩任用会计人员不符合《会计法》规定的。有前面所列行为之一,构成犯罪的,依法追究刑事责任。

二、违反会计监督的法律责任

(1)伪造、变造会计凭证、会计账簿,编制虚假财务会计报告,构成犯罪的,依法追究刑事责任。有上述行为,尚不构成犯罪的,由县级以上人民政府财政部门予以通报,可以对单位并处 5 000 元以上 10 万元以下的罚款;对其直接负责的主管人员和其他直接责任人员,可以处 3 000 元以上 5 万元以下的罚款;属于国家工作人员的,还应当由其所在单位或者有关单位依法给予撤职直至开除的行政处分;其中的会计人员,5 年内不得从事会计工作。

(2)隐匿或者故意销毁依法应当保存的会计凭证、会计账簿、财务会计报告,构成犯罪的,依法追究刑事责任。有上述行为,尚不构成犯罪的,由县级以上人民政府财政部门予以通报,可以对单位并处 5 000 元以上 10 万元以下的罚款;对其直接负责的主管人员和其他直接责任人员,可以处 3 000 元以上 5 万元以下的罚款;属于国家工作人员的,还应当由其所在单位或者有关单位依法给予撤职直至开除的行政处分;其中的会计人员,5 年内不得从事会计工作。

(3)授意、指使、强令会计机构、会计人员及其他人员伪造、变造会计凭证、会计账簿,编制虚假财务会计报告或者隐匿、故意销毁依法应当保存的会计凭证、会计账簿、财务会计报告,构成犯罪的,依法追究刑事责任;尚不构成犯罪的,可以处 5 000 元以上 5 万元以下的罚款;属于国家工作人员的,还应当由其所在单位或者有关单位依法给予降级、撤职、开除的行政处分。

三、侵犯会计人员职权的法律责任

单位负责人对依法履行职责、抵制违反《会计法》规定行为的会计人员以降级、撤职、调离工作岗位、解聘或者开除等方式实行打击报复,构成犯罪的,依法追究刑事责任;尚不构成犯罪的,由其所在单位或者有关单位依法给予行政处分。对受打击报复的会计人员,应当恢复其名誉和原有职务、级别。

案例导引分析

(1)小张的观点违背了会计人员坚持准则的要求。

（2）小王的观点违背了会计人员爱岗敬业、提高技能的要求。

★★★★★ 课后测试 ★★★★★

一、判断题

（　　）1. 因违法违纪行为被吊销会计从业资格证书的人员，自被吊销会计从业资格证书之日起 3 年内，不得重新取得会计从业资格证书。

（　　）2. 单位内部的会计工作管理主要包括对会计人员的管理规定和对单位负责人的管理规定两个方面。

（　　）3. 《会计法》规定，会计核算既可以人民币，也可以外币为记账本位币。

（　　）4. 会计机构内部应当建立稽核制度，出纳人员不得兼任稽核、会计档案保管和收入、支出、费用、债权债务账目的登记工作。

（　　）5. 原始凭证有错误的，可以要求出具单位在原始凭证上更正并加盖公章。

二、单项选择题

（　　）1. 会计档案的保管期限是从_____。

  A. 会计档案形成时   B. 会计档案装订时

  C. 会计档案经审计后   D. 会计年度终了后的第一天

（　　）2. 根据《会计法》的规定，对伪造、变造会计凭证、会计账簿、编制虚假财务会计报告的行为，尚不构成犯罪的，由县级以上人民政府财政部门予以通报，可以对单位并处_____的罚款。

  A. 2 000 元以上 5 万元以下   B. 5 000 元以上 10 万元以下

  C. 4 000 元以上 10 万元以下   D. 5 000 元以上 8 万元以下

（　　）3. 根据《会计档案管理办法》的规定，会计档案的保管期限为永久、定期两类。会计档案的定期保管期限最长的为_____。

  A. 30 年   B. 20 年   C. 10 年   D. 25 年

（　　）4. 在中国境内设立的外商投资企业，会计记录文字应当符合的规定是_____。

  A. 只能使用外文   B. 只能使用中文

  C. 中文和外文任选一种   D. 使用中文，也可以同时使用一种外文

（　　）5. 根据《会计法》的规定，担任单位会计机构负责人，除取得会计从业资格证书外，还应当具备_____。

  A. 会计师以上专业技术职务资格并从事会计工作 3 年以上经历

  B. 助理会计师以上专业技术职务资格并从事会计工作 3 年以上经历

  C. 助理会计师以上专业技术职务资格或者从事会计工作 3 年以上经历

  D. 会计师以上专业技术职务资格或者从事会计工作 3 年以上经历

三、多项选择题

（　　）1. 一个单位是否单独设置会计机构，其决定的因素包括_____。

  A. 单位规模的大小   B. 经济业务和财务收支的繁简

C. 经营管理的要求　　　　　　　　　　D. 上级主管部门的要求

（　　）2. 根据《会计法》的规定，财政部门可以依法对各单位实施监督的情况包括_____。

    A. 监督各单位是否依法设置会计账簿

    B. 监督各单位的会计凭证、会计账簿、财务会计报告和其他会计资料是否真实、完整

    C. 监督各单位的会计核算是否符合《会计法》和国家统一的会计制度的规定

    D. 监督各单位从事会计工作的人员是否具备会计从业资格

（　　）3. 根据《会计法》的规定，应承担法律责任的违法行为包括_____等。

    A. 不依法设置会计账簿的行为

    B. 私立会计账簿的行为

    C. 未按照规定填制、取得原始凭证或者填制、取得的原始凭证不符合规定的行为

    D. 未按照规定建立并实施单位内部会计监督制度，或者拒绝依法实施的监督，或者不如实提供有关会计资料及有关情况的行为

（　　）4. 国家统一的会计制度是指国务院财政部门根据《会计法》制定的关于_____以及会计工作管理的制度，包括制度、准则、办法等。

    A. 会计核算　　　B. 会计监督　　　C. 会计机构　　　D. 会计人员

（　　）5. 单位负责人不得指使会计机构、会计人员_____。

    A. 伪造会计凭证　　　　　　　　　　B. 变造会计凭证

    C. 伪造、变造会计账簿　　　　　　　D. 提供虚假财务会计报告

四、实训题

某有限责任公司是一家中外合资经营企业，2021 年度发生了以下事项：

（1）1 月 21 日，公司接到市财政局通知，市财政局要来公司检查会计工作情况。公司董事长兼总经理胡某认为，公司作为中外合资经营企业，不应受《会计法》的约束，财政部门无权来检查。

（2）3 月 5 日，公司会计科一名档案管理人员因生病临时交接工作，胡某委托单位出纳员李某临时保管会计档案。

（3）4 月 15 日，公司从外地购买一批原材料，收到发票后，与实际支付事项进行核对时发现发票金额错误，经办人员在原始凭证上进行更改，并加盖了自己的印章，作为报销凭证。

（4）5 月 2 日，公司会计科科长退休。公司决定任命自参加工作以来一直从事文秘工作的办公室副主任王某为会计科科长。

（5）6 月 30 日，公司有一批保管期满的会计档案，按规定需要进行销毁。公司档案管理部门编制了会计档案销毁清册，档案管理部门的负责人在会计档案销毁清册上签了字，并于当天销毁。

（6）9 月 9 日，公司人事部门从外省招聘了一名具有高级会计师资格的会计人员。该高级会计师持有外省的会计从业资格证书，其相关的会计从业资格业务档案资料仍保存在外省的原单位所在地财政部门。

（7）12 月 1 日，公司董事会研究决定，公司以后对外报送的财务会计报告由王科长签字，盖章后报出。

请分析：

1. 公司董事长兼总经理胡某认为合资经营企业不受《会计法》约束的观点是否正确？为什么？

2. 该公司由出纳员临时保管会计档案的做法是否符合法律规定？为什么？

3. 该公司经办人员更改原始凭证金额的做法是否符合法律规定？为什么？

4. 该公司王某担任会计科科长是否符合法律规定？为什么？

5. 该公司销毁会计档案的做法是否符合法律规定？为什么？

6. 该公司招聘的高级会计师是否需要办理会计从业资格调转手续？如需办理，应怎样处理？

7. 该公司董事会作出的关于对外报送财务会计报告的决定是否符合法律规定？为什么？

五、思考题

1. 依法建账的要求是什么？

2. 如何理解"单位负责人对本单位的会计工作和会计资料的真实性、完整性负责"？

3. 违反会计制度规定应当承担法律责任的行为有哪些？

4. 单位负责人对会计人员进行打击报复应当承担什么样的法律责任？

第九章 劳动保障法律制度

【知识目标】

1. 了解劳动法的概念、特征及劳动者的基本权利和义务。

2. 掌握劳动合同的概念、种类、订立、效力、履行、变更、解除、终止、法律责任等基本内容。

3. 理解集体合同、劳务派遣、非全日制用工，劳动争议的解决等基本法律制度。

4. 了解我国社会保险的基本法律制度，特别是对社会保险的项目及社会保险的有关内容重点掌握。

【能力目标】

1. 能够运用所学的法律知识和方法分析解决实际劳动合同与社会保险案例及相关问题。

2. 能够运用所学的法律知识防范订立劳动合同时的风险与陷阱。

3. 能运用所学的法律知识与处理技巧维护劳动者自己的合法权益。

案例导引

　　2021 年 10 月 10 日,小王入职时,公司告知他有三个月的试用期,但是没有与小王签订书面的劳动合同。2021 年 12 月 15 日,公司通知小王,由于他在试用期表现不佳,因此公司决定辞退他。小王觉得很委屈,因为在试用期内他确实努力工作而且自认为表现是很好的。

　　请思考:在这种情况下,小王应该怎么办?

第一节　劳动法

一、劳动法概述

（一）劳动法的概念和调整对象

劳动法是调整劳动关系以及与劳动关系密切相关的一些其他关系的法律规范的总称。

劳动法调整的对象，包括两个方面的关系：一是劳动关系，即在实现集体劳动过程中劳动者与用人单位之间所发生的关系，这是劳动法调整的最基本、最重要的关系；二是与劳动关系密切相关的其他关系，即那些对劳动关系的产生、发展有着重要影响的关系或由劳动关系直接、间接产生的关系，主要包括：①因处理劳动争议而发生的关系；②因执行社会保险而发生的关系；③因有关部门的监督检查劳动法律法规的执行而发生的关系；④因工会组织的活动而发生的关系；⑤因劳动行政部门管理劳动工作而发生的关系等。

案例分析 9-1

金某是浙江某学校的在册学生，不满 18 周岁，即将毕业时由该校组织金某等学生到某大厦酒店有限公司实习。按照多年的惯例，校方仅是与某大厦酒店口头说一下，即让学生到某大厦酒店实习了，双方对学生实习期间的管理及权利义务未作明确的界定。某日，金某在某大厦酒店点心房独自一个人上班，这时其他人员还未到岗。金某在加工面粉过程中，因操作不慎，右前臂被机器缠绞轧伤，经法医学鉴定，金某前臂之损伤属 5 级伤残。金某将浙江某学校和某大厦酒店告上法庭。

请问：（1）金某与大厦酒店有劳动法律关系吗？

　　　（2）本案应如何处理？

（二）劳动法的基本原则

（1）劳动权利义务相一致原则。根据我国《宪法》的规定，有劳动能力的公民从事劳动，既是行使法律赋予的权利，又是履行对国家和社会所承担的义务。每一个有劳动能力的公民都享有平等的就业机会和职业选择权，都应在劳动岗位上认真履行劳动义务，按时保质保量完成劳动任务。

（2）保护劳动者合法权益的原则。首先体现为对劳动者的平等保护，即对于不同性别、民族、职业、职务的劳动者，他们在劳动法上的法律地位一律平等。禁止对劳动者有任何歧视。其次，对特殊劳动群体，如妇女、未成年人、残疾人、少数民族劳动者等，应给予特殊保护。

（3）劳动法主体利益平等原则。劳动法主体利益包括国家、用人单位与劳动者利益。只有通过保障和促进劳动关系的健康、稳定发展，实现国家政治稳定、社会和谐和经济增长，才能使劳动者更好地实现自己的劳动权，用人单位获得更多的发展机会，从而促进三者利益协调平衡发展,实现三者利益的最大化。

（三）劳动法律关系

1. 劳动法律关系的概念

劳动法律关系是指由劳动法调整的具有劳动权利和劳动义务内容的劳动关系。但有些劳动关系是基于当事人之间的自律要求引起的,不具有权利和义务内容,则没有必要转化为劳动法律关系。劳动法律关系以劳动关系为前提,劳动关系是劳动法调整的对象,而劳动法律关系则是劳动法调整的结果。

2. 劳动法律关系的构成要素

劳动法律关系由三个要素构成,即主体、客体和内容。

（1）劳动法律关系的主体,又称"劳动法律关系当事人",指劳动权利的享有者和劳动义务的承担者。其中,劳动者和用人单位是最主要的主体。劳动法所指劳动者,包括在我国各类企业和经济组织劳动和工作并建立劳动关系的职工,以及与国家机关、事业组织和社会团体建立劳动合同关系的劳动者这两部分。用人单位则包括国有企业、集体企业、中外合作经营企业、中外合资经营企业、外资企业、私营企业以及个体经营单位。

（2）劳动法律关系的客体,指劳动法律关系当事人权利和义务所指向的对象,包括物、精神财富和行为。物是指具有使用价值和价值的物质资料,可以是物质形式的商品,也可以是货币形态的工资;精神财富是指一定形式的智力成果,如技术革新、发明创造等;行为是指劳动法律关系主体有目的、有意识的活动,如签订劳动合同、培训劳动技能等。

（3）劳动法律关系的内容,指劳动法律关系主体权利和义务的总和。根据《劳动法》规定,劳动者享有的基本劳动权利有:平等就业和选择职业的权利、取得劳动报酬的权利、休息和休假的权利、获得劳动安全卫生保护的权利、接受职业技能培训的权利、享受社会保险和福利的权利、提请劳动争议处理的权利等。劳动者的基本义务有:遵守劳动纪律和职业道德的义务,执行劳动安全卫生规程的义务,提高劳动技能、完成劳动任务的义务等。

案例分析 9-2

2019 年 2 月,罗某到某医院打扫卫生,双方签订了卫生保洁合同,协议期限约定为一年,协议中要求罗某每日早晚各打扫卫生一次,每月由医院支付罗某报酬 300 元,以后卫生保洁合同一年一签。罗某与医院均按保洁合同履行了相应义务。在协议履行期间,罗某从未参加过医院组织的任何活动。2021 年 2 月,医院通知罗某不再为医院打扫卫生。罗某即向当地劳动争议仲裁委员会申请仲裁,要求医院支付解除劳动合同的经济补偿金。劳动争议仲裁委员会以不属于受理范围而驳回了罗某的申请。罗某不服,又于 2021 年 12 月初以某医院为被告诉至法院,要求被告支付经济补偿金 2 100 元及额外经济补偿金 1 050 元。

请问:法院会支持罗某的诉讼请求吗?

二、工作时间与休息休假

（一）工时制度

工时制度是劳动者根据法律规定,在一昼夜（工作日）或一周（工作周）之内用于完成本职工作的时间。我国的工作日种类主要有：

（1）标准工作日。根据《国务院关于修改＜国务院关于职工工作时间的规定＞的决定》的规定，职工每日工作 8 小时，每周工作 40 小时；国家机关、事业单位实行统一的工作时间，星期六和星期日为周休息日。企业和不能实行上述规定的事业单位可根据实际情况灵活安排周休日。

（2）缩短工作日。我国实际缩短工作日的有：①夜班工作时间缩短 1 小时；②从事矿山、井下、高山、低温、高温、严重有毒有害，特别繁重或过度紧张的劳动的，缩短为每天工作 6 或 7 小时；③哺乳未满 12 个月婴儿的女职工，每日可哺乳 1 小时；④未满 18 岁的未成年工实行低于 8 小时工作日。

（3）延长工作日。用人单位由于生产经营需要，经与工会和劳动者协商后可以延长工作时间，一般每日不得超过 1 小时；因特殊原因需要延长工作时间的，在保障劳动者身体健康的条件下延长工作时间每日不得超过 3 小时，但是每月不得超过 36 小时。

有下列情形之一的，延长工作时间不受上述规定限制：①发生自然灾害、事故或者因其他原因，威胁劳动者生命健康和财产安全，需要紧急处理的；②生产设备、交通运输线路、公共设施发生故障，影响生产和公众利益，必须及时抢修的；③法律、行政法规规定的其他情形。

案例分析 9-3

王某为某集装箱公司的汽车驾驶员，与某公司签订了二年期的劳动合同。合同履行期间，王某从事的具体工作是长途运输，公司以出具"行车单"方式安排王某的工作，并根据其运输量及运输里程计发其工资待遇。合同期满后，王某出示了自己保存的两年来行车时间记录，上面有每天工作时间的记载，并有超过 8 小时后的超时工作的时间记录，要求公司按劳动法的规定支付其两年工作期间超过规定时间的加班工资。公司认为王某的工作时间不能以每天 8 小时计算，而且其工资也已按运输量及运输里程计发，不存在加班的情况，对王某的要求不予同意。双方于是发生争议。

请问：集装箱公司是否应支付王某两年工作期间超过规定时间的加班工资？

（4）无定时工作日。这是指每天没有固定工作时数的工作日，如：汽车司机、铁路道口看守人员、记者、森林巡查人员等工作的工作日。

（5）非全日制工时。这是指以小时计酬为主，劳动者在同一用人单位一般平均每日工作时间不超过 4 小时，每周工作时间累计不超过 24 小时的用工形式，多适用于旅馆、饭店、商店或个体经营等服务性工作，劳动者多为学生、残疾人、老年人等，如：肯德基快餐店实行的小时工作制。

小思考 9-1

非全日制工属于劳动合同还是劳务合同？

经济法基础

（二）休息休假

1. 工作日内的休息时间

这是指工作日内的间歇时间，一般在工作4小时后，应给予半小时的休息时间。

2. 两个工作日间的休息时间

一般8小时工作时间以外的时间均为休息时间，不得低于16小时。无特殊情况时应保证劳动者能连续使用。

3. 每周公休日

这是指劳动者工作满一个工作周一般可休息1至2天。从事特殊工种（如冶金、化工有毒有害工种等）的劳动者，可享有比普通职工更多的每周公休日。

4. 每年法定节假日

根据2013年12月11日《国务院关于修改〈全国年节及纪念日放假办法〉的决定》第三次修订，2014年1月1日起实施全体公民放假的节日：

（1）新年，放假1天（1月1日）；

（2）春节，放假3天（农历除夕、正月初一、初二）；

（3）清明节，放假1天（农历清明当日）；

（4）劳动节，放假1天（5月1日）；

（5）端午节，放假1天（农历端午当日）；

（6）中秋节，放假1天（农历中秋当日）；

（7）国庆节，放假3天（10月1日、2日、3日）。

部分公民放假的节日及纪念日：

（1）妇女节（3月8日），妇女放假半天；

（2）青年节（5月4日），14周岁以上的青年放假半天；

（3）儿童节（6月1日），不满14周岁的少年儿童放假1天；

（4）中国人民解放军建军纪念日（8月1日），现役军人放假半天。

5. 探亲假

其具体规定有：

（1）劳动者探望配偶，每年给假一次，假期为30天；

（2）未婚职工探望父母的，原则上每年给假一次，假期20天，如因工作需要，当年不便休假或职工自愿的，可两年给假一次，假期为45天；

（3）已婚职工探望父母，每四年给假一次，假期20天；

（4）实行休假制度的职工（如学校教师），原则上不另行安排探亲假，但如果假期较短，则可由本单位适当安排，补足其探亲假的天数。

6. 带薪年休假

具体规定如下：

（1）机关、团体、企业、事业单位、民办非企业单位、有雇工的个体工商户等单位的职工连续工作1年以上的，享受带薪年休假。

（2）职工累计工作已满1年不满10年的，年休假5天；已满10年不满20年的，年休假10天；已满20年的，年休假15天。

国家法定休假日、休息日不计入年休假的假期。

（3）职工有下列情形之一的，不享受当年的年休假：

① 职工依法享受寒暑假，其休假天数多于年休假天数的；

② 职工请事假累计 20 天以上且单位按照规定不扣工资的；

③ 累计工作满 1 年不满 10 年的职工，请病假累计 2 个月以上的；

④ 累计工作满 10 年不满 20 年的职工，请病假累计 3 个月以上的；

⑤ 累计工作满 20 年以上的职工，请病假累计 4 个月以上的。

单位根据生产、工作的具体情况，并考虑职工本人意愿，统筹安排职工年休假。单位确因工作需要不能安排职工休年休假的，经职工本人同意，可以不安排职工休年休假。对职工应休未休的年休假天数，单位应当按照该职工日工资收入的 300% 支付年休假工资报酬。职工在年休假期间享受与正常工作期间相同的工资收入。

7. 女职工生育产假特别规定

女职工生育享受 98 天产假，其中产前可以休假 15 天；难产的，增加产假 15 天；生育多胞胎的，每多生育一个婴儿，增加产假 15 天。女职工怀孕未满 4 个月流产的，享受 15 天产假；怀孕满 4 个月流产的，享受 42 天产假。

法律驿站 9-1

非全日制用工工资的计算公式

非全日制用工工资 ＝ 小时工资标准 × 实际工作小时数

钟点工丙在某单位从事保洁工作，约定的小时工资标准为 16 元，8 月份累计工作 60 小时，计算其当月实得工资。根据公式，则为：当月实得工资 ＝ 16×60 ＝ 960（元）。

三、工资

（一）工资的概念、形式

工资是用人单位根据国家有关规定或劳动合同的约定，以货币形式直接支付给本单位劳动者的劳动报酬。

我国的工资形式主要有：①计时工资，即按单位时间工资率（计时工资标准）和工作时间支付给劳动者个人工资的一种形式，主要有月工资制、日工资制和小时工资制三种。②计件工资，即按劳动者完成的合格产品数量和预先规定的计件单位计算工资的形式。③奖金，即支付给劳动者的超额劳动报酬和增收节支的劳动报酬，有月奖、季度奖和年度奖，经济性奖金和一次性奖金，综合奖和单项奖等。④津贴，即对劳动者在特殊条件下的额外劳动消耗或额外费用支出给予物质补偿的一种工资形式，主要有岗位津贴、保健性津贴、技术性津贴等。

（二）企业工资制度

（1）等级工资制，即根据劳动者的技术等级或职务等级划分工资级别，按等级发放工资的制度。

（2）效益工资制，即企业的工资总额同企业经济效益挂钩的制度。

（3）岗位技能工资制，包括岗位工资制和技能工资制。岗位工资制实行一岗一薪，易岗易薪。岗位工资由某一岗位的劳动繁重程度、劳动环境、工作责任大小等因素决定。技能工资是根据劳动者的劳动技能和工作业绩来考核决定的。

（三）特殊情况下的工资

（1）依法参加社会活动期间的工资。劳动者在法定工作时间内参加社会活动，如：参加人大代表选举、担任陪审员等，应视为提供了正常劳动，用人单位应向劳动者支付工资。

（2）加班加点的工资。劳动者加班加点的，用人单位应按下列标准支付工资：①安排劳动者延长工作时间的，支付不低于工资的150%的工资报酬；②休息日（周六、日）安排劳动者工作的，支付不低于工资的200%的工资报酬；③法定休假日安排劳动者工作的，支付不低于工资的300%的工资报酬。

案例分析9-4

某工厂工人李某平时日工资是120元，日工作时间是8小时。他在2017年5月1日（法定休假日）加班一天，5月16日（工作日）延长工作时间一小时，5月20日（周六休息日）加班一天没有安排补休。

试计算，5月李某应至少获得加班费多少元？

（3）婚丧假期间的工资。劳动者本人结婚或其直系亲属死亡的婚丧假期间（包括路程假）用人单位应向劳动者支付工资。

（4）年休假、探亲假的工资。劳动者依法享受年休假、探亲假的，用人单位应按劳动合同规定的标准支付工资。

（5）停工期间的工资。非因劳动者原因造成停工、停产在一个工资支付周期内的，用人单位应当按劳动合同规定的标准支付工资；超过一个工资支付周期的，若劳动者提供了正常劳动，则支付劳动者的报酬不得低于当地的最低工资标准；若劳动者没有提供正常劳动，则应按国家有关规定办理。

案例分析9-5

某市劳动保障监察机构接到举报，反映某服装公司存在超时加班的行为。劳动保障监察机构迅速介入了解，经实地调查，该服装公司由于近期接到一笔大订单，临时增加了工作任务，要求全体员工每天工作时间由原来的8小时延长至10小时，并取消了周六、周日的正常休息，这种情况已经持续了两个半月，虽然支付了部分加班工资，但是很多员工身体已无法承受这样的劳动强度。之后，劳动保障监察机构下达了整改指令书，并按国家《劳动法》要求服装公司支付了劳动者全额加班工资，并对该服装公司行为进行了行政处罚。

请问劳动保障监察机构处理的依据是什么？

四、劳动保护

（一）劳动保护一般制度

劳动保护是改善劳动条件，保护劳动者在劳动过程中的安全与健康的劳动法律制度。我国劳动法规定：

（1）用人单位必须建立、健全劳动安全卫生制度，严格执行国家劳动安全卫生规程和标准，对劳动者进行劳动安全卫生教育，防止劳动过程中的事故，减少职业危害；

（2）劳动安全卫生设施必须符合国家规定的标准。新建、改建、扩建工程的劳动安全卫生设施必须与主体工程同时设计、同时施工、同时投入生产和使用；

（3）用人单位必须为劳动者提供符合国家规定的劳动安全卫生条件和必要的劳动防护用品，对从事有职业危害作业的劳动者应当定期进行健康检查。

法律驿站 9-2

工作职场预防事故应有哪些措施

（1）提高设备的安全可靠性；（2）提高劳动者的整体素质；（3）切实做好个人防护；（4）工作场所的合理布局。

（二）女职工与未成年工的特殊保护

1. 对女职工的特殊保护

在从事工种方面，劳动法规定了女工禁忌劳动范围：①矿山井下工作；②森林业伐木、归楞及流放作业；③国家规定的第四级劳动强度的作业；④建筑业脚手架的组装和拆除作业以及电力、电信行业的高处架线作业；⑤连续负重每次超过20公斤（每小时负重6次以上），间断负重每次超过25公斤的作业。

对女工生理机能变化特殊过程中的保护，主要包括：①经期、孕期、产期、哺乳期的保护，如：女工经期不从事高空、低温、冷水作业和国家规定的第三级劳动强度的劳动；怀孕7个月以上的女工，一般不得延长工作时间和安排从事夜班工作；产假不得少于90天；有不满1周岁婴儿的女职工，单位应给其在劳动时间内给予两次哺乳时间，每次30分钟，并不得安排其从事国家规定的第三级体力劳动强度的劳动和哺乳其禁忌从事的劳动，不得延长其工作时间，一般不得安排夜班工作等。②在女工较多的单位，建立和完善女职工保护设施，如：建立女职工卫生室、孕妇休息室、哺乳室、托儿所、幼儿园等。

2. 对未成年工的特殊保护

未成年工在我国是指年满16周岁，未满18周岁的少年工人。对其的特殊保护主要包括：

在从事的工种方面，不得安排其从事以下劳动：①矿山井下劳动；②有毒有害作业；③国家规定的第四级体力劳动强度的劳动；④其他禁忌从事的劳动。

用人单位应对未成年工定期体检，预防和避免未成年人患职业病或职业中毒。

法律禁止招用未满16周岁的儿童、少年做工、经商、当学徒，但文艺、体育和特种工艺单位确需招用的，须报经县级以上劳动行政部门批准。

经济法基础

法律驿站9-3

未成年工的健康检查规定

用人单位应按下列要求对未成年工定期进行健康检查：

（1）安排工作岗位之前；

（2）工作满一年；

（3）年满18周岁，距前一次的体检时间已超过半年。

第二节　劳动合同法

2007年6月29日，第十届全国人民代表大会常务委员会第二十八次会议通过《中华人民共和国劳动合同法》（以下简称《劳动合同法》），该法于2008年1月1日起施行。《劳动合同法》共八章九十八条，包括总则、劳动合同的订立、履行和变更、解除和终止、特别规定、监督检查、法律责任、附则。其内容侧重于维护处于弱势的劳动者的合法权益，也根据实际需要规定了维护用人单位合法权益的内容。

一、劳动合同的概念和调整种类

（一）劳动合同的概念

劳动合同是指劳动者与用人单位（包括国家机关、企业事业单位、社会团体和私人雇主等）之间为确立劳动关系，明确双方权利和义务而达成的书面协议。其是劳动关系产生的根据。

法律驿站9-4

用人单位在订立劳动合同时能收取或变相收取押金吗

实践中用人单位收取或变相收取押金的现象比较普遍。比如以工衣费、押金、电脑费、培训费、集资款（股金）、保证金、预付违约金等名义收取或变相收取押金，这些均是不符合法律规定的。为此，《劳动合同法》第九条规定，用人单位招用劳动者，不得扣押劳动者的居民身份证和其他证件，不得要求劳动者提供担保或者以其他名义向劳动者收取财物。用人单位应当严格遵守法律规定，避免承担相应的法律责任。

我国目前调整劳动合同的法律除了《劳动法》外，主要是《劳动合同法》《劳动合同法实施条例》，其调整的对象包括企业、个体经济组织、民办非企业单位与劳动者订立、履行、变更、解除或终止劳动合同过程中所产生的各种劳动合同关系，也包括国家机关、事业单位、社会团体和与其建立劳动关系的劳动者之间因订立、履行、变更、解除或终止劳动合同过程中所产生的劳动关系。

张某系张家口地区农民,来京打工,2021年3月被一家个体餐馆招用为搬运工。双方未签订劳动合同,只约定每月工资600元,发生伤亡事故餐馆一概不负责任。一日,张某在搬运货物时,被货物压伤,导致腰部、手部受伤。张某要求餐馆承担医药费、营养费等工伤赔偿责任时,该餐馆老板拒绝了张某的请求,称双方没有劳动合同,张某是农民,不能适用劳动法,并将张某解雇。后张某申请仲裁。

请问:劳动争议仲裁机构应如何裁决?

（二）劳动合同的种类

（1）固定期限劳动合同。这是指用人单位与劳动者约定合同终止时间的劳动合同。

（2）无固定期限劳动合同。这是指用人单位与劳动者约定无确定终止时间的劳动合同。

（3）以完成一定工作任务为期限的劳动合同。这是指用人单位与劳动者约定以某项工作的完成为合同期限的劳动合同。

小思考 9-2

劳动合同与劳务合同的区别是什么?

二、劳动合同的订立形式与时效

根据《劳动合同法》的规定,劳动合同应当以书面形式订立。其具体规定如下:

（1）自建立劳动关系时起就应当订立书面劳动合同。

（2）已建立劳动关系,未同时订立书面劳动合同的,应当自用工之日起一个月内订立书面劳动合同。

（3）如果用人单位自用工之日起超过一个月不满一年未与劳动者订立书面劳动合同的,应当向劳动者每月支付两倍的工资;用人单位自用工之日起满一年不与劳动者订立书面劳动合同的,视为用人单位与劳动者已订立无固定期限劳动合同。

胡松在某网络公司做技术工作,劳动合同到期后,公司既没有续签劳动合同,也没有终止劳动合同,而是让他继续上班。合同到期两个月后,公司新CEO上任,即决定大幅裁员。胡松跟其他一些员工一样,收到了公司发出的终止劳动合同通知书。胡松办完离职手续后,找到人力资源部,要求公司向自己支付经济补偿金,没想到却遭到了人事经理的拒绝,理由是双方劳动合同到期后形成的是事实劳动关系,依法不应补偿。

请问:对于事实劳动关系,用人单位可以不支付经济补偿金吗?

三、劳动合同的内容

劳动合同应当具备以下条款：

（一）劳动合同主体

用人单位的名称、住所和法定代表人或者主要负责人；劳动者的姓名、住址和居民身份证或者其他有效身份证件号码。

（二）劳动合同期限

有下列情形之一，劳动者提出或者同意续订、订立劳动合同的，除劳动者提出订立固定期限劳动合同外，应当订立无固定期限劳动合同：

（1）劳动者在该用人单位连续工作满十年的。

（2）用人单位初次实行劳动合同制度或者国有企业改制重新订立劳动合同时，劳动者在该用人单位连续工作满十年且距法定退休年龄不足十年的。

（3）连续订立二次固定期限劳动合同，且劳动者没有《劳动合同法》所规定的用人单位可以解除劳动合同的情形和用人单位在提前30日通知劳动者或额外支付一个月工资后可以解除劳动合同的情形，续订劳动合同的。

另外，在试用期还规定：

（1）劳动合同期限三个月以上不满一年的，试用期不得超过一个月；劳动合同期限一年以上不满三年的，试用期不得超过两个月；三年以上固定期限和无固定期限的劳动合同，试用期不得超过六个月。

（2）同一用人单位与同一劳动者只能约定一次试用期。

（3）以完成一定工作任务为期限的劳动合同或者劳动合同期限不满三个月的，不得约定试用期。

（4）试用期包含在劳动合同期限内。劳动合同仅约定试用期的，试用期不成立，该期限为劳动合同期限。

（5）劳动者在试用期的工资不得低于本单位相同岗位最低档工资或者劳动合同约定工资的80%，并不得低于用人单位所在地的最低工资标准。

（6）在试用期中，除劳动者有《劳动合同法》所规定的用人单位可以解除劳动合同和用人单位在提前30日通知劳动者或额外支付一个月工资后可以解除劳动合同的情形外，用人单位不得解除劳动合同。用人单位在试用期解除劳动合同的，应当向劳动者说明理由。

案例分析 9-8

某用人单位与吴某订立劳动合同期限为2年，该用人单位与吴某约定的试用期是6个月，试用期内的月工资为1000元，试用期满后的月工资为1500元。吴某在该单位按照合同约定完成了6个月的试用期工作，而且用人单位按照合同规定支付了试用期的全部工资。

请问：（1）用人单位与吴某约定的试用期期限是否合法？如果违法，用人单位与吴某最多可以约定试用期的期限为多长？

（2）用人单位实际应当承担的成本为多少？

（三）工作内容和工作地点

用人单位对劳动者提供劳动的具体要求,如工作岗位,劳动的数量、质量,工作任务以及工作完成的具体地点等。

（四）工作时间和休息休假

用人单位按照工作内容和需要规定符合法律要求的工作时间,并保证劳动者的法定休息权利。

（五）劳动报酬

它包括劳动者应享有的工资、奖金、津贴等待遇,不得低于国家规定标准。

劳动合同对劳动报酬和劳动条件等标准约定不明确,引发争议的,用人单位与劳动者可以重新协商;协商不成的,适用集体合同规定;没有集体合同或者集体合同未规定劳动报酬的,实行同工同酬;没有集体合同或者集体合同未规定劳动条件等标准的,适用国家有关规定。

（六）社会保险

用人单位按照法律规定,为劳动者提供医疗保险、失业保险和养老保险等社会保险。

（七）劳动保护、劳动条件和职业危害防护

用人单位应当为劳动者提供劳动保护措施和符合国家规定标准的工作环境。

（八）法律、法规规定应当纳入劳动合同的其他事项

劳动合同除前款规定的必备条款外,用人单位与劳动者可以约定试用期、培训、保守秘密、补充保险和福利待遇等其他事项。

法律驿站 9-5

订立劳动合同时未履行告知义务有何法律后果

《劳动合同法》第8条规定:"用人单位招用劳动者时,应当如实告知劳动者工作内容、工作条件、工作地点、职业危害、安全生产状况、劳动报酬,以及劳动者要求了解的其他情况;用人单位有权了解劳动者与劳动合同直接相关的基本情况,劳动者应当如实说明。"这是涉及用人单位和劳动者互相负有如实告知义务的法条规定。

根据《劳动合同法》第26条的规定,以欺诈、胁迫的手段或者乘人之危,使对方在违背真实意思的情况下订立或者变更劳动合同的,劳动合同无效或者部分无效。用人单位和劳动者未履行告知义务或故意告知对方当事人虚假情况订立的劳动合同,可能为无效劳动合同。第86条规定,劳动合同依照本法第26条规定被确认无效,给对方造成损害的,有过错的一方应当承担赔偿责任。

四、竞业限制规定

竞业限制(亦称"竞业禁止")是指在劳动关系中或曾经存在的劳动关系中,高级管理人员、高级技术人员和其他负有保密义务的人员负有保护用人单位的商业秘密的义务,不得兼职从事与用人单位相同或者类似业务的竞争性行为的义务。凡有这种约定的,单位应向受竞业限制的离职人员支付一定数额的补偿费。《劳动合同法》规定:在解除或者终止劳动合

同后,前款规定的人员到与本单位生产或经营同类产品、从事同类业务的有竞争关系的其他用人单位,或者自己开业生产或者经营同类产品、从事同类业务的竞业限制期限,不得超过两年。

其具体规定有:

(1) 用人单位与劳动者可以在劳动合同中约定保守用人单位的商业秘密和与知识产权相关的保密事项。对负有保密义务的劳动者,用人单位可以在劳动合同或者保密协议中与劳动者约定竞业限制条款,并约定在解除或者终止劳动合同后,在竞业限制期限内按月给予劳动者经济补偿。劳动者违反竞业限制约定的,应当按照约定向用人单位支付违约金。

(2) 竞业限制的人员限于用人单位的高级管理人员、高级技术人员和其他负有保密义务的人员。竞业限制的范围、地域、期限由用人单位与劳动者约定,竞业限制的约定不得违反法律、法规的规定。

(3) 在解除或者终止劳动合同后,竞业限制人员到与本单位生产或者经营同类产品、从事同类业务的有竞争关系的其他用人单位,或者自己开业生产或者经营同类产品、从事同类业务的竞业限制期限,不得超过两年。

案例分析 9-9

李小姐在 A 展览公司担任客户服务已经两年了,主要是从事展览展示会务服务。A 公司与李小姐签署的劳动合同中规定:"乙方(指劳动者)若合约期满不再续签或离职,乙方自离开甲方公司(A 公司)之日起两年内不得从事与甲方经营范围所做项目相关联的相同工作。如发现乙方在本约定期内从事与甲方经营范围所做项目相关联的相同工作,乙方将按乙方在甲方工作期内总收入的五倍作为违约金进行赔偿。"当时李小姐提出这样的违约金显然是过高的,但是人事经理强调这是 A 公司的格式文本,不允许做任何修改。李小姐想想再坚持也没有用,所以就签了。第一次劳动合同期满后,A 公司未给予李小姐经济补偿,李小姐离开了 A 公司,马上进入 B 公司工作。A 公司了解到这个事实后,非常生气,认为李小姐在离开了 A 公司后不到两年内从事与甲方经营范围所做项目相关联的相同工作,所以提起了仲裁,要求李小姐停止违反竞业限制的行为,并支付违约金。

请问:A 公司的要求有法律依据吗?

五、服务期的规定

(1) 用人单位为劳动者提供专项培训费用,对其进行专业技术培训的,可以与该劳动者订立协议,约定服务期。

（2）劳动者违反服务期约定的，应当按照约定向用人单位支付违约金。违约金的数额不得超过用人单位提供的培训费用。用人单位要求劳动者支付的违约金不得超过服务期尚未履行部分所应分摊的培训费用。

（3）用人单位与劳动者约定服务期的，不影响按照正常的工资调整机制提高劳动者在服务期期间的劳动报酬。

案例分析 9-10

公司派王某到美国接受为期6个月的专业技术培训，培训费用为3.6万元，同时公司和王某签订服务期协议，王某接受培训后必须为公司服务3年，否则，要向公司支付违约金。

如果王某接受培训后在公司工作满2年想解除合同，那么王某应该向公司支付多少违约金？

六、违约金的规定

用人单位与劳动者在订立劳动合同中除因服务期与竞业限制问题可以约定由劳动者对用人单位承担违约金责任外，其他情形一律不得约定劳动者的违约金责任。

七、劳动合同的效力

（一）劳动合同的生效

（1）劳动合同的生效时间。劳动合同由用人单位与劳动者协商一致，并经用人单位与劳动者在劳动合同文本上签字或者盖章生效。

劳动合同的生效与劳动关系的建立是不同的。劳动关系的建立是以实际用工为标志的，如果劳动合同生效后未发生实际用工，则劳动关系没有建立。

（2）劳动合同的生效要件。劳动合同的生效要件与普通民事合同的生效要件相同，但其缔约主体要求稍有不同，即作为用人单位一方的必须是企业、个体经济组织、民办非企业单位、国家机关、事业单位、社会团体组织；作为劳动者一方的必须是年满16周岁、具有劳动能力的公民。

（二）无效劳动合同

存在下列情形时，劳动合同无效或部分无效：

（1）以欺诈、胁迫的手段或者乘人之危，使对方在违背真实意思的情况下订立或者变更劳动合同的；

（2）用人单位免除自己的法定责任、排除劳动者权利的；

（3）违反法律、行政法规强制性规定的。

对劳动合同的无效或者部分无效有争议的，由劳动争议仲裁机构或者人民法院确认。劳动合同部分无效，不影响其他部分效力的，其他部分仍然有效。

劳动合同被确认无效，劳动者已付出劳动的，用人单位应当向劳动者支付劳动报酬。劳动报酬的数额，参照本单位相同或者相近岗位劳动者的劳动报酬确定。

赵某是某公司的销售代理。2021年,该公司与其签订劳动合同。合同规定:赵某可以从产品销售利润中提取60%的提成,本人的病、伤、残、亡等公司均不负责。在一次外出公干中,由于交通事故,赵某负伤致残。赵某和该公司发生了争议并起诉到劳动行政部门,要求解决其伤残保险待遇问题。

请分析:赵某与公司签订的关于赵某病、伤、残、亡公司均不承担责任的合同条款是否有效? 为什么?

王某到某公司应聘填写录用人员情况登记表时,隐瞒了自己曾先后2次受行政、刑事处分的事实,与公司签订了3年期限的劳动合同。事隔3日,该公司收到当地检察院对王某不起诉决定书。经公司进一步调查得知,王某曾因在原单位盗窃电缆受到严重警告处分,又盗窃原单位苫布被查获,因王某认罪态度较好,故不起诉。

请问:该公司调查之后,以王某隐瞒受过处分,不符合本单位录用条件为由,在试用期内解除了与王某的劳动关系是否合理?

八、劳动合同的解除和终止

(一)劳动合同的解除

劳动合同的解除是劳动合同在订立以后,尚未履行或未全部履行之前,由于合同双方或单方的法律行为导致提前消灭劳动关系的法律行为。

劳动合同的解除分为协商解除和法定解除。协商解除是指双方当事人协商一致、合意解除劳动合同,提前终止劳动合同的效力。法定解除则是指出现国家法律规定可以解除劳动合同的情形,不需双方当事人一致同意,合同效力即可以自然或单方提前终止。

1. 劳动者单方面解除劳动合同

(1)劳动者解除劳动合同的程序。劳动者提前30日以书面形式通知用人单位,可以解除劳动合同。劳动者在试用期内提前3日通知用人单位,可以解除劳动合同。

(2)劳动者可以解除劳动合同的情形。用人单位有下列情形之一的,劳动者可以解除劳动合同:一是未按照劳动合同约定提供劳动保护或者劳动条件的;二是未及时足额支付劳动报酬的;三是未依法为劳动者缴纳社会保险费的;四是用人单位的规章制度违反法律、法规的规定,损害劳动者权益的;五是因《劳动合同法》规定的情形致使劳动合同无效的;六是法律、行政法规规定劳动者可以解除劳动合同的其他情形。

(3)劳动者可以立即解除劳动合同且不需事先告知用人单位的情形,主要有:一是用人单位以暴力、威胁或者非法限制人身自由的手段强迫劳动者劳动的;二是用人单位违章指挥、强令冒险作业危及劳动者人身安全的。

　　王某于 2020 年 10 月 9 日与某电脑公司签订劳动合同,被聘为技术员,聘期两年。双方当事人在劳动合同中约定了竞业禁止:合同解除或终止后,王某 3 年内不得在本地区从事与该公司相同性质的工作,如违约,王某必须一次性赔偿电脑公司经济损失 10 万元。因电脑公司拖欠王某 2021 年 9 月、10 月两个月的工资,2021 年 11 月 15 日,王某向区劳动争议仲裁委员会申请仲裁,要求解除劳动合同,补发两个月工资,给付经济补偿金,确认劳动合同中的竞业禁止约定条款无效。

　　你认为该案件应当如何判决?

　　余先生大学毕业后到一家单位工作,入职时单位表示,为了让他"多挣点钱",就不缴社会保险了。当时余先生认为是好事情,同意了单位的做法,并且和单位签订了劳动合同。单位让余先生亲自写了一份声明,内容大致是:本人主动要求不上各项社会保险。后来,余先生听同学说,社会保险上了对自己有好处,不然自己将来出现问题都没有办法得到保障。余先生找到单位领导,要求补缴社会保险,单位领导不同意,并拿出当时他自己写的声明书。余先

生于是以单位不缴纳社会保险为由提出辞职,领导不批准他的辞职申请,为此,双方发生了争议。

　　请问:单位未给劳动者缴纳社会保险费,将其作为工资发放给员工可以吗?

规章制度的公示方法

　　实践中,规章制度的公示一般可采取如下方法:

　　(1) 公司网站公布:在公司网站或内部局域网发布进行公示。

　　(2) 电子邮件通知:向员工发送电子邮件,通知员工阅读规章制度并回复确认。

　　(3) 公告栏张贴:在公司内部设置的公告栏、白板上张贴供员工阅读。

　　(4) 员工手册发放:将公司规章制度编印成册,每个员工均发放一本。

　　(5) 规章制度培训:公司人力资源管理部门组织公司全体员工进行公司规章制度的培训,集中学习。

　　(6) 规章制度考试:挑选重要条款设计试题,组织员工进行考试,加深员工对公司规章制度的理解。

　　(7) 规章制度传阅:如果公司员工不多,可将规章制度交由员工传阅。

2. 用人单位单方面解除劳动合同

（1）用人单位可以单方面解除劳动合同的情形。劳动者有下列情形之一的，用人单位可以解除劳动合同：一是在试用期间被证明不符合录用条件的；二是严重违反用人单位的规章制度的；三是严重失职，营私舞弊，给用人单位造成重大损害的；四是劳动者同时与其他用人单位建立劳动关系，对完成本单位的工作任务造成严重影响，或者经用人单位提出，拒不改正的；五是符合劳动合同无效的情形，用人单位解除合同；六是被依法追究刑事责任的。

小思考 9-3

范美忠因在博客中披露自己在汶川大地震时最先跑出教室而成为当时的热点人物，人称"范跑跑"或"先跑老师"。为此，范美忠所在的学校对其发出解聘的正式书面通知。

请同学们议一议：学校能否就范美忠在其博客上的言辞而解聘范美忠的合同？

案例分析 9-15

2021年6月，某职业技术学院旅游专业毕业生王某（女，22岁）与一家宾馆签订了为期3年的劳动合同。合同中规定：试用期为一年；在试用期内王某不得单方面提出解除劳动合同；试用期满后，王某要求解除劳动合同时，需要提前60天通知宾馆；如果宾馆效益不好，宾馆有权与王某解除劳动合同；王某在宾馆工作期间不得结婚生育，否则宾馆有权辞退王某；王某向宾馆缴纳1000元保证金，如果王某违反合同规定，由宾馆没收保证金。

请问：这份劳动合同的内容是否符合劳动法的规定？为什么？

案例分析 9-16

小明2020年3月入职深圳一电子公司，双方签订了一份为期3年的劳动合同，合同中特别约定：如违反公司规章制度，情节严重，公司有权提前解除劳动合同，且无需支付经济补偿金。2021年6月10日，小明接到公司的一份解雇通知书，解雇理由是小明上班时间经常上网聊天，根据公司规章制度，三次以上在上班时间上网聊天的视为严重违纪，公司可解除劳动合同。小明辩解，他一直不知道公司有该规定，公司从未将规章制度的内容向其公示。公司称规章制度已向其公示，但无法举证规章制度公示的事实。

请问：公司可否就小明严重违纪的说法解除劳动合同？

（2）用人单位须履行法定手续后可以单方面解除合同的情形。有下列情形之一的，用人单位提前三十日以书面形式通知劳动者本人或者额外支付劳动者一个月工资后，可以解除劳动合同：一是劳动者患病或者非因工负伤，在规定的医疗期满后不能从事原工作，也不能从事由用人单位另行安排的工作的；二是劳动者不能胜任工作，经过培训或者调整工作岗位，仍不能胜任工作的；三是劳动合同订立时所依据的客观情况发生重大变化，致使劳动合同无法履行，经用人单位与劳动者协商，未能就变更劳动合同内容达成协议的。

老王多年前下岗失业,为了养活一家人,不得不四处找工作。但由于年龄较大,又没有一技之长,老王一直找不到合适的工作。不久前,街道办事处给老王介绍了一个工作,到一家公司做保洁。看到工资待遇都不错,老王就开始上班了。公司人力资源部的负责人告诉老王,你做的保洁工是非全日制的临时工,每天工作8小时,主要工作是保持工作环境整洁及主管安排的其他工作,不上保险,工资按月发放;你在公司应当遵守公司的规章制度,服从主管人员的指挥,好好地完成工作。同时,该人力资源部要求老王签订了一份劳务合同,并向老王解释,非全日制用工人员与公司是劳务关系,所以签劳务合同。老王刚上班不久,却发生了意外。一天,老王在擦楼梯时,一不小心踩空,从楼梯上摔了下来,造成骨折,花去医药费8 000多元。伤愈后,老王回到公司上班,却被告知他与公司的劳务关系已经解除了,老王很纳闷,决定找到人力资源部的负责人理论。但人力资源部负责人对老王说,你可是非全日制用工,与公司是劳务关系,你没给公司做好工作,我们还没找你呢,你还来找我们要说法。老王非常气愤,却感到公司说得似乎也有道理,毕竟合同白纸黑字都写好的,只好忍气吞声、自认倒霉。

请参照相关法律规定,对老王与该公司建立的"非全日制临时工"的关系做分析。该公司的说法是否正确?为什么?

(3)用人单位的经济性裁员。经济性裁员作为用人单位单方面解除劳动合同的一种形式,必须满足法定条件。

① 实体性条件主要有:一是依照企业破产法规定进行重整的;二是生产经营发生严重困难的;三是企业转产、重大技术革新或者经营方式调整,经变更劳动合同后,仍需裁减人员的;四是其他因劳动合同订立时所依据的客观经济情况发生重大变化,致使劳动合同无法履行的。

② 程序性条件主要有:一是裁减人员为20人以下且占企业职工总数10%以下的,除事先应当将理由通知工会外,企业可以自主进行,不需要履行特定程序;二是需要裁减人员20人以上或者裁减不足20人但占企业职工总数10%以上的,用人单位应提前30日向工会或者全体职工说明情况,听取工会或者职工的意见,再将裁减人员方案向劳动行政部门报告后,方可裁员。

用人单位进行经济性裁员应当优先留用下列人员:一是与本单位订立较长期限的固定期限劳动合同的;二是与本单位订立无固定期限劳动合同的;三是家庭无其他就业人员,有需要扶养的老人或者未成年人的。用人单位在经济性裁员后6个月内重新录用人员,应当通知被裁减的人员,并在同等条件下优先招用被裁减的人员。

王某等26名职工与某商场签订了劳动合同,在劳动合同履行中,该商场以经营亏损为由,于2021年5月辞退王某等26名职工。王某等人遂向当地劳动保障局的劳动保障监察机构举报,请示纠正该商场的错误行为,维护自己的权益。劳动保障监察机构在接到王某等人的举报后,经多次深入调查取证,查明该商场不具备企业经济性裁减人员法定条件,又违反了企业经济性裁减人员法定程序,在此前提下,单方解除王某等26名职工的劳动合同,属违约行为,并责令该商场限期改正。该商场在劳动保障监察机构规定的期限内撤销了辞退王某等 26 名职工的决定,恢复了王某等人的工作,补发王某等人的工资并为其补缴了社会保险费。

请问:劳动保障监察机构认定商场严重违反经济性裁员有关法律规定的依据有哪些?

3. 用人单位不得单方解除劳动合同的情形

劳动者有下列情形之一的,用人单位不得单方解除劳动合同:

(1) 从事接触职业病危害作业的劳动者未进行离岗前职业健康检查,或者疑似职业病病人在诊断或者医学观察期间的;

(2) 在本单位患职业病或者因工负伤并被确认丧失或者部分丧失劳动能力的;

(3) 患病或者非因工负伤,在规定的医疗期内的;

(4) 女职工在孕期、产期、哺乳期的;

(5) 在本单位连续工作满 15 年,且距法定退休年龄不足 5 年的;

(6) 法律、行政法规规定的其他情形。

案例分析 9-19

史小姐供职于一家律师事务所,担任行政工作。2021 年底,史小姐发现自己怀孕了,刚开始史小姐不敢向事务所说明这个情况,后来随着肚子越来越大,再也无法隐瞒时,才向所主任说明了怀孕这个事实。主任得知后,较为恼火,第二天就让行政主管通知史小姐被辞退了。史小姐怎么也想不到是这个结果。

请问:在这种情况下,史小姐如何办才好? 该事务所解除与李小姐的合同是否合法? 为什么?

案例分析 9-20

56 岁的张先生在一家公司已经任职 17 年。他的合同于 2021 年 1 月 31 日到期。由于他工龄太长,所以单位无论如何也不愿意再与他续签劳动合同了。于是单位在 2021 年 1 月 1 日正式通知他合同到期后,终止双方之间的劳动合同。张先生认为自己已经工作 17 年了,而且马上就快退休了,现在单位提出终止,是不应该而且也没有人情味的一种做法。

请问:单位是否有权终止与张先生的合同? 张先生应该怎样保护自己的权利?

(二) 劳动合同的终止

有下列情形之一的,劳动合同终止:

(1) 劳动合同期满的;

(2) 劳动者开始依法享受基本养老保险待遇的;

(3) 劳动者死亡,或者被人民法院宣告死亡或者宣告失踪的;

(4) 用人单位被依法宣告破产的;

(5) 用人单位被吊销营业执照、责令关闭、撤销或者用人单位决定提前解散的;

(6) 法律、行政法规规定的其他情形。

（三）劳动合同解除或终止后的限制性规定

经济补偿金是指在劳动合同解除或终止后,用人单位依法一次性支付给劳动者的经济上的补偿。其一般由法律规定按照劳动者的工作年限加以发放。

1. 用人单位应当向劳动者支付经济补偿金的情形

有下列情形之一的,用人单位应当向劳动者支付经济补偿:

（1）出现《劳动合同法》规定的劳动者可以单方解除劳动合同的情形的;

（2）用人单位依法向劳动者提出解除劳动合同并与劳动者协商一致解除劳动合同的;

（3）出现《劳动合同法》规定的用人单位可以提前 30 日以书面形式通知劳动者本人或者额外支付劳动者一个月工资后解除劳动合同的情形的;

（4）用人单位因经济性裁员而解除与劳动者的劳动合同的;

（5）除用人单位维持或者提高劳动合同约定条件续订劳动合同,劳动者不同意续订的情形外,用人单位在劳动合同期满后终止固定期限劳动合同的;

（6）用人单位被依法宣告破产、被吊销营业执照、责令关闭、撤销或其决定提前解散而终止劳动合同的;

（7）法律、行政法规规定的其他情形。

案例分析 9-21

南方某股份公司为了提高公司的生产效益,增强企业职工的上进心,建设独特企业生产文化,2021 年 4 月,该公司决定推行"末位淘汰制",授权部门经理在年底时对下属员工进行一次全面的考核、打分、排名次;然后,再按部门考核后排好的名次排序,辞退名次排在末位的两名员工。一个月后,根据"末位淘汰制"的规定,各部门经理对自己下属的每一名员工都进行了考核,根据考核成绩,公司通过解除劳动合同的方式辞退了一批考核名次排在末尾的员工。被辞退的职工不服,集体联合向劳动部门上访,并向劳动争议仲裁机构提起了仲裁申请。

请分析:企业采用"末位淘汰制"辞退员工合法吗？为什么？

2. 经济补偿金的计算

（1）计算经济补偿金的工作年限。劳动者在本单位的工作年限应从劳动者向该用人单位提供劳动之日起计算,因用人单位合并、分立、改变性质、改变名称的,劳动者在改变前的工作时间应计算为在本单位的工作时间。

（2）计算标准。经济补偿按劳动者在本单位工作的年限,每满一年支付一个月工资的标准向劳动者支付;6 个月以上不满一年的,按一年计算;不满 6 个月的,向劳动者支付半个月工资的经济补偿。

（3）计算基数。用人单位支付给劳动者的经济补偿金,以劳动者的月工资为基础,该月工资指的是劳动者在劳动合同解除或者终止前 12 个月的平均工资。

（4）计算封顶。劳动者月工资高于用人单位所在直辖市、设区的市级人民政府公布的本地区上年度职工月平均工资 3 倍的,向其支付经济补偿的标准按职工月平均工资 3 倍的数额支付,向其支付经济补偿的年限最高不超过 12 年。

李某是某公司职工,2020 年 3 月与公司签订了为期 5 年的劳动合同。2021 年 3 月,公司更换了主要负责人,新负责人以李某不适合工作为由,要求与李某解除劳动合同,李某不同意。公司便采取了增加李某劳动强度、减少李某奖金收入等办法予以刁难。李某在不堪忍受的情况下,提出如果公司提出解除劳动合同,他本人可以签字同意。但公司坚持让李某自己先写"辞职报告",然后由公司批准。李某坚决不同意这样做,但公司许诺:如李某照办,公司可以给予李某一笔比较丰厚的生活补助,还可以按照劳动法有关规定支付解除劳动合同的经济补偿金。在这样的情况下,李某于 2021 年 7 月向公司递交了"辞职报告",立即被公司批准,但此后的生活补助和经济补偿金却毫无踪影。李某找公司索要,公司拿出李某的"辞职报告"说,生活补助是单位对被辞退人员的抚恤,根据劳动法规定,经济补偿金在用人单位提出解除劳动合同时才支付,李某是自动辞职,没有上述两项待遇。李某非常气愤,向劳动争议仲裁委员会提出仲裁,并提供了公司要求他递交"辞职报告"的证据。

请问:李某可以要求公司支付经济补偿金吗?

(四)劳动合同解除或终止后双方的义务

(1)用人单位的义务。其主要有:一是用人单位应当在解除或者终止劳动合同时出具解除或者终止劳动合同的证明的义务;二是用人单位应在 15 日内为劳动者办理档案和社会保险关系转移手续的义务;三是用人单位应当在办结工作交接时向劳动者支付经济补偿的义务;四是用人单位对已经解除或者终止的劳动合同的文本,至少保存 2 年备查的义务。

(2)劳动者的义务。劳动者应当按照双方约定,办理工作交接,主要包括公司财产物品的返还、资料的交接等。

九、劳动合同的特殊规定

(一)集体合同

集体合同是用人单位与本单位职工根据法律规定,就劳动报酬、工作时间、休息休假、劳动安全卫生、职业培训、保险福利等事项,通过集体协商签订的书面协议。

白云商场的集体合同中有这样一条规定:在周末与节假日的商场经营活动中,员工需要延长一个小时的工作时间,商场向员工支付加班费。职工程荣以自己没有签署集体合同,星期天要上进修班为理由,拒绝公司的安排。

请问:职工没有签合同,可以不受集体合同的约束吗?

其具体可分为:一是专项集体合同,一般由企业职工一方与用人单位就劳动安全卫生、女职工权益保护、工资调整机制等方面订立；二是行业性或区域性集体合同，在县级以下区域内，建筑业、采矿业、餐饮服务业等行业可以由工会与企业方面代表订立这类合同。

我国《劳动合同法》对集体合同的具体规定主要有：

（1）集体合同由工会代表企业职工一方与用人单位订立；尚未建立工会的用人单位，由上级工会指导劳动者推举的代表与用人单位订立。

（2）集体合同草案应当提交职工代表大会或者全体职工讨论通过。

（3）集体合同订立后，应当报送劳动行政部门；劳动行政部门自收到集体合同文本之日起15日内未提出异议的，集体合同即行生效。

（4）依法订立的集体合同对用人单位和劳动者具有约束力。行业性、区域性集体合同对当地本行业、本区域的用人单位和劳动者具有约束力。

（5）集体合同中，劳动报酬和劳动条件等标准不得低于当地人民政府规定的最低标准；用人单位与劳动者订立的劳动合同中，劳动报酬和劳动条件等标准不得低于集体合同规定的标准。

法律驿站 9-7

订立集体合同时应遵循的程序

（1）制定集体合同草案。

（2）组织全体职工认真讨论集体合同草案。

（3）修改并正式通过集体合同。

（4）签字、备案。集体合同正式通过后，应由厂长或经理和工会主席签字，并报送劳动行政部门备案。

（二）劳务派遣

劳务派遣（又称"劳动派遣"）在人力资源界称为"人力派遣"或"人才租赁"，是指劳务派遣机构与用工单位签订派遣协议，将劳动者派遣至用工单位，在用工单位指挥监督下提供劳动。劳务派遣的典型特征是劳动力雇佣与劳动力使用相分离，被派遣劳动者不与用工单位签订劳动合同，不建立劳动关系，而是与派遣单位存在劳动关系，但却被派遣至用工单位劳动，形成"有关系没劳动，有劳动没关系"的特殊形态。

劳务派遣一般在临时性、辅助性或者替代性的工作岗位上实施。

劳务派遣单位应当依照公司法的有关规定设立，注册资本不得少于50万元。其义务主要有：

（1）与派遣员工签订劳动合同、派遣和支付报酬的义务。其具体规定为：

一是劳务派遣单位应当与被派遣劳动者订立两年以上的固定期限劳动合同，合同除了具备一般劳动合同应具备的内容以外，还应当载明被派遣劳动者的用工单位以及派遣期限、工作岗位等情况，并按月支付劳动报酬。

二是被派遣劳动者在无工作期间，劳务派遣单位应当按照所在地人民政府规定的最低工资标准，向其按月支付报酬。

三是劳务派遣单位不得克扣用工单位按照劳务派遣协议支付给被派遣劳动者的劳动报酬。

四是劳务派遣单位不得向被派遣劳动者收取费用。

五是劳务派遣单位跨地区派遣劳动者的，被派遣劳动者享有的劳动报酬和劳动条件，按

经济法基础

照用工单位所在地的标准执行。

（2）告知的义务。劳务派遣单位应当将劳务派遣协议的内容告知被派遣劳动者。其中包括用工单位的基本情况、岗位安排、劳动规章制度、劳动安全卫生、工作时间、休息休假、工资福利及劳动权益维护和相关事务办理等内容。

（3）提供建立和管理人事档案服务的义务。

（4）代缴社会保险费的义务。

案例分析 9-24

2021 年 4 月 4 日,18 岁的女工范某与鼎诚人力资源有限公司签订了一份劳动合同,双方约定：由鼎诚公司安排范某到巴拉斯塑胶有限公司工作,工资为每月 2 690 元。合同签订后,范某即按约被派遣至巴拉斯公司工作。2021 年 8 月 24 日,范某在工作中发生机械伤害事故,造成其左手受伤,苏州市劳动和社会保障局向鼎诚公司作出《工伤认定决定书》,认定范某所受伤害为七级工伤。由于三方未能就工伤赔偿达成一致,范某向劳动争议仲裁委员会提出仲裁申请,劳动争议仲裁委员会裁决鼎诚公司和巴拉斯公司应支付范某的工伤医疗金,巴拉斯公司对此仲裁不服,遂将范某与鼎诚公司一同告上法庭。

请问：谁应承担对范某的工伤赔偿？

（三）非全日制用工

非全日制用工是指以小时计酬为主,劳动者在同一用人单位一般平均每日工作时间不超过 4 小时,每周工作时间累计不超过 24 小时的用工形式。

非全日制用工的特点主要有：

（1）劳动者在同一用人单位一般平均每日工作时间不超过 4 小时,每周工作时间累计不超过 24 小时。

（2）非全日制用工双方当事人可以订立口头协议。从事非全日制用工的劳动者可以与一个或者一个以上用人单位订立劳动合同;但是,后订立的劳动合同不得影响先订立的劳动合同的履行。

（3）非全日制用工双方当事人不得约定试用期。

（4）非全日制用工双方当事人任何一方都可以随时通知对方终止用工。终止用工,用人单位不向劳动者支付经济补偿。

（5）非全日制用工小时计酬标准不得低于用人单位所在地人民政府规定的最低小时工资标准;且其劳动报酬结算支付周期最长不得超过 15 日。

法律驿站 9-8

非全日制用工与全日制用工有何区别

（1）从事非全日制用工的劳动者可以与一个或者一个以上用人单位订立劳动合同;而全日制用工劳动者只能与一个用人单位订立劳动合同。

（2）非全日制用工双方当事人可以订立口头协议;而全日制用工,应当订立书面劳动合同。

（3）非全日制用工双方当事人不得约定试用期；而全日制用工，除以完成一定工作任务为期限的劳动合同和 3 个月以下固定期限劳动合同外，其他劳动合同可以依法约定试用期。

（4）非全日制用工双方当事人任何一方都可以随时通知对方终止用工；终止用工，用人单位不向劳动者支付经济补偿。而全日制用工，双方当事人应当依法解除或者终止劳动合同；用人单位解除或者终止劳动合同，应当依法支付经济补偿。

（5）非全日制用工不得低于用人单位所在地人民政府规定的最低小时工资标准；而全日制用工劳动者执行的是月最低工资标准。

（6）非全日制用工劳动报酬结算周期最长不得超过 15 日；而全日制用工，工资应当至少每月支付一次。

第三节　劳动争议调解仲裁法

一、劳动争议的概念和方式

（一）劳动争议的概念和范围

劳动争议是指劳动关系双方当事人或其团体之间关于劳动权利和劳动义务的争议。目前我国规范劳动争议处理的法律主要是于 2007 年 12 月 29 日第十届全国人民代表大会常务委员会第三十一次会议通过，2008 年 5 月 1 日施行的《劳动争议调解仲裁法》。

根据这部法律，在我国境内的用人单位与劳动者发生的下列劳动争议适用该法：

（1）因确认劳动关系发生的争议；

（2）因订立、履行、变更、解除和终止劳动合同发生的争议；

（3）因除名、辞退和辞职、离职发生的争议；

（4）因工作时间、休息休假、社会保险、福利、培训以及劳动保护发生的争议；

（5）因劳动报酬、工伤医疗费、经济补偿或者赔偿金等发生的争议；

（6）法律、法规规定的其他劳动争议。

（二）劳动争议的解决方式

劳动争议可以通过协商、协调、仲裁、诉讼等四种方式解决。

（1）协商。发生劳动争议，劳动者可以与用人单位协商，也可以请工会或者第三方共同与用人单位协商，达成和解协议。

（2）调解。发生劳动争议，当事人不愿协商、协商不成或者达成和解协议后不履行的，可以向调解组织申请调解。

（3）仲裁。发生劳动争议，当事人不愿协商、协商不成或者达成和解协议后不履行的，且又不愿调解、调解不成或者达成调解协议后不履行的，可向劳动争议仲裁委员会申请仲裁。

（4）诉讼。当事人对仲裁裁决不服的，可自收到仲裁裁决书之日起 15 日内向人民法院提起诉讼。

二、劳动争议调解

（一）劳动争议调解组织

发生劳动争议，当事人可以到下列调解组织申请调解：①企业劳动争议调解委员会；②依法设立的基层人民调解组织；③在乡镇、街道设立的具有劳动争议调解职能的组织。

企业劳动争议调解委员会由职工代表和企业代表组成。职工代表由工会成员担任或者由全体职工推举产生，企业代表由企业负责人指定。企业劳动争议调解委员会主任由工会成员或者双方推举的人员担任。

（二）劳动争议调解程序

（1）申请。当事人申请劳动争议调解可以书面申请，也可以口头申请。口头申请的，调解组织应当当场记录申请人基本情况、申请调解的争议事项、理由和时间。

（2）调解。调解劳动争议，应当充分听取双方当事人对事实和理由的陈述，耐心疏导，帮助其达成协议。

（3）达成协议与履行。经调解达成协议的，应当制作调解协议书。调解协议书由双方当事人签名或者盖章，经调解员签名并加盖调解组织印章后生效，对双方当事人具有约束力，当事人应当履行。

因支付拖欠劳动报酬、工伤医疗费、经济补偿或者赔偿金事项达成调解协议，用人单位在协议约定期限内不履行的，劳动者可以持调解协议书依法向人民法院申请支付令。人民法院应当依法发出支付令。

（4）未达成协议或未履行的救济措施。自劳动争议调解组织收到调解申请之日起15日内未达成调解协议的，当事人可以依法申请仲裁。

达成调解协议后，一方当事人在协议约定期限内不履行调解协议的，另一方当事人可以依法申请仲裁。

三、劳动争议的仲裁

（一）劳动争议仲裁机构

（1）劳动争议仲裁委员会的设立。对于劳动争议仲裁委员会，省、自治区人民政府可以决定在市、县设立；直辖市人民政府可以决定在区、县设立。直辖市、设区的市也可以设立一个或者若干个劳动争议仲裁委员会。劳动争议仲裁委员会不按行政区划层层设立。

（2）劳动争议仲裁委员会的组成。其由劳动行政部门代表、工会代表和企业方面代表组成。劳动争议仲裁委员会组成人员应当是单数。

（3）劳动争议仲裁委员会的职责。其主要有：聘任、解聘专职或者兼职仲裁员；受理劳动争议案件；讨论重大或者疑难的劳动争议案件；对仲裁活动进行监督。

（二）劳动争议仲裁案件的管辖

（1）劳动争议仲裁委员会负责管辖本区域内发生的劳动争议。

（2）劳动争议由劳动合同履行地或者用人单位所在地的劳动争议仲裁委员会管辖。双方当事人分别向劳动合同履行地和用人单位所在地的劳动争议仲裁委员会申请仲裁的，由劳动合同履行地的劳动争议仲裁委员会管辖。

（三）仲裁庭

（1）合议制仲裁庭，即劳动争议案件由3名仲裁员组成，设首席仲裁员。

（2）独任制仲裁庭，即简单劳动争议案件由一名仲裁员独任仲裁。

（四）劳动争议仲裁当事人

（1）当事人。发生劳动争议的劳动者和用人单位为劳动争议仲裁案件的双方当事人。劳务派遣单位或者用工单位与劳动者发生劳动争议的，劳务派遣单位和用工单位为共同当事人。

（2）第三人。与劳动争议案件的处理结果有利害关系的第三人，可以申请参加仲裁活动或者由劳动争议仲裁委员会通知其参加仲裁活动。

（3）代表人。发生劳动争议的劳动者一方在10人以上，并有共同请求的，可以推举代表参加仲裁活动。

（4）代理人。当事人可以委托代理人参加仲裁活动。丧失或者部分丧失民事行为能力的劳动者，由其法定代理人代为参加仲裁活动；无法定代理人的，由劳动争议仲裁委员会为其指定代理人。劳动者死亡的，由其近亲属或者代理人参加仲裁活动。

（五）仲裁时效

劳动争议申请仲裁的时效期间为一年。仲裁时效期间从当事人知道或者应当知道其权利被侵害之日起计算。如用人单位解除劳动合同而未支付经济补偿金的，劳动者请求支付经济补偿金的仲裁时效应从劳动合同解除之日起算。

法律驿站9-9

仲 裁 时 效

仲裁时效因当事人一方向对方当事人主张权利，或者向有关部门请求权利救济，或者对方当事人同意履行义务而中断。从中断时起，仲裁时效期间重新计算。因不可抗力或者有其他正当理由，当事人不能在规定的仲裁时效期间申请仲裁的，仲裁时效中止。从中止时效的原因消除之日起，仲裁时效期间继续计算。

劳动关系存续期间因拖欠劳动报酬发生争议的，劳动者申请仲裁不受上述一年仲裁时效期间的限制；但是，劳动关系终止的，应当自劳动关系终止之日起一年内提出。

（六）劳动争议仲裁程序

1. 申请与受理

劳动争议发生后，当事人可以向有管辖权的仲裁机构申请仲裁。申请人申请仲裁应当提交书面仲裁申请，并按照被申请人人数提交副本。

劳动争议仲裁委员会收到仲裁申请之日起5日内，认为符合受理条件的，应当受理，并通知申请人；认为不符合受理条件的，应当书面通知申请人不予受理，并说明理由。对劳动争议仲裁委员会不予受理或者逾期未作出决定的，申请人可以就该劳动争议事项向人民法院提起诉讼。

2. 仲裁与裁决

劳动争议仲裁委员会裁决劳动争议案件实行仲裁庭制。仲裁庭由3名仲裁员组成，设首席仲裁员。简单劳动争议案件可以由一名仲裁员独任仲裁。

仲裁庭在作出裁决前,应当先行调解。调解达成协议的,仲裁庭应当制作调解书。调解书应当写明仲裁请求和当事人协议的结果。调解书由仲裁员签名,加盖劳动争议仲裁委员会印章,送达双方当事人。调解书经双方当事人签收后,发生法律效力。调解不成或者调解书送达前,一方当事人反悔的,仲裁庭应当及时作出裁决。

裁决应当按照多数仲裁员的意见作出,少数仲裁员的不同意见应当记入笔录。仲裁庭不能形成多数意见时,裁决应当按照首席仲裁员的意见作出。

(七)仲裁时限与先予执行

1. 仲裁时限

仲裁庭裁决劳动争议案件,应当自劳动争议仲裁委员会受理仲裁申请之日起45日内结束。案情复杂需要延期的,经劳动争议仲裁委员会主任批准,可以延期并书面通知当事人,但是延长期限不得超过15日。逾期未作出仲裁裁决的,当事人可以就该劳动争议事项向人民法院提起诉讼。

2. 先予执行

仲裁庭对追索劳动报酬、工伤医疗费、经济补偿或者赔偿金的案件,根据当事人的申请,可以裁决先予执行,移送人民法院执行。仲裁庭裁决先予执行的,应当符合下列条件:①当事人之间权利义务关系明确;②不先予执行将严重影响申请人的生活。劳动者申请先予执行的,可以不提供担保。

(八)仲裁裁决的生效、撤销与执行

1. 仲裁裁决的生效与撤销

仲裁以裁决方式结案的,原则上坚持"一裁二审"模式,即当事人对仲裁裁决不服的,可以自收到仲裁裁决书之日起15日内向人民法院提起诉讼;期满不起诉的,裁决书发生法律效力。但在部分劳动争议中实行有限的"一裁终局"模式,即下列劳动争议,仲裁裁决为终局裁决,裁决书自作出之日起发生法律效力:①追索劳动报酬、工伤医疗费、经济补偿或者赔偿金,不超过当地月最低工资标准12个月金额的争议;②因执行国家的劳动标准在工作时间、休息休假、社会保险等方面发生的争议。其有限性体现在这类案件自仲裁裁决作出后,对用人单位即发生效力,但劳动者对该仲裁裁决不服的,可以自收到仲裁裁决书之日起15日内向人民法院提起诉讼。

考虑到用人单位和劳动者利益之间的平衡,如果用人单位能够证明该部分裁决具有以下情形的,可以自收到仲裁裁决书之日起30日内向劳动争议仲裁委员会所在地的中级人民法院申请撤销裁决:①适用法律、法规确有错误的;②劳动争议仲裁委员会无管辖权的;③违反法定程序的;④裁决所根据的证据是伪造的;⑤对方当事人隐瞒了足以影响公正裁决的证据的;⑥仲裁员在仲裁该案时有索贿受贿、徇私舞弊、枉法裁决行为的。人民法院经组成合议庭审查核实裁决有前述规定情形之一的,应当裁定撤销。仲裁裁决被人民法院裁定撤销的,当事人可以自收到裁定书之日起15日内就该劳动争议事项向人民法院提起诉讼。

2. 仲裁裁决的执行

当事人对发生法律效力的调解书、裁决书,应当依照规定的期限履行。一方当事人逾期不履行的,另一方当事人可以依照民事诉讼法的有关规定向人民法院申请执行。受理申请的人民法院应当依法执行。

四、劳动争议的诉讼

劳动争议双方当事人对劳动争议仲裁裁决不服的,双方当事人可以向人民法院提起诉讼。我国法律对劳动争议采取了仲裁前置的原则,非经劳动争议仲裁,不得向人民法院提起诉讼。

案例分析 9-25

甲、乙、丙、丁为某电器公司的技术人员,四人受该公司指派完成一项技术革新项目。该公司领导当时允诺如按期完成项目则每人奖励一万元。后技术任务已按期完成,但领导说一万元太多,公司其他员工有意见,只能每人奖励一千元。甲、乙准备申请劳动争议仲裁,而丙、丁则认为应该直接向人民法院起诉。

请问:本案争议能否直接向人民法院起诉?

案例导引分析

根据《劳动合同法》第 10 条规定:建立劳动关系,应当订立书面劳动合同。已建立劳动关系,未同时订立书面劳动合同的,应当自用工之日起一个月内订立书面劳动合同。由于公司截至 12 月 15 日仍然未与小王签订书面的劳动合同,因而违反了上述法律规定。根据《劳动合同法》第 82 条规定:用人单位自用工之日起超过一个月不满一年未与劳动者订立书面劳动合同的,应当向劳动者每月支付二倍的工资。所以公司应当向小王支付 2 月份的双倍工资。由于公司与小王之间没有订立书面劳动合同,根据《劳动合同法》第 19 条第 4 款规定:试用期包含在劳动合同期限内。劳动合同仅约定试用期的,试用期不成立,该期限为劳动合同期限。所以公司与小王口头约定的试用期是无效的。在此情况下,公司无权以小王在试用期表现不佳为由进行辞退。所以,公司辞退小王是一种违法的行为,按照《劳动合同法》第 48 条的规定,用人单位违反本法规定解除或者终止劳动合同,劳动者要求继续履行劳动合同的,用人单位应当继续履行;劳动者不要求继续履行劳动合同或者劳动合同已经不能继续履行的,用人单位应当依照本法第 87 条规定,即依照本法第 47 条规定的经济补偿标准的二倍向劳动者支付赔偿金。所以,小王可以要求继续履行劳动合同,如果小王不要求继续履行劳动合同的,用人单位应当按照经济补偿标准的二倍向小王支付赔偿金。

★★★★★ 课后测试 ★★★★★

一、判断题

(   )1. 根据《劳动合同法》的规定,劳动合同可以书面形式订立,也可以口头形式订立。

(   )2. 用人单位自用工之日起满一年不与劳动者订立书面劳动合同的,用人单位应当向劳动者每月支付二倍的工资。

(   )3. 劳动合同期限三个月以上不满一年的,试用期不得超过一个月。

（　　）4. 劳动者在试用期内可以随时解除劳动合同。

（　　）5. 劳动者患病或者非因工负伤医疗期满后，用人单位可以随时解除劳动合同。

二、单项选择题

（　　）1. 在甲与圣达公司签订的劳动合同有效期内，新城公司许诺给出更高的报酬，与甲签订了劳动合同，因此给圣达公司造成了经济损失，新城公司对此应承担的责任是_____。

    A. 行政责任

    B. 说服甲回圣达公司工作的责任

    C. 解除与甲签订的合同的责任

    D. 连带赔偿责任

（　　）2. 经劳动合同双方当事人协商一致，由用人单位解除劳动合同的，用人单位应依法给予劳动者_____。

    A. 失业补助费　　　B. 困难补助费　　　C. 经济补偿金　　　D. 经济赔偿金

（　　）3. 下列哪种情况下用人单位可以招用未满16周岁的未成年人，并须报县级以上的劳动行政部门批准？

    A. 某私人餐馆招用勤杂工　　　　　　　B. 某国有企业招用电工

    C. 某职介所招用职员　　　　　　　　　D. 某俱乐部招用体操运动员

（　　）4. 根据劳动法的规定，用人单位在以下哪种情形下不得解除合同？

    A. 劳动者患病或者负伤，在规定的医疗期内

    B. 劳动者患病或者负伤，医疗期满的

    C. 劳动者在试用期内的

    D. 用人单位濒临破产进行法定整顿期间

（　　）5. 从事矿山井下以及其他有害身体健康的工种、岗位工作的农民工，实行定期轮换制度，合同期限最长不得超过多少年？

    A. 3年　　　　　　　　B. 5年　　　　　　　　C. 7年　　　　　　　　D. 8年

三、多项选择题

（　　）1. 下列劳动合同或者劳务合同，哪些属于劳动法的调整范围？

    A. 某私营企业与职工之间的劳动合同

    B. 某国国家机关与工勤人员之间的劳动合同

    C. 某公司董事长与公司之间的聘用合同

    D. 甲公司与乙公司之间的劳务合同

（　　）2. 振兴公司注册登记成立后，经有关部门批准，向社会公开招聘人员。在振兴公司与被录用人员黄某订立的劳动合同中，哪些情形不符合劳动法的规定？

    A. 劳动合同约定试用期为一年

    B. 在试用期内，黄某不得通知振兴公司解除劳动合同

    C. 在试用期间，黄某被证明不符合录用条件，振兴公司可解除劳动合同

    D. 黄某如被依法追究刑事责任，振兴公司可以解除劳动合同

（　　）3. 甲是某饭店招用的服务员,现年 17 岁,双方订立了书面劳动合同。在试用期内,甲为发泄对饭店的不满,在饭菜中放入污物。请判断下列哪些表述是不正确的?

　　A. 甲与饭店之间成立的劳动合同无效

　　B. 饭店可以解除与甲的劳动合同

　　C. 甲与饭店之间成立的合同是可撤销的合同

　　D. 在试用期内,饭店不能解除与甲的劳动合同

（　　）4. 某私营企业从社会招收 10 名工人,同时招收了 3 名 15 岁的工人,4 名妇女因性别差异原因而未被招用,另有一名正在休产假的妇女也被辞退。新招收的工人要求组织工会,经理以私营企业不应有工会为由不允许。根据我国的相关法律,上述做法哪些是错误的?

　　A. 招收了 3 名 15 岁的工人

　　B. 因性别原因而未招用 4 名妇女

　　C. 辞退正在休产假的妇女

　　D. 以私营企业为由,不同意组建工会

（　　）5. 劳动争议调解委员会应由下列哪些代表组成?

　　A. 职工代表　　　　　　　　　B. 企业代表

　　C. 企业工会代表　　　　　　　D. 上级工会代表

四、实训题

2016 年 6 月,安徽保姆周贷兰通过普陀区保姆中介所介绍,为上海市普陀区一户人家提供家政服务。2017 年 12 月 24 日,周贷兰去雇主家擦玻璃时,不慎失足从 4 楼摔了下去,医院诊断为:脾脏破裂、腰椎粉碎性骨折。医院立即实施手术,周贷兰的脾脏被切除,雇主为此支付了 2 万多元的医药费。但需再做手术支付 4 万多元的费用,方可摆脱终生瘫痪的危险。周本人无力支付,已经为其支付 2 万元医药费的雇主也表示难以为继。周贷兰通过法律援助向劳动争议仲裁委员会申请仲裁,要求普陀区保姆中介所承担赔偿责任。

请问:劳动争议仲裁委员会会受理此案吗?

五、思考题

1. 劳动法调整的劳动关系有什么特征?

2. 劳动合同与劳务合同有什么区别?

3. 劳动合同的必备条款有哪些? 可备条款有哪些?

4. 简述用人单位对劳动合同单方解除的情形。

5. 简述劳动者对劳动合同单方解除的情形。

第十章　仲裁法与民事诉讼法律制度

【知识目标】

1. 了解仲裁法的概念、特征；掌握仲裁法适用范围；掌握仲裁协议的成立生效与效力；熟悉仲裁程序。

2. 了解民事诉讼的不同规定与有关的民事执行程序；掌握我国民事诉讼审判组织的机构、审判管辖的规定、诉讼参与人的具体内容；能够运用所学的法律知识和方法分析解决实际案例问题。

【能力目标】

1. 能够运用所学的法律知识和方法分析解决实际纠纷及相关问题。

2. 能够运用所学的法律订立仲裁协议。

案例导引

　　甲厂与乙公司签订了一份加工承揽合同，合同约定 6 个月后，甲厂将成品交给乙公司，乙公司收货后一个月内付清款项。6 个月后，甲厂按期将成品交付乙公司，但乙公司迟迟不付货款，拖欠了近 4 个月。甲厂多次找乙公司请求其支付货款，并赔偿损失。乙公司认为甲厂加工的成品质量不合格，坚决不予支付货款。后双方经协商达成书面仲裁协议。7 天后，甲厂向协议书约定的仲裁委员会申请仲裁，乙公司却向合同履行地人民法院提起诉讼，人民法院未予受理。

　　1. 请问本案中谁应受理此案？

　　2. 双方在纠纷发生后达成的书面仲裁协议是否成立？为什么？

　　3. 如果乙公司提出仲裁协议无效，应由谁来裁定（决）？

一、仲裁的概念及特征

（一）仲裁的概念

仲裁（亦称"公断"）是解决争议的一种方式，即由双方当事人将发生的争议交付第三者居中评断是非，并作出裁决，该裁决对双方当事人均具有约束力。

（二）仲裁的特征

（1）专业性。仲裁案件大多是国内民商事纠纷，往往涉及复杂的法律和技术问题，各仲裁机构的仲裁员也多来自法律或经济领域有实际工作经验的专家，因此仲裁活动具有很强的专业性。

（2）灵活性。仲裁活动不如诉讼活动程序要求非常严格，其许多环节都可以简化，灵活选择适用。

（3）保密性。仲裁案件以不公开审理为原则，除非当事人同意，案件内容一般不对外公开，不同于诉讼中的公开审理原则。

（4）快捷性。仲裁实行一裁终局制度，比诉讼节省了许多时间，有利于迅速解决纠纷。

（5）经济性。其主要体现在：一是仲裁费用较为低廉；二是由于解决纠纷迅速，有助于降低当事人的仲裁成本；三是以仲裁方式解决争议，当事人之间往往较为平和，商业秘密不会公开，对当事人往后的商业机会影响较小。

二、我国仲裁法概述

法律驿站 10-1

仲裁的种类

目前我国国内由各不同法律法规规定的仲裁主要有民商事仲裁、劳动争议仲裁、人事争议仲裁（由各地出台地方规章来加以规范，主要适用于解决行政机关、事业单位、社会团体的公务员和在编人员与其任职单位之间的争议）、农村承包合同纠纷仲裁。

（一）我国仲裁法的适用范围

1. 对人的适用范围

其要求主要有：①申请仲裁的当事人必须在法律关系中享有平等的法律地位；②可以是公民、法人和依法取得法定资格的其他组织；③可以是中国公民、法人和其他组织，也可以是外国公民、法人、其他组织和无国籍人。

2. 对事的适用范围

根据我国《仲裁法》的规定，可以适用仲裁方式解决的民商事纠纷主要有：①各种民商事合同纠纷;②其他财产权益纠纷,主要指由侵权行为引发的损害赔偿等财产权益纠纷。

3. 不适用的范围

其主要有:①婚姻、收养、监护、扶养、继承纠纷;②依法应当由行政机关处理的行政争议。

4. 可适用仲裁,但另有其他法律规定的纠纷

其主要有:劳动争议和农村承包合同纠纷。前者由《中华人民共和国劳动争议仲裁法》规范,后者由《中华人民共和国农村土地承包法》规范。

案例分析 10-1

下列争议可以适用仲裁方式解决的有哪些?说明理由。

(1) 甲与乙之间因在婚前订有婚前财产协议书,后在离婚时对此发生了争议。

(2) 交警小王对违章司机小李出具了罚款 500 元的处罚决定书,小李不服气,觉得自己即便违章也不应罚 500 元而产生的纠纷。

(3) 小吴不小心把停在路边的小陈的一辆电动车碰倒了,双方对小吴应赔偿的数额发生了争议。

(4) 李某去世后留有价值 50 万元的房屋财产,李某的子女对财产的分割问题产生了争议。

（二）仲裁法的基本原则

1. 公正及时原则

"公正"要求仲裁机关以事实为依据,严格依法公平、合理地解决纠纷;"及时"要求仲裁机关迅速地解决争议,同时也要求当事人及时行使权利,促进市场经济有序运行。

2. 自愿原则

其主要体现在:①是否适用仲裁方式解决争议由当事人自愿选择;②仲裁事项与仲裁程序解决由当事人自愿选择;③仲裁机构与仲裁员由当事人自愿选择;④仲裁程序进行过程中,是否和解或与对方达成调解协议由当事人自愿选择。

3. 依法独立仲裁原则

仲裁机构依法仲裁,不受行政机关、社会团体和个人的干涉。

4. 法院监督原则

法院主要对仲裁活动进行事后监督,主要表现为:一是法院有权依当事人申请,对仲裁裁决进行审查后依法作出撤销仲裁裁决的决定;二是法院有权依当事人申请,对仲裁裁决进行审查后依法作出不予执行仲裁裁决的决定。

（三）仲裁的基本制度

1. 或裁或审制度

这是指当事人在选择解决争议的方式时,只能在诉讼或仲裁中选择一种,选择了诉讼就不能仲裁,反之亦然。

2. 不公开审理制度

这是指仲裁庭审理案件以不公开审理为原则。当事人对仲裁案件是否公开审理可通过协议进行选择,但涉及国家秘密的案件一律不公开审理。

3. 一裁终局制度

这是指仲裁案件经仲裁机构审理完结后的一次裁决即告缔结,其裁决即发生法律效力,当事人不得再申请仲裁或提起诉讼。但当事人在仲裁庭作出裁决后可以申请人民法院撤销或不予执行仲裁裁决。如果裁决被撤销或不予执行,则允许当事人重新申请仲裁或起诉。

小思考 10-1

经济仲裁与诉讼的主要区别是什么?

三、仲裁机构

（一）仲裁委员会

根据我国《仲裁法》的规定,我国国内民商事争议的仲裁采用机构仲裁形式,即设立专门的仲裁委员会来审理当事人之间的民商事争议。

仲裁委员会是指依法设立,有权根据仲裁协议受理一定范围的合同或其他财产权益纠纷,进行裁决的机构。

1. 仲裁委员会的设立

其设置和组建由人民政府组织有关部门和商会统一进行。其设置方法如下:

（1）在直辖市和省、自治区人民政府所在地的市设立,也可以根据需要在其他设区的市设立;

（2）不按行政区划层层设立,即各仲裁委员会相互独立,没有行政隶属关系,并独立于行政机关,其受理案件也没有地域管辖和级别管辖的规定;

（3）仲裁委员会设立后,应当经省、自治区、直辖市的司法行政部门登记。

2. 仲裁委员会的设立条件

其具体有:

（1）有自己的名称、住所和章程;

（2）有必要的财产;

（3）有该委员会的组成人员;

（4）有聘任的仲裁员。

3. 仲裁委员会的组成人员

其具体有:

（1）主任一人、副主任 2 至 4 人和委员 7 至 11 人;

（2）仲裁委员会的主任、副主任和委员由法律、经济贸易专家和有实际工作经验的人员担任;

（3）仲裁委员会的组成人员中,法律、经济贸易专家不得少于 2/3。

（二）仲裁员

仲裁委员会应从公道正派的人员中聘任仲裁员,其应当符合下列条件之一:

（1）从事仲裁工作满 8 年的,包括在《仲裁法》实施前设立的仲裁委员会工作满 8 年;

（2）从事律师工作满 8 年的;

（3）曾经担任审判员工作满 8 年的；

（4）从事法律研究、教学工作并且有高级职称的；

（5）具有法律知识、从事经济贸易等专业工作并具有高级职称或具有同等专业水平的。

仲裁员有专职和兼职之分。专职人员是被聘为仲裁员的仲裁委员会的工作人员。仲裁员大部分是兼职的。仲裁委员会应按不同专业确定仲裁员名册，供当事人选择。

案例分析 10-2

上海市某辖区成立自己的仲裁委员会，他们选择了下列一些人员作为其仲裁员：①现任某律师事务所主任虞某，已做律师 9 年；②某仲裁委员会的主任王某，其大学毕业时任职于某大学的数学教师，后从事仲裁工作 6 年；③曾做过 4 年法官后在某律师事务所担任律师工作 5 年的赵律师；④某大学英语教授钱某；⑤某大学法学院教授吴某。

请问：这些人员担任仲裁员有没有问题？为什么？

（三）仲裁规则

根据《仲裁法》，目前我国仲裁委员会仲裁规则的制定分两种情况：①国内仲裁机构的仲裁规则由仲裁协会统一制定，在我国仲裁协会制定仲裁规则前，各仲裁委员会可以依照仲裁法和民事诉讼法的有关规定制定仲裁暂行规则；②涉外仲裁规则由中国国际商会制定。

仲裁规则的主要内容一般应包括：仲裁管辖、仲裁组织，仲裁申请和答辩，反请求程序，仲裁庭组成程序，审理程序，裁决程序，以及在相应程序中仲裁委员会、仲裁员和当事人的权利义务等。

小思考 10-2

有人说，仲裁规则在有些仲裁活动中可以由当事人自行拟定，你认为这种说法对吗？为什么？

四、仲裁协议与仲裁程序

（一）仲裁协议

仲裁协议是双方当事人自愿将其间可能发生或已经发生的争议提交仲裁机构裁决解决的协议。

1. 仲裁协议的形式

根据《仲裁法》，当事人订立仲裁协议必须采用书面形式，不承认口头和默示仲裁协议。当事人可以在纠纷发生前或纠纷发生后达成这一协议。其具体形式有：

（1）仲裁条款。即当事人在订立合同时，在合同中写明将来发生的哪些争议可由哪个仲裁机构解决。它是合同的组成部分，属于解决争议的条款。其效力独立于合同其他条款，当合同无效时，不影响这一条款的效力。

（2）仲裁协议书。当事人在合同外另行订立的愿意将争议提交仲裁的书面协议。

（3）其他补充文件中载明的仲裁协议。如：在民商事往来中的信函、电传、电报及其他书面材料中载明的有关仲裁的内容。

2. 仲裁协议的内容

根据《仲裁法》，仲裁协议应当具备的内容有：

（1）请求仲裁的意思表示，即当事人愿意将纠纷提交仲裁解决的明确表示。

（2）仲裁事项，即当事人约定仲裁解决的纠纷范围，可以是全部争议，也可以是部分争议。

（3）选定的仲裁委员会，即当事人应在仲裁协议中明确解决争议的仲裁机构，这一选择权不受地域、级别的限制。

3. 仲裁协议的成立生效与效力

（1）仲裁协议的成立生效。其成立生效与其他合同大致相同，要求当事人具有缔约能力、意思表示真实及协议必须具有合法形式，还要求协议仲裁的内容必须具有可仲裁性，即必须是《仲裁法》规定的可以用仲裁方式解决的纠纷，才可约定仲裁。

无效的仲裁协议是欠缺仲裁协议生效要件的协议，其主要有：①约定的仲裁事项超出法律规定的仲裁范围的；②无民事行为能力人或者限制民事行为能力人订立的仲裁协议；③一方采取胁迫手段，迫使对方订立仲裁协议的。

（2）仲裁协议的效力。其主要体现在：①对当事人的约束力。即当事人约定了仲裁协议后，其就丧失了这些仲裁解决的争议向法院提起诉讼的权利。另外，由于其选择了仲裁解决争议，因此必须接受仲裁裁决的约定力和自觉履行仲裁裁决的义务。②对仲裁机构的效力。仲裁机构因仲裁协议而取得了对当事人之间争议进行裁决的权力，有效的仲裁协议是当事人授予仲裁机构仲裁权的法定文件。③对人民法院的效力。仲裁协议具有排除人民法院对约定仲裁事项管辖权的效力，同时有效的仲裁协议还赋予一方当事人在对方当事人履行仲裁裁决时，其可请求人民法院进行强制执行的效力。

（3）仲裁协议效力的确认机构。当事人对仲裁协议的效力有异议的，可以请求仲裁委员会作出决定或者请求人民法院作出裁定。一方请求仲裁委员会作出决定，另一方请求人民法院作出裁定的，由人民法院裁定。当事人对仲裁协议的效力有异议的，应当在仲裁庭首次开庭前提出。

案例分析 10-3

甲公司与乙公司签订了一份合资建设高尔夫球厂的合同，该合同没有订立仲裁条款。后双方因履行合同发生争议。甲公司向乙公司致函称："我们将诉诸法律，向仲裁机构或法院提出仲裁或诉讼。"乙公司未作任何表示。甲公司随即向仲裁机构递交了仲裁申请，而乙公司则直接向法院提起诉讼。

请同学思考：本案将如何处理？

（二）仲裁程序

1. 仲裁的申请

当事人请求仲裁应当符合下列条件：

（1）有仲裁协议；

（2）有具体的仲裁请求和事实、理由；

（3）属于仲裁委员会的受理范围。

当事人申请仲裁，应当向仲裁委员会递交仲裁协议、仲裁申请书及副本。仲裁申请书应当载明下列事项：①当事人的姓名、性别、年龄、职业、工作单位和住所，法人或者其他组织的名称、住所和法定代表人或者主要负责人的姓名、职务；②仲裁请求和所根据的事实、理由；③证据和证据来源、证人姓名和住所。

2. 仲裁受理

仲裁委员会收到当事人提交的仲裁申请书之日起 5 日内，认为符合受理条件的，应当受理，并通知当事人；认为不符合受理条件的，应当书面通知当事人不予受理，并说明理由。

仲裁委员会受理仲裁申请后，应当在仲裁规则规定的期限内将仲裁规则和仲裁员名册送达申请人，并将仲裁申请书副本和仲裁规则、仲裁员名册送达被申请人。

被申请人收到仲裁申请书副本后，应当在仲裁规则规定的期限内向仲裁委员会提交答辩书。仲裁委员会收到答辩书后，应当在仲裁规则规定的期限内将答辩书副本送达申请人。被申请人未提交答辩书的，不影响仲裁程序的进行。

3. 组成仲裁庭

当事人应当在仲裁规则规定的期限内约定仲裁庭形式；没有约定的，则由仲裁委员会指定。仲裁庭的形式主要有：

（1）独任庭，即由 1 名仲裁员组成仲裁庭。当事人约定由 1 名仲裁员成立仲裁庭的，应当由当事人在仲裁规则规定的期限内共同选定或者共同委托仲裁委员会主任指定仲裁员。

（2）合议庭，即由 3 名仲裁员组成仲裁庭。当事人约定由 3 名仲裁员组成仲裁庭的，应当在仲裁规则规定的时间内各自选定或者各自委托仲裁委员会主任指定 1 名仲裁员，第三名仲裁员由当事人共同选定或者共同委托仲裁委员会主任指定。第三名仲裁员是首席仲裁员。仲裁庭组成后，仲裁委员会应当将仲裁庭的组成情况书面通知当事人。

4. 仲裁员的回避

仲裁员的回避主要有两种：一是仲裁员自行回避；二是当事人申请仲裁员回避。

（1）仲裁员须回避的情形。根据《仲裁法》，仲裁员有下列情形之一的，必须自行回避，当事人也有权提出回避申请：

一是本案当事人或者当事人、代理人的近亲属；

二是与本案有利害关系的；

三是与本案当事人、代理人有其他关系，可能影响公正仲裁的；

四是私自会见当事人、代理人，或者接受当事人、代理人的请客送礼的。

（2）当事人申请仲裁员回避的期限。当事人提出回避申请，应当说明理由，在首次开庭前提出。回避事由在首次开庭后知道的，可以在最后一次开庭终结前提出。

（3）仲裁员回避的决定。仲裁员是否回避，由仲裁委员会主任决定；仲裁委员会主任担任仲裁员时，由仲裁委员会集体决定。

（4）仲裁员回避的法律后果。其主要有：一是仲裁员因回避或者其他原因不能履行职责的，应当依照《仲裁法》规定重新选定或者指定仲裁员。二是因回避而重新选定或者指定仲裁员后，当事人可以请求已进行的仲裁程序重新进行，是否准许，由仲裁庭决定；仲裁庭也可以自行决定已进行的仲裁程序是否重新进行。

江苏省华夏电器公司与北京某灯具商场签订了购销节能器材的合同,合同约定由灯具商场到华夏电器公司提货,但提货前应当预付货款。双方同时约定:如果发生纠纷,应当提交某市仲裁委员会仲裁。灯具商场在提货时发现全部节能器材均有严重的质量问题,提出赔偿损失的要求,双方协商未果。灯具商场向仲裁委员会申请仲裁,灯具商场提出申请的时间是 8 月 18 日,仲裁委员会于 8 月 28 日受理此案,并决定由 3 名仲裁员组成合议庭。灯具商场作为申请方选了一名仲裁员,并委托仲裁委员会主任指定了首席仲裁员,华夏电器公司选定了一名仲裁员。灯具商场的上级公司也在某市,其所选任的仲裁员与公司签订有常年法律顾问合同。此 3 名仲裁员公开对此案进行了开庭仲裁。

请问:仲裁委员会在程序上有无不当之处?请指出并说明理由。

5. 开庭和裁决

(1)财产保全。仲裁过程中的财产保全是一方当事人因另一方当事人的行为或者其他原因,可能使裁决不能执行或者难以执行的,可以申请财产保全。

① 申请财产保全的时间。当事人可在申请仲裁时同时提出申请财产保全,也可在仲裁裁决作出前任何时间提出申请。

② 财产保全的决定与执行。当事人申请财产保全,应当向仲裁委员会递交申请,再由其将申请提交被申请人住所地或财产所在地的基层人民法院,由该人民法院作出是否采取财产保全措施的决定,并予以执行。

小思考 10-3

如果争议采用仲裁方式解决的,当事人能否直接向法院申请财产保全?为什么?如果其向仲裁委员会提出,仲裁委员会能否自行采取保全措施?为什么?

(2)开庭前的准备工作。

① 仲裁庭审理方式。开庭是在当事人及其他参与人的参加下,由仲裁庭主持对案件进行仲裁的活动。仲裁庭对案件的审理有两种方式:一是开庭审理。以开庭不公开审理为原则,即仲裁庭对争议案件应择日开庭审理,但通常情况下采取不公开审理方式,案外人不得旁听;以开庭公开审理为例外,即当事人协议公开开庭的,仲裁庭认为有必要时,可以公开开庭。但案件涉及国家秘密的,仲裁不能公开进行。对于不公开审理的仲裁案件,仲裁员、仲裁委员会的工作人员和其他仲裁参与人均不得向外界透露案件实体和程序进行的情况。二是不开庭审理。即当事人协议不开庭的,仲裁庭可以根据仲裁申请书、答辩书以及其他材料作出裁决。

② 开庭通知。仲裁委员会应当在仲裁规则规定的期限内将开庭日期通知双方当事人。当事人有正当理由的,可以在仲裁规则规定的期限内请求延期开庭。是否延期,由仲裁庭决定。申请人经书面通知,无正当理由不到庭或者未经仲裁庭许可中途退庭的,可以视为撤回仲裁申请。被申请人经书面通知,无正当理由不到庭或者未经仲裁庭许可中途退庭的,可以缺席裁决。

③ 开庭程序。仲裁庭开庭程序比较灵活,一般经过调查、辩论、当事人最后陈述、调解、评议和裁决几个阶段。仲裁员可以根据需要及当事人意愿选择适用。

小思考 10-4

仲裁过程中的和解与调解有什么不同?

(3) 仲裁裁决。仲裁裁决应当按照多数仲裁员的意见作出,少数仲裁员的不同意见可以记入笔录。仲裁庭不能形成多数意见时,裁决应当按照首席仲裁员的意见作出。仲裁裁决书由仲裁员签名,加盖仲裁委员会印章。对裁决持不同意见的仲裁员,可以签名,也可以不签名。仲裁庭仲裁纠纷时,其中一部分事实已经清楚,可以就该部分先行裁决。裁决书自作出之日起发生法律效力。

五、仲裁裁决的撤销与不予执行

(一)仲裁裁决的撤销

1. 申请撤销仲裁裁决的条件

根据《仲裁法》,申请撤销仲裁裁决必须符合下列条件:

(1) 提出申请的主体必须是当事人,包括仲裁申请人与被申请人;

(2) 请求撤销仲裁裁决的申请必须向仲裁委员会所在地的中级人民法院提出;

(3) 当事人申请撤销仲裁裁决,应当自收到仲裁裁决书之日起六个月内提出;

(4) 当事人申请撤销仲裁裁决,必须有证据证明裁决有法律规定的应予撤销的情形。

2. 申请撤销仲裁裁决的法定事由

(1) 没有仲裁协议的;

(2) 裁决的事项不属于仲裁协议的范围或者仲裁委员会无权仲裁的;

(3) 仲裁庭的组成或者仲裁的程序违反法定程序的;

(4) 裁决所根据的证据是伪造的;

(5) 对方当事人隐瞒了足以影响公正裁决的证据的;

(6) 仲裁员在仲裁该案时有索贿受贿、徇私舞弊、枉法裁决行为的;

(7) 仲裁裁决违背社会公共利益的。

案例分析 10-5

居民甲与居民乙因房屋买卖纠纷将案件提交给南京仲裁委员会仲裁,双方的争议主要是因房屋交付时的价格问题产生不同意见。其中,甲认为按房屋买卖时合同生效的价格为准;乙认为按房屋交付时的价格为准。双方约定的仲裁协议将此争议列为仲裁事项。在仲裁过程中,居民乙为了获胜,请三名仲裁中的两名吃饭并送了礼。最后仲裁裁决的结果是甲输了,甲对此不服向法院提出撤销仲裁裁决。

请问:法院应如处理该案?

3. 法院对撤销仲裁裁决申请的处理

人民法院应当在受理申请后的两个月内作出裁定,其裁决主要分两种情况:

(1)裁定驳回申请。人民法院经过审查发现仲裁裁决不具备法定撤销事由的,应作出驳回申请的裁定。

(2)裁定撤销仲裁裁决。人民法院经过审查发现仲裁裁决存在法律规定的撤销事由的,应裁定撤销仲裁裁决。但人民法院如果在受理申请发现存在法定撤销事由后,认为可以由仲裁庭重新仲裁的,通知仲裁庭在一定期限内重新仲裁,并裁定中止撤销程序。如果仲裁庭拒绝重新仲裁的,人民法院应当裁定恢复撤销程序,并及时作出撤销仲裁裁决的裁定。

小思考 10-5

人民法院要求仲裁庭进行重新仲裁,仲裁庭是否一定要进行重新仲裁? 为什么?

（二）仲裁裁决的不予执行

1. 仲裁裁决的执行

人民法院执行仲裁裁决,必须具备下列条件:

(1)由当事人向人民法院提出申请,即人民法院不能依职权主动执行仲裁裁决;

(2)当事人须向被执行人住所地或被执行人财产所在地人民法院提出申请;

(3)申请执行的仲裁裁决不存在法律规定仲裁裁决不予执行的法定事由。

当事人申请执行仲裁裁决应向法院提交申请书、仲裁裁决书或调解书,法院受理申请后进行审查,符合执行条件的,即按照民事诉讼法规定的执行程序进行执行。

2. 仲裁裁决的不予执行

人民法院对当事人提出的请求执行仲裁裁决的申请进行审查时,被申请人提供证据证明仲裁裁决有下列情形的,人民法院应组成合议庭进行审查核实,裁定不予执行:

(1)当事人在合同中未订有仲裁条款或者事后没有达成书面仲裁协议的;

(2)裁决的事项不属于仲裁协议的范围或者仲裁机构无权仲裁的;

(3)仲裁庭的组成或者仲裁的程序违反法定程序的;

(4)认定事实的主要证据不足的;

(5)适用法律确有错误的;

(6)仲裁员在仲裁该案时有贪污受贿、徇私舞弊、枉法裁决行为的;

(7)执行该裁决违背社会公共利益的。

法律驿站 10-2

一方当事人申请执行仲裁裁决,另一方当事人申请撤销仲裁裁决,受理执行申请的人民法院应当中止执行程序,而由受理撤销申请的人民法院对撤销申请进行审查。如果审查结果是裁决撤销,则终止执行程序;反之,则恢复执行程序。

不予执行裁定书应当送达双方当事人和仲裁机构。仲裁裁决被人民法院裁定不予执行的,当事人可以根据双方达成的书面仲裁协议重新申请仲裁,也可以向人民法院起诉。

经济法基础

第二节　民事诉讼法

一、民事诉讼的概念、特征

（一）民事诉讼的概念

民事诉讼是指受理案件的人民法院在双方当事人和其他诉讼参与人的参加下，审理和解决民事、经济纠纷案件和法律规定应由人民法院审理的特殊案件的活动，以及由于这些活动所产生的彼此之间的诉讼法律关系的总和。

《中华人民共和国民事诉讼法》（以下简称《民事诉讼法》）是人民法院处理民事纠纷所依据的程序法。该法于 1991 年 4 月 9 日第七届全国人民代表大会第四次会议通过，2007 年 10 月、2012 年 8 月全国人大常委会先后两次修订。全国人大常委会十一届第二十八次会议关于修改民事诉讼法的决定，自 2013 年 1 月 1 日起施行。

凡人民法院受理的、在中华人民共和国领域内进行的公民之间、法人之间、其他组织之间以及他们相互之间因财产关系和人身关系提起的民事诉讼，全部使用《民事诉讼法》。外国人、无国籍人、外国企业和组织在人民法院起诉、应诉，同中国公民、法人和其他组织有同等的诉讼权利和义务。

（二）民事诉讼的主要特征

1. 公权性

民事诉讼是以司法方式解决平等主体之间的纠纷，是由法院代表国家行使审判权解决民事争议。

2. 强制性

民事诉讼的强制性既表现在案件的受理上，又反映在裁判的执行上。一方面，只要原告起诉符合民事诉讼法规定的条件，无论被告是否愿意，诉讼均会发生；另一方面，当事人不自动履行生效裁判所确定的义务，法院可以依法强制执行。

3. 程序性

民事诉讼是依照法定程序进行的诉讼活动，无论是法院还是当事人和其他诉讼参与人，都需要按照民事诉讼法设定的程序实施诉讼行为，违反诉讼程序常常会引起一定的法律后果。

小思考 10-6

如果最高人民法院的司法解释与《民事诉讼法》不同，法院在适用时应遵循哪一个法律规定？为什么？

（三）民事诉讼法的基本原则

（1）民事案件的审判权由人民法院行使。人民法院依照法律规定对民事案件独立进行审判，不受行政机关、社会团体和个人的干涉。

（2）以事实为根据，以法律为准绳，即实事求是，按照客观事物的本来面目去认识和反映事实真相;处理民事案件,要严格依法办事,以法律为评判是非的标准。

（3）当事人诉讼权利平等,即民事诉讼当事人有平等的诉讼权利。人民法院审理民事案件,应当保障和便利当事人行使诉讼权利,对当事人在适用法律上一律平等。

（4）调解原则,即人民法院审理民事案件,应当根据自愿和合法的原则进行调解;调解不成的,应当及时判决。

（5）辩论原则,即人民法院审理民事案件时,当事人有权进行辩论,辩论包括口头辩论与书面辩论。

（6）处分原则,即当事人有权在法律规定的范围内处分自己的民事权利和诉讼权利。

我国《民事诉讼法》除了规定上述原则外,还有用本民族的文字语言进行诉讼的原则、检察院对审判活动进行法律监督的原则、支持起诉原则等。

二、民事审判组织与诉讼管辖

（一）民事审判组织

我国法院体系由普通法院和专门法院组成。普通法院通常分为最高人民法院、高级人民法院、中级人民法院和基层人民法院四级;专门法院主要有铁路运输法院、森林法院、海事法院、军事法院。专门法院相当于普通法院中的中级人民法院。

我国法院实行四级二审制,即一件民商事案件经过二级法院的审理,即为终局。在普通和专门法院中为了审理民事和经济案件,都设有民事审判庭和经济审判庭。各级法院中进行民事、经济案件审理的审判组织形式主要有两种:

1. 独任制

适用独任制的人民法院只限于基层人民法院和它的派出法庭,适用于采用简易程序审理的事实清楚、权利义务关系明确、争议不大的简单民事、经济案件,并且只适用于第一审程序。

2. 合议制

合议制是由三名以上的审判人员组成合议庭来审判民事案件的集体审判组织。合议庭有以下特点：①必须由三人以上组成;②组成人数必须是单数;③担任合议庭审判长的人员必须具有审判员职务。

在民事案件第一审时合议庭可以全部由审判员组成,也可以由审判员与陪审员组成;在第二审时,只能由审判员组成;再审时则要依该案件是按第一审程序进行再审,还是按第二审程序进行再审,来定合议庭的组成办法。

法律驿站 10-3

人民法院院长参加案件审理的情况

当人民法院院长或庭长参加案件审理,成为合议庭组成人员时,应由院长或庭长担任合议庭的审判长。

（二）诉讼管辖

诉讼管辖是指各级人民法院之间以及不同地区的同级人民法院之间受理第一审民事案

件的权限和分工。

1. 法定管辖

这是由法律明确划分各级人民法院之间或同级法院之间受理第一审民事案件的权限和分工。

（1）级别管辖。根据《民事诉讼法》，其具体规定如下：

最高人民法院管辖在全国有重大影响的案件、最高人民法院认为应当由本院审理的案件。

高级人民法院管辖在本辖区有重大影响的第一审民事案件。

中级人民法院管辖下列第一审民事案件：一是重大涉外案件，包括争议标的额大或案情复杂或居住在国外的当事人人数众多的涉外案件；二是在本辖区有重大影响的案件；三是最高人民法院确定由中级人民法院管辖的案件，如专利纠纷案件。

基层人民法院管辖除《民事诉讼法》另有规定以外的所有第一审民事案件。

（2）地域管辖。我国《民事诉讼法》将地域管辖分为以下四种：

① 一般地域管辖，即一般情况下，案件应由被告住所地法院管辖，但被告住所地与经常居住地不一致的，由经常居住地法院管辖。同一诉讼的几个被告住所地、经常居住地在两个以上人民法院辖区的，各该人民法院都有管辖权。

法律驿站10-4

民事诉讼由原告住所地人民法院管辖的情况

原告住所地与经常居住地不一致的，由原告经常居住地人民法院管辖：

（1）对不在中华人民共和国领域内居住的人提起的有关身份关系的诉讼；

（2）对下落不明或者宣告失踪的人提起的有关身份关系的诉讼；

（3）对被采取强制性教育措施的人提起的诉讼；

（4）对被监禁的人提起的诉讼。

② 特殊地域管辖。根据《民事诉讼法》，其主要规定如下：

a. 因合同纠纷提起的诉讼，由被告住所地或者合同履行地人民法院管辖。

b. 因保险合同纠纷提起的诉讼，由被告住所地或者保险标的物所在地人民法院管辖。

c. 因票据纠纷提起的诉讼，由票据支付地或者被告住所地人民法院管辖。

d. 因铁路、公路、水上、航空运输和联合运输合同纠纷提起的诉讼，由运输始发地、目的地或者被告住所地人民法院管辖。

e. 因侵权行为提起的诉讼，由侵权行为地或者被告住所地人民法院管辖。

f. 因铁路、公路、水上和航空事故请求损害赔偿提起的诉讼，由事故发生地或者车辆、船舶最先到达地、航空器最先降落地或者被告住所地人民法院管辖。

g. 因公司设立、确认股东资格、分配利润、解散等纠纷提起的诉讼，由公司住所地人民法院管辖。

③ 专属管辖，即法律规定某些案件专门由规定的法院管辖，其他法院均无管辖权。其具体有：因不动产纠纷提起的诉讼，由不动产所在地人民法院管辖；因港口作业中发生纠纷提起的诉讼，由港口所在地人民法院管辖；因继承遗产纠纷提起的诉讼，由被继承人死亡时住

所地或者主要遗产所在地人民法院管辖。

④ 协议管辖。合同或者其他财产权益纠纷的当事人可以书面协议选择被告住所地、合同履行地、合同签订地、原告住所地、标的物所在地等与争议有实际联系的地点的人民法院管辖，但不得违反本法对级别管辖和专属管辖的规定。

在上述四种地域管辖中有可能出现两个以上人民法院都有管辖权的诉讼，则原告可以向其中一个人民法院起诉；原告向两个以上有管辖权的人民法院起诉的，由最先立案的人民法院管辖。

2. 裁定管辖

这是由人民法院依据其审判职权来确定管辖法院。其主要分为三种情况：

（1）移送管辖，即法院对已受理的民事案件，发现自己无管辖权时，依法定程序将其移交给有管辖权的法院审理。但如果受移送的人民法院认为受移送的案件依照规定不属于本院管辖的，应当报请上级人民法院指定管辖，不得再自行移送。

（2）指定管辖，即上级法院通过裁定方式确定下级法院对案件的管辖。采用指定管辖的情况主要有两种：一是由于特殊原因，有管辖权的法院不能行使管辖权；二是法院之间对管辖权发生了争议，又无法协商解决，则由其共同的上级法院指定管辖。

（3）管辖权的转移，即经上级人民法院的决定或同意，将下级人民法院某一案件的管辖权转移给上级人民法院，由上级法院审理本应由下级法院审理的民事案件；或者将上级人民法院某一案件的管辖权转移给下级人民法院，由下级法院审理本应由上级法院审理的民事案件。

案例分析 10-6

锦江县、龙口县、华阳县均为南武市的市辖县，属 G 省。锦江县东方化工厂与龙口县生资公司在华阳县签订了一份化肥购销合同，合同约定由东方化工厂将货物送至龙口县生资公司，现当事人同意协议约定该合同发生纠纷的管辖法院。

请问：依照我国法律规定，可以约定哪些法院管辖？

三、诉讼参加人与诉讼证据

（一）诉讼参加人

1. 当事人

（1）当事人的概念及其范围。**当事人是指因他人发生民商事纠纷而以自己的名义进行诉讼，并受人民法院裁判拘束的利害关系人。**广义的当事人包括原告、被告、共同诉讼人、诉讼代表人、第三人；狭义的当事人专指原告和被告。

（2）当事人的诉讼权利能力和诉讼行为能力。当事人的诉讼权利能力是指当事人能够以自己名义进行诉讼的法律资格；当事人的诉讼行为能力则是指当事人能够以自己的行为实现诉讼权利和履行诉讼义务的能力。

在民事诉讼中，只有具备完全民事行为能力人或视作完全民事行为能力人才具有诉讼权利能力和诉讼行为能力。因此只有 18 周岁以上智力正常的成年人或 16 周岁以上不满 18

周岁以自己的劳动收入为主要生活来源的自然人、依法设立的法人和其他组织,才具有诉讼权利能力和行为能力。

(3) 当事人诉讼权利义务的承担。这是在诉讼过程中,由于发生了某种情况,原一方当事人的诉讼权利义务转移给另一个案外人,使其成为新的当事人接替原当事人继续进行诉讼。如合同纠纷诉讼中,作为当事人的某公司并入另一公司而由该公司代替某公司继续进行诉讼的行为。

2. 原告与被告

原告是以自己的名义,为了保护自己的民事权益,向人民法院提起诉讼,而引起民事诉讼程序发生的人;被告是因原告向人控告他侵害了其合法权益或对某项民事权益发生了争议,而被人民法院传唤应诉的人。

3. 共同诉讼人

共同诉讼是指当事人一方或双方为二人以上的诉讼。共同诉讼中原告为两人以上的为共同原告;被告为两人以上的为共同被告。

共同诉讼为诉讼主体的合并,即不同诉讼主体就同一事件或同类事件共同进行的诉讼。

根据共同诉讼成立的条件不同,可以分为:

(1) 必要的共同诉讼,即当事人一方或双方为两人以上,且诉讼标的是共同的,人民法院必须合并审理的诉讼,也称为"不可分之诉"。

(2) 普通的共同诉讼,即当事人一方或双方为两人以上,其诉讼标的是同一类的,人民法院认为可以合并审理并经当事人同意的共同诉讼,也称为"可分之诉"。

案例分析 10-7

甲、乙共有一处位于丙、丁隔壁的房产。因重新修建房屋需要,东边的丙和西边的丁拆毁自家的房屋时,砖瓦都砸到甲、乙共有的房屋,并造成房屋损坏。现在甲、乙向丙、丁提起侵权之诉。

请问:该诉讼是否构成共同诉讼? 若构成,构成何种共同诉讼?

---

4. 诉讼代表人

诉讼代表人是指在当事人一方人数众多的共同诉讼中,由当事人推选的代表全体当事人为诉讼行为进行诉讼活动的人。这种当事人一方人数众多(一般指 10 人以上)的共同诉讼,称为"代表人诉讼"或"群体诉讼"。其与共同诉讼一样有两种情况:一是诉讼标的是共同的,为必要的共同诉讼中的群体诉讼;二是诉讼标的是同一类的,为普通的共同诉讼中的群体诉讼。

诉讼代表人的产生因诉讼当事人之间的关系及情形不同而有所区别,主要可分为两种:

(1) 当事人一方人数众多且在起诉时人数确定的,可由当事人(全体或部分)推选代表人进行诉讼。推选不出代表人的当事人,在必要的共同诉讼场合可以自己参加诉讼,在普通的共同诉讼的场合可以另行起诉。

(2) 当事人一方人数众多且在起诉时人数不确定的,可由向法院登记的当事人推选代表人进行诉讼。推选不出的,由法院与参加登记的当事人商定代表人;协商不成的,也可以由人民法院在起诉的当事人中指定代表人。

代表人的诉讼行为对其所代表的当事人发生效力,但代表人变更、放弃诉讼请求或者承认对方当事人的诉讼请求,进行和解,必须经被代表的当事人同意。

人民法院对代表人诉讼案件所作的判决、裁定,对该案代表的全体当事人均发生法律效力,既对参加该案登记的权利人生效,同时也适用于未参加登记但在诉讼时效期间内陆续向人民法院起诉的权利人。

5. 第三人

第三人是指对他人之间的诉讼标的有独立的请求权,或虽无独立请求权,但案件的处理结果与其有法律上的利害关系,因而参加到他人之间已经开始的诉讼中去,以维护自己合法权益的人。

根据第三人参加诉讼的根据、目的、方式及其在诉讼中的地位不同,可以将第三人分为:

(1)有独立请求权的第三人,即对原告、被告间所争议的诉讼标的主张自己有全部或部分的实体权利,因而参加到原告与被告正在进行的诉讼程序之中,提出独立的诉讼请求的人。有独立请求权的第三人,在终审结案前的任何阶段都可以以起诉的方式参加到原、被告正在进行的诉讼中,其诉讼地位同原告,享有原告的诉讼权利,承担原告的诉讼义务。

有独立请求权的第三人提起的诉讼是一种参加诉讼,对法院的管辖权不能提出异议。

(2)无独立请求权的第三人,即对当事人之间所争议的诉讼标的不主张独立的实体权利,只是因为案件的处理结果与其有法律上的利害关系,为保护自己的合法利益,而参加到当事人之间正在进行的诉讼中去的第三方面人。如果该第三方面人与原告、被告之间的诉讼结果仅有事实上、道德上、情感上或名誉上的利害关系,而无直接影响其在法律关系中的权利或义务,则其不能作为参加诉讼的证据。

小思考 10-7

无独立请求权的第三人与证人有什么区别?

无独立请求权的第三人在诉讼中无独立的地位,只能依附于一方当事人,通过支持一方当事人的主张或请求,来达到维护自己合法利益的目的。但如果法院判决无独立请求权的第三人承担民事责任,则其可以享有当事人的诉讼权利,承担相应的诉讼义务,有权提起上诉。

案例分析 10-8

王某与周某签订房屋买卖合同,王某将其所居住的房屋卖给周某,后来因房屋质量发生纠纷,王某起诉到法院。在法庭开庭完毕,休庭准备判决时,赵某得知这项诉讼,遂到法院要求参加诉讼,主张王某所卖房屋是其所有。

请问:此时法院应如何处理?

6. 诉讼代理人

诉讼代理人是以被代理人的名义,在法律规定或当事人授予的权限范围内,为保护被代理人的利益,代为实施诉讼行为的人。其主要分为法定代理人和委托代理人两种。

无诉讼行为能力人由他的监护人作为法定代理人代为诉讼。法定代理人之间互相推诿代理责任的,由人民法院指定其中一人代为诉讼。

当事人、法定代理人可以委托一至二人作为诉讼代理人。

下列人员可以被委托为诉讼代理人:

(1) 律师、基层法律服务工作者;

(2) 当事人的近亲属或者工作人员;

(3) 当事人所在社区、单位以及有关社会团体推荐的公民。

委托他人代为诉讼,必须向人民法院提交由委托人签名或者盖章的授权委托书。授权委托书必须记明委托事项和权限。诉讼代理人代为承认、放弃、变更诉讼请求,进行和解,提起反诉或者上诉,必须有委托人的特别授权。

代理诉讼的律师和其他诉讼代理人有权调查收集证据,可以查阅本案有关材料。

(二) 诉讼证据

1. 诉讼证据的概念、特点与种类

诉讼证据是人民法院审理民事案件时,依法提取的能够证明案件真实情况的客观事实。其应具备以下特征:一是客观性,即证据所证明的事实应是客观存在的事实;二是关联性,即证据证明的事实必须是与案件事实有关联的事实;三是合法性,即证据必须是法律允许的,通过法定程序提取的事实。

根据民事诉讼法的规定,民事诉讼证据主要可分为:①当事人的陈述;②书证;③物证;④视听资料;⑤电子数据;⑥证人证言;⑦鉴定意见;⑧勘验笔录。

证据必须查证属实,才能作为认定事实的根据。

2. 诉讼证据的取得

诉讼证据的取得主要有两种方式:

(1) 当事人通过承担举证责任向法院提供。举证责任是当事人在诉讼中对自己提出的主张,负有提供证据,以证明其真实的责任。一般情况下,法院采取谁主张、谁举证的原则,即当事人只要提出了某一特定事实,就要承担证明该主张成立的责任。

但在特定场合,也可能出现当事人对自己提出事实应负的举证责任,由对方承担的情形,这称为"举证责任的倒置"。

(2) 人民法院调查、收集证据。当事人及其诉讼代理人因客观原因不能自行收集的证据,或者人民法院认为审理案件需要的证据,人民法院应当调查收集。

法律驿站 10-5

你知道举证责任的含义吗

在我国,举证责任通常有以下几个含义:一是当事人对自己所主张的事实应当提供证据;二是当事人所提供的证据应当能够证明其主张具有真实性;三是当事人对其主张不能提供证据,或所提供证据不能证明其主张具有真实性时,可能承受对其不利的裁判。因此不能认为当事人提供了证据材料就完成了法定的举证责任,就完全摆脱了风险。

3. 诉讼证据的审查与判断

(1) 诉讼证据的审查是人民法院在诉讼参与人的参加下,对所取得的证据进行查证、鉴

别,以确定其真伪的诉讼活动。

人民法院审查证据必须在诉讼参与人的参加下开庭进行。证据必须查证属实,才能作为认定事实的根据。

（2）诉讼证据的判断是人民法院在判明证据的真实性、合法性的基础上,确认证据证明力的诉讼活动。其直接关系到法院对事实的认定,并影响到裁判的正确性,决定当事人的胜诉与败诉。

四、民事审判程序与执行程序

（一）民事审判程序

1. 第一审程序

（1）普通程序。

① 起诉与受理。当事人向人民法院起诉必须符合下列条件:一是原告是与本案有直接利害关系的公民、法人和其他组织;二是有明确的被告;三是有具体的诉讼请求和事实、理由;四是属于人民法院受理民事诉讼的范围和受诉人民法院管辖。

当事人起诉应当向人民法院递交起诉状,并按照被告人数提出副本。书写起诉状确有困难的,可以口头起诉,由人民法院记入笔录,并告知对方当事人。人民法院收到起诉状或者口头起诉,经审查,认为符合起诉条件的,应当在7日内立案,并通知当事人;认为不符合起诉条件的,应当在7日内裁定不予受理;原告对裁定不服的,可以提起上诉。

② 审理前的准备。其主要工作有:一是人民法院应当在立案之日起5日内将起诉状副本发送被告,被告在收到之日起15日内提出答辩状。被告提出答辩状的,人民法院应当在收到之日起5日内将答辩状副本发送原告。被告不提出答辩状的,不影响人民法院审理。二是人民法院对决定受理的案件,应当在受理案件通知书和应诉通知书中向当事人告知有关的诉讼权利义务,或者口头告知。三是合议庭组成人员确定后,应当在3日内告知当事人。四是审判人员必须认真审核诉讼材料,调查收集必要的证据。五是必须共同进行诉讼的当事人没有参加诉讼的,人民法院应当通知其参加诉讼。

③ 开庭审理。人民法院审理民事案件,除涉及国家秘密、个人隐私或者法律另有规定的以外,应当公开进行。离婚案件、涉及商业秘密的案件,当事人申请不公开审理的,可以不公开审理。

小思考 10-8
诉讼与仲裁在开庭审理制度方面有什么区别?

开庭审理的具体工作如下:一是法庭调查。一般按照下列顺序进行:当事人陈述;告知证人的权利义务,证人作证,宣读未到庭的证人证言;出示书证、物证和视听资料;宣读鉴定结论;宣读勘验笔录。在这一阶段,当事人可以在法庭上提出新的证据,经法庭许可,可以向证人、鉴定人、勘验人发问,也可以要求法庭重新调查、鉴定或勘验。二是法庭辩论。其任务是通过当事人之间的辩驳,对有争议的问题进一步审查核实,以查明案件真实情况。其顺序如下:原告及其代理人发言;被告及其代理人发言;第三人及其代理人发言;相互辩论。法庭辩论结束,可以进行调解,调解不成应及时判决。三是评议和宣判。法庭辩论终结后,不进行调解或调解不成的,由合议庭进行评议,以确定案件事实的认定以及法律的适用。合议庭评议后,可当庭宣判,也可择日宣判。人民法院对公开审理或者不公开审理的案件,一律公开宣告判决。当庭宣判的,应当在 10 日内发送判决书;定期宣判的,宣判后立即发给判决书。宣告判决时,必须告知当事人上诉权利、上诉期限和上诉的法院。

人民法院适用普通程序审理的案件,应当在立案之日起 6 个月内审结。有特殊情况需要延长的,由本院院长批准,可以延长 6 个月;还需要延长的,报请上级人民法院批准。

(2) 简易程序。基层人民法院和它派出的法庭审理事实清楚、权利义务关系明确、争议不大的简单的民事案件,可以适用简易程序。

其特点主要有:

① 对简单的民事案件,原告可以口头起诉。

② 基层人民法院和它派出的法庭审理简单的民事案件,可以用简便方式随时传唤当事人、证人。

③ 简单的民事案件由审判员一人独任审理,其开庭通知、开庭审理程序不必遵循普通程序对此的规定。

④ 人民法院适用简易程序审理案件,应当在立案之日起 3 个月内审结。

2. 第二审程序

第二审程序是当事人不服一审法院的判决、裁定,而向上一级法院提起上诉,上一级法院对案件进行审理时所适用的程序。当事人提起上诉应具备以下 4 个条件:

(1) 提起上诉的主体应当是第一审程序的当事人,即原告、被告、共同诉讼人、诉讼代表人、第三人。

(2) 提起上诉的客体必须是第一审作出的尚未生效的判决与裁定。

(3) 必须在上诉期间内提起上诉。当事人不服地方人民法院第一审判决、裁定的,有权在判决书送达之日起 15 日内、裁定书送达之日起 10 日内向上一级人民法院提起上诉。

(4) 应当提交上诉状。

第二审人民法院对上诉案件应当组成合议庭,开庭审理,应当对上诉请求的有关事实和适用法律进行审查;经过阅卷和调查,询问当事人,在事实核对清楚后,合议庭认为不需要开庭审理的,也可以径行判决、裁定。

第二审人民法院对上诉案件,经过审理,按照下列情形分别处理:

(1) 原判决、裁定认定事实清楚,适用法律正确的,以判决、裁定方式驳回上诉,维持原判决、裁定。

(2) 原判决、裁定认定事实错误或者适用法律错误的,以判决、裁定方式依法改判、撤销或者变更。

(3) 原判决认定基本事实不清的,裁定撤销原判决,发回原审人民法院重审,或者查清事实后改判。

(4) 原判决遗漏当事人或者违法缺席判决等严重违反法定程序的,裁定撤销原判决,发回原审人民法院重审。

原审人民法院对发回重审的案件作出判决后,当事人提起上诉的,第二审人民法院不得再次发回重审。

第二审人民法院审理上诉案件,可以进行调解。人民法院审理对判决的上诉案件,应当在第二审立案之日起 3 个月内审结;裁定案件则应在第二审立案之日起 30 日内作出终审裁定;对于判决的上诉案件有特殊情况需要延长的,由本院院长批准。

3. **审判监督程序**

审判监督程序是对已经发生法律效力的判决、裁定,发现确有错误而依法再次审理的程序。该程序的提起主要可基于以下原因:

(1) 因当事人行使申诉权而提起。当事人申请再审,应当在判决、裁定发生法律效力后两年内提出;两年后据以作出原判决、裁定的法律文书被撤销或者变更,以及发现审判人员在审理该案件时有贪污受贿、徇私舞弊、枉法裁判行为的,自知道或者应当知道之日起 3 个月内提出。

(2) 因法院行使审判监督权而提起。即各级法院院长认为本院作出生效判决、裁定有错误,需要再审的,应当提交审判委员会讨论决定。最高人民法院对各下级法院以及上级法院对下级法院作出的已生效判决、裁定,认为确有错误的,有权提审或指令下级法院再审。

(3) 因检察院行使抗诉权而提起。最高检察院对各级法院作出的已生效判决、裁定,上级检察院对与下级检察院同级的法院作出的已生效判决、裁定,发现有法定抗诉情形(与当事人申请再审的理由相同)的,可向人民法院提出抗诉。人民检察院提出抗诉的案件,接受抗诉的人民法院应当自收到抗诉书之日起 30 日内作出再审的裁定。

案例分析 10-9

周甲之父周乙死后,留有遗产房屋三间。周甲准备将父亲遗留的房屋卖掉时,其堂弟周丙不同意,认为周甲不能以个人名义处理此项遗产,理由是周甲在外地工作时,自己曾对伯父尽过赡养义务,也应享有此房的继承权。周甲不予理睬,周丙只好向法院起诉。一审法院经过审理认为:周丙确实对死者周乙尽过赡养义务,但周甲是周乙儿子,是法定继承人,所以房产归周甲所有。周丙不服一审判决提出上诉。二审法院认为:一审法院在认定案件的事实方面是清楚的,但对周丙是否享有继承权在适用法律上是错误的。于是裁定撤销原判决,发回原审人民法院重审。

请分析:二审法院的做法是否符合法律规定?

4. **其他程序**

(1) 督促程序。债权人请求债务人给付金钱、有价证券,并且债权人与债务人没有其他债务纠纷的、支付令能够送达债务人的,可以向有管辖权的基层人民法院申请支付令。

人民法院受理申请后,经审查债权人提供的事实、证据,对债权债务关系明确、合法的,应当在受理之日起 15 日内向债务人发出支付令;债务人应当自收到支付令之日起 15 日内清偿债务,或者向人民法院提出书面异议。

债务人在规定的期间不提出异议又不履行支付令的,债权人可以向人民法院申请执行。人民法院收到债务人提出的书面异议后,应当裁定终结督促程序,支付令自行失效,债权人可以起诉。

(2) 公示催告程序。按照规定可以背书转让的票据持有人,因票据被盗、遗失或者灭失,可以向票据支付地的基层人民法院申请公示催告。

经济法基础

人民法院决定受理申请,应当同时通知支付人停止支付,并在 3 日内发出公告,催促利害关系人申报权利。公示催告的期间由人民法院根据情况决定,但不得少于 60 日。

利害关系人应当在公示催告期间向人民法院申报。人民法院收到利害关系人的申报后,应当裁定终结公示催告程序,并通知申请人和支付人。申请人或者申报人可以向人民法院起诉。没有人申报的,人民法院应当根据申请人的申请,作出判决,宣告票据无效。自判决公告之日起,申请人有权向支付人请求支付。

利害关系人因正当理由不能在判决前向人民法院申报的,自知道或者应当知道判决公告之日起一年内,可以向作出判决的人民法院起诉。

（二）执行程序

1. 执行的一般规定

根据《民事诉讼法》的规定,发生法律效力的民事判决、裁定,以及刑事判决、裁定中的财产部分,由第一审人民法院或者与第一审人民法院同级的被执行的财产所在地人民法院执行。法律规定由人民法院执行的其他法律文书,由被执行人住所地或者被执行的财产所在地人民法院执行。

2. 执行申请与移送

当生效法律文书所确定的义务一方当事人拒绝履行时,另一方当事人可以申请法院予以强制执行。其主要有:已发生法律效力的判决、裁定及调解书;仲裁机构作出的仲裁裁决书;公证机关赋予强制执行力的债权文书。

对已生效的法院判决、裁定,当事人拒绝履行义务时,也可由审判员移送执行员执行。

申请执行的期间为两年。从法律文书规定履行期间的最后一日起计算;法律文书规定分期履行的,从规定的每次履行期间的最后一日起计算;法律文书未规定履行期间的,从法律文书生效之日起计算。申请执行时效的中止、中断,适用法律有关诉讼时效中止、中断的规定。

3. 执行措施与执行保障措施

（1）执行措施。主要有:①对被执行人的动产可以采取的执行措施有查封、扣押、冻结、扣留、提取、划拨等措施。②对被执行人的不动产可以采取的执行措施有强制迁出房屋、强制退出土地及必要的产权转移手续。

（2）执行保障措施。主要有:①搜查。被执行人不履行法律文书确定的义务,并隐匿财产的,人民法院有权发出搜查令,对被执行人及其住所或者财产隐匿地进行搜查。②责令承担费用。对判决、裁定和其他法律文书指定的行为,被执行人未按执行通知履行的,人民法院可以强制执行或者委托有关单位或者其他人完成,费用由被执行人承担。③责令支付延期利息、迟延履行金。被执行人未按判决、裁定和其他法律文书指定的期间履行给付金钱义务的,应当加倍支付迟延履行期间的债务利息。被执行人未按判决、裁定和其他法律文书指定的期间履行其他义务的,应当支付迟延履行金。

人民法院采取执行措施与保障措施之后,被执行人仍不能偿还债务的,应当继续履行义务。债权人发现被执行人有其他财产的,可以随时请求人民法院执行。

案例导引分析

1. 本案中,仲裁委员会可以受理此案。因为《仲裁法》第 5 条规定:"当事人达成仲裁协议,一方向人民法院起诉的,人民法院不予受理,但仲裁协议无效的除外。"本案双方当事人已达成书面仲裁协议,因此人民法院对于乙公司的起诉不予受理是正确的,仲裁委员会有权受理此案。

2. 双方当事人在纠纷发生后达成的书面仲裁协议能成立。《仲裁法》第16条规定:"仲裁协议包括合同中订立的仲裁条款和以其他书面方式在纠纷发生前或纠纷发生后达成的请求仲裁的协议。"因此,本案中双方当事人在纠纷发生后达成的书面仲裁协议是成立的。

3. 《仲裁法》第20条规定:"当事人对仲裁协议的效力是有异议的,可以请求仲裁委员会作出决定或者请求人民法院作出裁定。"因此,本案中若乙公司提出仲裁协议无效,可以选择仲裁委员会或人民法院作出决定或裁定。

★★★★★ 课后测试 ★★★★★

一、判断题

(   )1. 对于因财产继承而产生的纠纷可以适用《仲裁法》。

(   )2. 仲裁庭审理案件以不公开审理为原则。

(   )3. 根据《仲裁法》,当事人订立仲裁协议必须采用书面形式,不承认口头和默示仲裁协议。

(   )4. 当事人对仲裁协议的效力有异议的,可以请求仲裁委员会作出决定或者请求人民法院作出裁定。一方请求仲裁委员会作出决定,另一方请求人民法院作出裁定的,应由仲裁委员会作出决定。

(   )5. 审判监督程序是对已经发生法律效力的判决、裁定,发现确有错误而依法再次审理的程序。

二、单项选择题

(   )1. 根据《仲裁法》,仲裁实行_____。
  A. 一裁终局制 B. 两裁终局制 C. 三裁终局制 D. 四裁终局制

(   )2. 下列案件中,属于专属管辖的案件是_____。
  A. 因不动产提起的诉讼
  B. 因船舶相撞请求损害赔偿的案件
  C. 因合同纠纷提起的诉讼
  D. 因侵权纠纷提起的诉讼

(   )3. 因继承遗产纠纷提起的诉讼,由_____人民法院管辖。
  A. 继承人住所地   B. 原告住所地
  C. 被继承人死亡时住所地或者主要遗产所在地
  D. 被告住所地

(   )4. 下列人员中不属于回避人员的是_____。
  A. 审判员 B. 证人 C. 鉴定人 D. 勘验人

(   )5. 根据我国民事诉讼法规定,合议庭的人数_____。
  A. 必须是单数   B. 可以是双数
  C. 视情况而定   D. 既可以是单数,也可以是双数

经济法基础

三、多项选择题

( )1. 仲裁委员会的设立,应当具备下列条件_____。

    A. 有自己的名称、住所和章程

    B. 有必要的财产

    C. 有该委员会的组成人员

    D. 有聘任的仲裁员

( )2. 我国《仲裁法》规定,当事人申请仲裁的条件有_____。

    A. 有仲裁协议

    B. 有具体的仲裁请求、事实和理由

    C. 属于仲裁委员会的受理范围

    D. 有法定代理人

( )3. 下列哪些情形当事人有权提出回避申请?

    A. 仲裁员与本案当事人或其代理人有近亲关系

    B. 仲裁员与本案当事人或其代理人有利害关系

    C. 仲裁员私自会见当事人、代理人

    D. 仲裁员接受当事人请客送礼

( )4. 当事人向人民法院申请撤销裁决,应具有以下哪些证据?

    A. 没有仲裁协议的

    B. 仲裁委员会无权仲裁的

    C. 仲裁违反法定程序的

    D. 仲裁员有受贿索贿、徇私舞弊、枉法裁决行为

( )5. 根据《民事诉讼法》规定,人民法院审理民事案件的审判组织形式有_____。

    A. 审判委员会   B. 独任制   C. 陪审制   D. 合议制

四、实训题

实训一

北京市天南公司与海东公司于2010年6月签订了一份融资租赁合同,约定由天南公司进口一套化工生产设备,租给海东公司使用,海东公司按年交付租金。北京市A银行出具担保函,为海东公司提供担保。后来天南公司与海东公司因履行合同发生争议。

请根据以下设问所给的假设条件回答并说明理由:

1. 如果天南公司与海东公司签订的合同中约定了以下仲裁条款:"因本合同的履行所发生的一切争议,均提交北京市仲裁委员会仲裁",天南公司因海东公司无力支付租金,向北京市仲裁委员会申请仲裁,将海东公司和A银行作为被申请人,请求裁决被申请人给付拖欠的租金。天南公司的行为是否正确? 为什么?

2. 如果存在上问中所说的仲裁条款,天南公司能否向人民法院起诉海东公司和A银行,请求支付拖欠的租金? 为什么?

3. 如果本案通过仲裁程序处理,天南公司申请仲裁委员会对海东公司的财产采取保全措施,仲裁委员会应当如何处理?

4. 如果本案通过仲裁程序处理后,在对仲裁裁决执行的过程中,法院裁定对裁决不予执

行,在此情况下,天南公司可以通过什么法律程序解决争议?

实训二

某省甲县与乙、丙、丁、戊四县相邻。2003 年 5 月 3 日,甲县纸品加工厂与乙县饮料厂在乙县签订一饮料软包装的加工承揽合同。合同中约定:"运输方式采用纸品加工厂代办托运;履行地点为纸品加工厂在丙县的仓库。""发生纠纷的解决方式为:双方可以申请在丁县的仲裁委员会仲裁,也可以向乙县或丁县的人民法院起诉。"合同签订后,纸品加工厂即在其设于戊县的分厂进行加工,并且在戊县车站就近发货。饮料厂收到货物后立即投入使用。但因饮料软包装的质量不合格,造成饮料厂的饮料变酸甚至有些发臭,损失近 10 万元。纸品加工厂虽与饮料厂几经协商,但未能达成协议。饮料厂法定代表人朱厂长找到某律师事务所咨询,并且提出必须在乙县法院打官司。

分析本案中:

1. 甲县法院是否有管辖权?为什么?

2. 乙县法院是否有管辖权?为什么?

3. 丙县法院是否有管辖权?为什么?

4. 丁县法院是否有管辖权?为什么?

5. 根据我国法律规定,此案应通过仲裁解决还是诉讼解决?为什么?

实训三

王甲将房屋四间卖给刘某,但刘某迟迟不付款。为此,王甲诉至法院要求刘某付款并付违约金。在诉讼中,王甲之弟王乙得知,向法院说明这四间房屋中有两间是他的,要求确认并请求返还房屋。

请分析:如何确定本案诉讼参与人的地位?

五、简答题

1. 仲裁有哪些特征?

2. 仲裁的基本制度有哪些?

3. 如何组成仲裁庭?

4. 简述仲裁员的资格。

5. 审判监督程序与二审程序有何区别?

参考书目

［1］周旻,何志杰,吴意诚,赵小虎,祁朝宫.HR应当知道的劳动法[M].北京:法律出版社,2017.

［2］李仁玉.经济法概论(财经类)[M].北京:中国人民大学出版社,2016.

［3］郭守杰.中级经济法[M].北京:北京大学出版社,2017.

［4］王子正,王松.经济法概论[M].北京:人民邮电出版社,2017.

［5］国务院法制办公室.中华人民共和国劳动法注解与配套(第四版)[M].北京:中国法制出版社,2017.

［6］杨春宝,程强.公司全程法律风险防控实务操作[M].北京:中国法制出版社,2015.

［7］崔建远.合同法[M].北京:法律出版社,2016.

［8］云闯.公司法司法实务与办案指引[M].北京:法律出版社,2016.

［9］杨紫烜.经济法[M].北京:北京大学出版社,2014.

［10］杜万华.公司法司法解释(四)[M].北京:人民法院出版社,2017.

［11］中国注册会计师协会.税法[M].北京:中国财政经济出版社,2017.

［12］余斌.合同陷阱:50个签约技巧与风险防范[M].北京:中国法制出版社,2017.

［13］程啸.物权法一本通[M].北京:法律出版社,2017.

［14］法律出版社法规中心.中华人民共和国产品质量法[S].北京:法律出版社,2017.

［15］王泽鉴.民法学说与判例研究[M].北京:北京大学出版社,2017.

［16］法律出版社法规中心.中华人民共和国劳动和社会保障法规全书[S].北京:法律出版社,2017.

［17］刘志云.后危机时代的全球治理与国际经济法的转型[M].北京:法律出版社,2015.

［18］王泽鉴.民法总则[M].北京:北京大学出版社,2009.

［19］宋彪.经济法案例研习教程[M].北京:中国人民大学出版社,2016.

［20］翟继光.营业税改增值税政策解析、操作实务与案例分析及纳税筹划[M].上海:立信会计出版社,2017.

［21］林嘉.劳动法和劳动社会保障法(四)[M].北京:中国人民大学出版社,2016.

［22］张君玲.经济法[M].北京:企业管理出版社,2017.